KB265355

『성호사설』에 비추어 본 오늘의 한국사회

염소가 밭을 갈고
쌀을 심으면 싹이 난다

『성호사설』에 비추어 본 오늘의 한국사회

염소가 밭을 갈고
쌀을 심으면 싹이 난다

강세구 지음

혜안

"염소가 밭을 갈고 쌀을 심으면 싹이 난다."

누가 이 말을 믿겠는가? 옛날 일부 벼슬아치들이 농민의 실정을 전혀 모르고 자신들만 살찌운다는 세간의 불만을 성호 이익이 『성호사설』을 통하여 소개한 말이다. 조선시대와 같은 농본국가에서 소로 땅을 갈고 볍씨로 싹을 틔운다는 사실을 모르는 벼슬아치가 있을 수 있었을까? 상상하기 어려울 것이다. 그러나 그 시절에도 그러한 벼슬아치가 있었던 모양이다. 오늘날로 보면 공직자가 국민의 실정을 너무 모르거나 무시해서는 안 된다는 이야기라 하겠다.

이 글을 쓰는 사람은 타고난 재능이 모자라 변변히 가진 것도 없고 떳떳한 지위도 없이 20세기 후반을 통째로 살아온 정말 보잘것없는 서민이다. 천직으로 생각하고 20년 동안 봉직해 오던 초등학교 선생직을 그만두고 못다한 학업에 대한 포부를 펴보겠다고 학문세계로 뛰어들었으나 능력의 한계를 드러내다가 이제는 인생역정의 고갯마루에서 삐걱거리는 달구지 신세가 되고 말았다. 다만 나름대로 최선을 다했다고 자부는 한다.

돌이켜보면 필자처럼 해방 전후에 태어난 사람들은, 우리 부모님들이 겪어야 했던 고난에 비할 수 없겠지만, 황폐화된 들녘을 다시 일구고 성냥공장, 방직공장의 어두운 전등불 아래에서 밤새워 일하며 조국을 일으킨 현대사의 주인공으로 살아 왔다. 그동안 1950년 동족상잔의 한국전쟁이 남긴 많은 상처와 후유증의 아픔을 참아오며, 1961년 군부 쿠데타로 집권한 군사정권의 기나긴 터널도 용케 견뎌 왔다. 혹 배가 고프지 않으니 팔자좋은 푸념이라고 코웃음치거나 눈 흘기는 사람이 있을런지 모르겠다.

그러나 30여 년의 긴 터널을 지나 이제 좀 밝은 햇빛을 받아 기지개를 펴나 했더니, 갑작스런 외환위기의 파도는 세기말의 해피엔딩이 우리 품안의 것이 아니라는 경종을 울려 주었다. 밤이면 대합실을 안방으로 삼고 낮에는 이리저리 방황하다 누군가 제공하는 무료급식 한 그릇으로 겨우 배고픔을 면하는 반백의 주름진 얼굴들, 대낮 지하철 안에서 신문지나 부시럭거리다가 할 일 없이 꾸벅꾸벅 졸고 있는 기빠진 젊은 이들을 보면 이것이 우리의 현주소인가 돌아보게 한다. 모두가 이 땅에 사는 같은 민족이요 국민인데 왜 저 사람들은 저토록 시련을 겪어야 하는가?

근래 필자는 조선 후기 실학자 성호(星湖) 이익(李瀷)의 저서『성호사설』(星湖僿說)을 유심히 들여다보고 있다. 그동안 이 책을 활용하면서 현대를 살아가는 필자에게 여러 가지를 생각하게 해주기 때문이다. 이 책은 대체로 학문하는 사람들이 논문이나 쓸 때 참고하는 정도에 그치고, 일반인에게는 특별히 관심있는 사람을 제외하고는 그리 널리 읽히지 않았다고 볼 수 있다. 그러나 이 책에는 독자층을 가리지 않고 누구나 읽어볼 만한 내용이 많다. 한때는 어엿한 사장님으로 여러 부하직원을 거느렸건만 어쩌다가 사업에 실패하고 가족들을 볼 면목이 없어 먼지 가득찬 서울역 대합실 한켠에서 잠을 청하는 분의 가려운

6

등을 시원하게 긁어줄 웅변도 들어 있다. 국민을 위하여 봉사하는 공무원이나 정치인을 향하여 처절하게 절규하는 외침은 더욱 많다고 자신있게 말하고 싶다. 필자 역시 『성호사설』을 통하여 18세기 성호의 이야기를 듣다 보면 오늘날 우리의 현실을 보는 듯한 착각에 빠질 때가 있다. 예컨대 가난의 구렁텅이에서 헤매는 민생의 실태를 들추면서, 백성의 주머니를 갈취하고 사리사욕에만 눈이 어두운 관리들을 철저히 응징하며, 무능한 최고 통치권자에 대한 예리한 비판과 시원스럽게 제시하는 채찍같은 개혁안은 십년 묵은 체증을 내려가게 한다.

"천하를 다스리는 것은 백성이 굶주리지 않고 춥지 않게 하는 데 지나지 않는다"는 200여 년 전 성호의 주장이 오늘날 사람들에게는 별반 주목할 만한 것이 못 될지 모르나, 그에게는 눈만 뜨면 볼 수 있는 가슴아픈 현실이었다.

그러나 21세기를 맞이한 지금에도 번화한 지하도 계단이나 네거리 한 모퉁이에서 애타게 구걸하는 슬픈 인생들을 적지않게 찾아볼 수 있고, 하루아침에 직장에서 밀려나 가족의 생계가 막연하여 직장을 구하려고 거리를 헤매는 사람들이 헤아릴 수 없으며, 결식 어린이가 수만 명씩 있다는 보도를 접할 수 있는 것이 현실이니 이 모두가 우리를 가슴아프게 하는 것들이다.

그런가 하면 정·관계의 권좌에 있는 사람들의 모습은 어떤가. 적지 않은 정치인들은 오로지 자신들의 정치적 이해관계에만 집착하여 국민들의 삶에는 안중에도 없고, 일부 공직자는 무사안일과 복지부동, 그리고 직무유기를 하면서 국민의 세금만 축내고 있다. 요즈음은 ××게이트 사건이 터지기만 하면 그물에 물고기 걸려나오듯, 수많은 정치인과 공무원이 권력형 비리에 줄줄이 연계되어 나오니 도대체 누굴 믿고 사느냐는 서민들의 지탄과 한숨 속에 울화가 치밀 때가 많다. 능력도 모자라면서 정권을 마냥 쥐고 놓지 않으려는 사람들이나 그 정권을 빼앗으려고 억지로 뒤흔드는 정치인, 민심을 제대로 읽지 못하고 국정을 어렵게 만드는 최고 통치자의 신뢰하기 어려운 통치방식과 삐걱거리는 국정, 그 사이에서 눈치나 보고 적당히 자리나 보존하려는 고위 공무원들까지 모두 미덥지 않으니, 자연히 민심은 이반되고 이래저래 어려운 서민들만 더욱 살기 힘든 세상이 되고 말았다고 한다면 억지 주장일까?

조선 후기 이른바 삼정(三政)의 문란이 누구에 의해 자행되었으며 그 결과는 어떠하였던가? 그 피해자는 누구였던가?『성호사설』에는 그런 사회에서 살았던 성호가 보고 듣고 생각한 바를 적은 내용이 대단히 많다. 사실 성호가『성호사설』을 통하여 주장한 것들을 읽다 보면 환경이나 모습은 바뀌었다지만 과연 그 시대와 오늘의 상황이 근본적으로 달라졌는가 하는 데 대해 비관적인 느낌이 들 때도 있다. 각종 권력형 비리와 부패가 끊임없이 터져나오는 요즘의 정치판 상황을 보면, 서릿발 같은 외침과 얼음장보다 차가운 18세기 성호의 시선이 그대로 눈앞에 닿는 듯하다.

성호는 "백성의 가난은 관리의 탐학에서 비롯된다"고 하였다. 이를 바꾸어 말하면 "관리가 탐학하면 백성이 가난해진다"는 의미요, 오늘날 실정에 맞게 확대 해석하면 "공직사회가 부패하면 국민이 헐벗는다"라고 풀이할 수 있다. 또 "소인이 등용되면 민생의 곤궁이 그 가운데 있다"고 하였다. 모두 조선시대와 같은 봉건사회에서 백성의 삶이 관리가 어떻게 하느냐에 따라 달라진다는 이야기다.

필자는 이 기회에『성호사설』에 수록되어 있는 피지배계층인 일반 백성[民]과 지배계층인 관(官)·군(君)의 관계, 법의 운용, 붕당 문제를 중심으로 성호의 견해를 정리해 보고자 한다. 모두가 일반 서민의 삶과 직결된 문제라고 생각되기 때문이다. 거의 300년이나 지난 역사적 사실을 오늘의 현실과 직접 비교해 보려는 어리석음을 범하려는 것이 아니다. 다만 구렁텅이에 빠져 있는 피지배계층인 백성들을 구해내려는 성호와 같은 선현들의 선구적인 지성과 혜안이 오늘 우리의 삶에 그대로 양식이 될 수 있다고 생각하기에 소개할 뿐이다. 더 바램이 있다면 뿌리깊은 고질병이 지성있는 선현들의 깨우침과 처방으로 반성과 치유의 계기를 마련해 주었으면 하는 것이다. 어쩌면 소시민의 보잘것없는 잠꼬대 같은 소리로 들릴 수도 있겠으나, 이제는 민중이 역사의 주체라는 것은 누구나 다 아는 사실이 아닌가? 그들의 힘없고 가물가물한 애원 속에 다스림의 진실이 있다는 것을 이 나라를 이끌어가는 정치인들은 알아야 하고, 공직자는 그들을 위해 봉사하는 자세를 가다듬어야 할 것이다.

이 글은 논문이 아니다. 그렇다고 소설은 더욱 아니다. 따라서 성호의 의견은 가능한 인용문을 제시하거나 각주를 달아 사실을 전달하는 데 유의하면서, 누구나 쉽게 읽을 수 있도록 쓰고자 한다. 우리의 현실을 걱정하는 사람이라면 같이 생각해 보는 화젯거리가 되도록 하려는 데 작은 목적이 있다. 그리하여 18세기의 성호와 21세기의 독자가 마음으로 서로 대화하도록 인도하는 데 노력하면서, 필자의 주제넘은 소견은 될 수 있으면 성호의 견해와 뒤섞어 쓰지 않고 구분하여 쓰고자 한다. 이것은 옛날 역사학자들이 역사책을 저술할 때 역사적 사실과 자신의 사론(史論)을 구별하여 써 온 방법인데 마음에 들어 필자 또한 이 잡문을 쓰면서 답습한다.

이 글이 도서관에서 공부하는 학생이든, 공사장에서 막노동을 하는 인부이든, 가사일에 종사하는 주부이든, 지식인을 자처하는 그 누구이든, 읽는 이에게 다수를 차지하는 기층사회의 민(民)을 염려하는 역사인식을 조금이라도 심어줄 수 있다면, 필자에게는 그것으로 더없는 영광이 될 것이다. 끝으로 보잘것없는 이 글의 발간에 기꺼이 응해 주신 도서출판 혜안에 깊은 감사를 드린다.

2003년 2월
필　자

성호 이익과 『성호사설』

1. 성호 이익은 누구인가?

성호(星湖) 이익(李瀷 : 1681~1763)은 조선 후기의 대표적인 실학자로 알려져 있다. 그의 가계를 보면 증조할아버지, 할아버지, 아버지가 모두 문과에 합격하여 높은 벼슬을 하였고 당색은 남인에 속하였다. 그러나 당화(黨禍) 역시 그의 가문을 비켜가지 않았다. 아버지 이하진(李夏鎭 : 1628~1682)은 대사헌을 지낸 관료였으나 1680년 남인이 서인에 의해 대거 쫓겨난 이른바 경신대출척(庚申大黜陟) 때 경상도 진주목사에서 파직되었다가 다시 평안도 운산으로 유배되었다. 성호는 이곳 운산에서 1681년 10월 18일 이하진의 다섯째 아들로 후실 안동 권씨의 몸에서 태어났으나 첫돌도 되지 않아 아버지마저 이듬해 유배지에서 타계하고 말았다. 이렇게 그는 당쟁의 소용돌이에서 더구나 살아가기 어려운 변방에서 태어나 홀어머니 밑에서 자라야 했다. 언제인지 모르겠으나 어머니 권씨를 따라 경기도 광주부(廣州府) 안산(安山) 첨성리(瞻星里 : 현재 경기도 안산시)로 이사와 살게 되었다. 그의 가계를 간략하게 정리하면 다음과 같다.

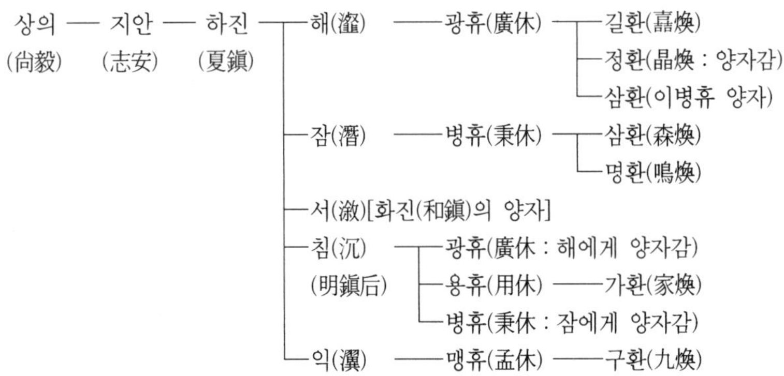

성호는 어릴 때부터 병약하여 어머니가 약주머니를 달고 다니며 먹일 정도였다고 하니 자연히 공부도 늦어질 수밖에 없었다. 성품이 검소하고 효성이 지극하였으며 타고난 재질이 뛰어났다고 한다. 둘째 형 섬계공(剡溪公) 이잠(李潛 : 1660~1706)으로부터 글을 배우기 시작하면서 많은 책을 읽었고, 25세(1705) 때 증광시에 응시하였으나 이름 쓰는 격식이 맞지 않았다 하여 회시(會試)에 나가지 못하였다. 이것이 그에게는 처음이자 마지막 과거시험이었다. 마침 그 이듬해 둘째 형 잠이 조정에 상소한 것이 문제가 되어 십 수차의 고문으로 매맞아 죽는 사건이 벌어졌다. 성호로서는 큰 충격이 아닐 수 없었다. 자신이 태어나기 전 해 아버지의 운산유배와 태어난 이듬해 유배지에서의 아버지 사망, 여기에 겹친 둘째 형의 장살(杖殺)을 지켜보면서 그는 결국 과거에 대한 마음을 접고 세상을 등진 채 오로지 학문적 구도의 길에 들어서게 된다. 그동안 붕당의 회오리 속에서 가문의 파탄이라는 가슴아픈 경험을 하고 게다가 당시 불리한 붕당적 여건 아래에서 과거를 통한 벼슬길을 걷는 것이 순탄치 않다고 판단했기 때문이 아닐까 생각되기도 한다.

그 후 셋째 형인 옥동(玉洞) 이서(李漵 : 1662~1723)와 사촌 형 이진(李濃 : 1654~1727)으로부터 수업하고 안산 성호에서 학문과 농삿일을 병행하였다. 그의 집에는 선대로부터 전해오는 수천 권의 장서가 있었다. 각종 경전과 정주(程朱)가 지은 책, 퇴계의 글을 철저하게 읽고 생각하며 깊이 통하였고, 징험하여 주석하지 않은 것이 없었다고 한다. 비록 글자 한 자라도 틀림이 있거나 뜻이 어긋나는 것이 있으면 반드시 분명하고 상세하게 밝혀 놓는 공부를 하면서, 평소 이치에서 벗어난 행위나 명리를 가까이하지 않았으며, 오로지 '스스로 닦고 힘써 실천'(自修力踐)하는 데에 힘을 기울였다. 이것이 그가 제자들에게 강조했던 스스로 터득하는 학문방법, 즉 '자득'(自得)이었다. 또한 사람을 대할 때에는 예로써 하고 향리에 거처함에도 도가 있었기 때문에 선비들이 모여들어 우러러보게 되었다고 한다.

그의 학문이 경향 각지에 널리 알려지자 제자 되기를 청하면서 찾아오는 사람이 있었으니, 서울 용산의 소남(邵南) 윤동규(尹東奎 : 1695~1773)는 1711년 17세에 안산을 방문하여 문하생이 되었는데 이 때 성호의 나이 31세였다. 이후 원근의 많은 젊은이들이 찾아와 문하생이 되기를 청하자, 그는 재질에 따라 가르치는 방법을 달리하며 후학을 양성하였다. 정부에서는 그의 명성을 듣고 영조 3년(1727) 선공감(繕工監) 가감역(假監役)을 제수하였으나 나아가지 않았고, 이후 오직 안산 성호장(星湖莊)에서 학문연구와 저술 및 후학 양성에 몰두하였다. 그는 스스로 농부임을 자처하였다. 농삿일을 통한 영농경험과 지식을 쌓으면서 나름대로 자급자족을 위하여 이를 실행에 옮기는 실험적인 영농 연구태도는 학자적 농부를 보는 듯하다. 그는 선비와 농부의 할 일을 한 몸으로 실천하면서도 아랫사람의 편에 서는 경제론을 폈다.

또한 성호는 근검절약이 몸에 배어 사치를 모르는 사람이었다고 한다. 기근을 헤쳐 나가는 집안 모임인 삼두회(三豆會)를 결성하기도 하였는데, 삼두란 콩죽[豆粥], 콩나물[黃卷菹], 콩장[豆醬]을 말하는 것으로 평소 이 음식을 해 먹으면서 가난과 흉년을 이겨보자는 취지에서 만든 것이다. 그는 이 삼두회를 가까운 집안 사람들이 많이 살고 있던 충청도 예산의 섬곡장(剡谷莊)에서 실천할 것을 다짐하기도 하였다. 그의 검소한 생활은 일상 식생활뿐만 아니라 임종에서도 나타난다. 자신이 죽으면 그저 평상복을 잘 빨아 입히고 옻칠한 관은 쓰지 말라는 유언까지 남겼다고 한다.

그는 가문의 일도 돌보지 않으면 안 될 형편이었다. 성호는 모두

5형제[해(瀣)·잠(潛)·서(漵)는 이복형제이고, 침(沉)·익(瀷)은 동복형제임]였으나 이복인 첫째 형 해와 둘째 형 잠이 후사가 없자 동복인 넷째 형 침의 아들 광휴와 병휴를 각각 입후시키는 한편, 침의 친아들 셋(광휴·용휴·병휴)을 모두 안산에서 교육시키고, 뒤에 광휴의 친아들 길환·정환·삼환까지 집에 데려다가 손자 구환과 함께 가르쳤다. 뒷날 충청도 일대에서 성호학파가 성한 것도 이렇게 성호가 안산에 데려다 교육시킨 조카와 종손들이 예산지역으로 이사와 뿌리내리고 살면서 이들이 다시 후학을 양성하며 성호학통을 지켰기 때문이다. 그러나 성호 자신도 항상 병이 떨어질 날이 없는 데다가, 일찍이 과거에 장원 급제한 외아들 맹휴(孟休 : 1713~1751)가 전라도 만경(萬頃) 현령으로 재임하다가 지병으로 요절하는 등 중년 이후 성호에게는 우환이 그칠 날이 없었다. 더불어 가세도 기울어 갔다.

그는 여행을 좋아하여 전국의 산천을 돌며 견문을 넓히기도 하였다. 경기지방의 산천은 물론이고 경상도, 전라도, 충청도, 강원도, 함경도에 이르기까지 명승고적과 서원 등지를 돌아보았다. 특히 공자의 유풍이 살아있는 영남지방에 마음을 두고 이곳 도산서원이나 백운동서원 등을 방문하여 지극한 예를 갖추기도 하였다.

성호는 퇴계(退溪) 이황(李滉 : 1501~1570)을 학문적 종사로 삼고 미수(眉叟) 허목(許穆 : 1595~1682)의 학문을 사숙하였으며 윤휴(尹鑴 : 1617~1680)의 학문으로부터도 영향을 받았다. 그의 학통은 이황 → 정구 → 허목으로 이어지는 남인학통에 속한다고 말할 수 있는데, 이 계열을 영남남인과 구별하여 흔히 근기남인(近畿南人)이라고 말하기도 한다. 그리하여 후대 성호학을 공부한 사람들은 자신이 속한 학통을 보통 퇴계학통이요 미수학통이며 성호학통이라고 하였다. 그러나 성호는 퇴계학통을 계승하면서도 학문의 대상이나 방법은 퇴계의 학문에 연연하지 않을 정도로 편협하지 않고 개방적이었다. 불교나 양명학, 서구문물 등 당시 이단으로 지목되었던 사상과 학문에 대해서도 깊은 이해를 갖고 있었다. 특히 서구문물에 대해 많은 관심을 보였으니 과학기술은 말할 것도 없고, 천주교에 대해서도 깊은 관심을 갖고 연구하였다. 18세기 우리 나라 천주교 수용이 성호학파의 젊은층을 중심으로 이루어졌다는 사실도 따지고 보면 성호의 개방적이고 폭넓은 학풍의 영향이라고 보아야 할 것이다.

그는 남인에 속한 실학자이면서도 율곡(栗谷) 이이(李珥 : 1536~1584)의 개혁론을 높이 평가하였다. 율곡이 주장한 내용이 명쾌하고 절실하다 하고, 십중팔구는 당시 정부에서 시행되고 있다는 사실을 들어 조선 개국 이후 시의(時宜)를 알고 있는 사람 가운데 으뜸이라 하였다. 그리고 반계(磻溪) 유형원(柳馨遠 : 1622~1673)의 개혁론에 대해서도 율곡의 뜻과 합치되며 대부분 시기적절하다고 평가하면서, 당대에는 정부에 의해 받아들여지지 못하였지만 뒷날 본받을 자가 있을 것이라 확신하였다.

그의 학문은 공맹(孔孟)의 가르침인 수사학(洙泗學)에 철저하였고 성리학은 절실한 것이 아니었다. 그는 성리학에도 밝아 『사칠신편』(四七新編)과 같은 성리서도 저술하였으나, 후학들에게는 결코 이에 매진하지 말라고 당부하였다. 또한 그의 실학은 유교경전을 학문의 기본으로 삼는 궁경실학(窮經實學)으로서 수기치인(修己治人)을 위한 공부에 힘쓰고, 나아가 공부한 것을 실천하는 것이었다. 효와 예의 실천으로부터 시작되는 그의 실학은 다방면에 걸쳐 시의적절한 개혁 요구로까지 확대되어 나타났으니, 치용(致用)에 도움이 되는 실학문을 추구하였다고 말할 수 있다. 그의 실학은 다산 정약용(丁若鏞 : 1762~1836)이 조선후기 실학의 집대성자로 성장하는 데 큰 영향을 주었고, 다산은 성호의 학문을 깊이 익혔다.

성호문인 순암(順菴) 안정복(安鼎福)의 다음 글은 성호의 인품이나 학식을 한 마디로 대변한다 하겠다.

강의독실(剛毅篤實)함은 선생의 뜻이고, 정대(正大)하고 광명(光明)함은 선생의 덕이며, 정심(精深)하고 굉박(宏博)함은 선생의 학문이고, 그 기상은 온화한 바람, 상서로운 구름이며, 그 회포는 가을 달이요 얼음 항아리이다. 이제 다시 뵈올 수 없게 되었으니 장차 어디에 의귀(依歸)할 것인가?

(『順菴集』 권20, 祭文, 祭星湖先生文)

2. 『성호사설』은 어떤 책인가?

성호는 생전에 100여 권의 책을 저술하였다고 전한다. 그 가운데에서도 성호의 학문과 사상이 가장 잘 드러난 저서가 『성호사설』이라 할 수 있고, 특히 그의 실학사상은 『성호사설』을 비롯하여 『곽우록』(藿憂錄)과 「잡저」(雜著)에 잘 나타나 있다. 『성호사설』은 성호가 처음부터 어떤 저술을 목적으로 쓴 것이 아니다. 사설(僿說), 즉 잔소리라는 의미의 제목도 성호 자신이 뒤에 붙인 것이다. 그가 공부하다가 문득 생각나거나 혹은 문하생으로부터 질문을 받았을 때, 혹은 학자들과 대담을 한 뒤 그때그때 생각나는 대로 수십 년에 걸쳐 비망록처럼 기록해 두었던 것이니, 분량도 많을 뿐 아니라 다룬 내용도 다양하다. 말년에 조카와 손자를 시켜 중복된 부분은 빼고 빠진 부분은 보충하여 내용별로 분류하여 정리한 것이 지금의 『성호사설』이다.

『곽우록』은 성호가 스스로를 천한 농부라 전제한 다음, 가난하고 힘없는 백성의 입장에서 국가정책의 잘잘못을 분석·비판하고 개혁안을 제시한 저술이라 할 수 있다. 비록 분량은『성호사설』에 비할 수 없게 적지만 체계적이고 내용도 정선되어 있다. 따라서 이 책의 내용은『성호사설』에 담긴 실학사상과 비견될 만큼 성호 실학을 이해하는 데 중요한 저술로 평가된다. 또한『성호사설』과 그 내용이 중복되는 곳도 있지만, 일부는『성호사설』보다 상세히 서술되어 있는 경우가 있기 때문에『성호사설』을 볼 때에도 꼭 비교 검토해 볼 필요가 있다.「잡저」는『성호문집』에 들어 있는 논저이다. 이 또한『성호사설』이나『곽우록』의 내용과 중복되는 부분이 많지만 그의 실학사상을 이해하는 데는 빼놓을 수 없는 글이라 할 수 있다.

　필자는 이 글에서『성호사설』을 주된 자료로 삼고『곽우록』과「잡저」는 보조자료로 이용한다. 따라서『성호사설』의 구성과 내용을 좀더 소개하기로 한다.『성호사설』은 천지문(天地門)·만물문(萬物門)·인사문(人事門)·경사문(經史門)·시문문(詩文門) 등 5문, 30권, 3007칙으로 편제되어 있다.

『성호사설』의 편제

문	권수	칙수
천지문	1-3권(3권)	223
만물문	4-6권(3권)	368
인사문	7-17권(11권)	990
경사문	18-27권(10권)	1048
시문문	28-30권(3권)	378
계	30권	3007

(국립도서관 소장, 이돈형씨 증정본, 『성호사설』 기준)

　(1) 천지문은 천문과 지리에 관한 내용으로 이루어졌지만 지리와 관련된 내용이 더 많고, 그 가운데에서도 고대 역사지리가 중요하게 다루어졌다. 성호는 단군조선·기자조선·한사군·고구려 등 옛 북방 국가의 강역, 도읍지와 산·강의 위치비정, 호칭 등에 관한 고증에 많은 관심을 보였다. 그 역시 조선후기 역사학자들과 마찬가지로 요동 지역을 우리의 옛 강역으로 보면서 잃어버린 땅에 대한 아쉬움이 컸다. 그는 또 이마두(利瑪竇)의『만국전도』(萬國全圖)를 본 뒤 서양세계에 대한 인식을 확대시키는 한편, 중국중심 세계관에 비판적이었고, 중국 에서 편찬된 여러 서양서적을 접하면서 천문역법을 비롯 각종 과학기 술에 많은 관심과 호의를 보였다. 과학기술에 관한 한 서양이 중국보다 낫다고 평가하였다. 더불어 천주교에 대해서도 비판적 안목을 보이기 는 하였지만 무조건 배척하는 태도는 보이지 않았다.

　(2) 만물문은 각종 동·식물이나 광물, 악기, 기호품, 의복, 식품, 무기, 기타 기이한 물건 등 잡다한 것을 기록해 놓은 부문인데, 우리 생활 주변에서 볼 수 있는 것으로부터 서양 물건에 이르기까지 매우 다양하다. 특히 그는 인조 8년(1630) 진주사(陳奏使) 정두원(鄭斗源)이 북경에서 가져온 서양 서적과 천리경·자명종·조총·약통 등을 귀중 한 물건이라 칭찬하고『천문략』(天問略)과『직방외기』(職方外紀) 같은 책은 직접 구하여 읽어 보았다. 담배나 두부, 남과(南瓜), 다식(茶食) 등 특이한 음식이나 보급이 그리 오래지 않은 식품의 유래 등을 소개 혹은 고증 하기도 하고, 안경이나 서양의 수차(水車) 등을 소개하기도 하였다. 회화의 원근법, 지남철 원리, 조수(潮水)의 원리, 술 담그는 법, 화경(火鏡)의 원리, 눈썰매의 좋은 점, 일본도(日本刀)의 장점, 홍이 포(紅夷砲)의 원리 등을 자세하게 분석하거나 소개하여 보는 이가 쉽게 이해하도록 배려하였다. 특히 만물문에서는 집이나 밖에서 동식물을

20

직접 실험 관찰해 보려 하였던 그의 노력도 잘 나타난다.

(3) 인사문은 경사문과 함께 『성호사설』의 중심 부분이라 할 수 있고, 『곽우록』 또한 인사문의 내용과 관련이 깊다. 정치·경제·사회·문화 등과 관련한 성호의 현실개혁을 중심으로 한 경세적 실학사상이 가장 잘 드러나 있는 곳이기도 하다. 그에 따르면, 백성을 가난에서 벗어나게 하고 편안하게 보호하는 것이 나라를 다스리는 최우선 도리였다. 군주는 신하의 충간에 귀를 기울여야 하며 구언(求言)을 자주 하되 신하가 간하는 말을 듣지 못함을 걱정해야 한다고 하였다. 그리고 백성에 대한 신의를 지키고, 사치하지 말고 검소하며, 어진 인재를 많이 등용하여 가까이 하되 아첨하는 소인배들을 멀리하고, 신하를 부리되 예로써 하며, 민심의 동향에 귀를 기울여 백성의 질고를 항상 살필 것을 강조하였다.

원칙적으로 과거에 의한 인재선발을 지양하고 현량의 천거를 권고하였으며, 과거를 실시하더라도 글짓기 중심의 과거는 지양하고 너무 많은 인원을 선발하지 말아야 한다고 하였다. 또한 인재를 선발할 때는 탐욕과 재능의 유무를 선발기준으로 삼고 지역적 차별을 두어서는 안 된다고 하였다. 뇌물수수를 근절시키고 탐관오리를 엄벌에 처하며, 보신주의에 빠진 관리를 처벌하고, 관리의 수를 줄여 작은 정부를 만들 것을 주장하였다. 하는 일 없이 녹봉만 축내는 나이많은 관리는 물러가게 하고 관리를 임명하여 쓸 때는 우선 임시직으로 써 본 다음 능력을 보아 정식으로 임명할 것도 제안하였다. 그리고 군주의 잘못된 정치를 방관하는 신하도 치죄하고, 관직사회의 복지부동이나 무사안일을 경계하였다. 더불어 기존의 행정구역을 조정하여 관리의 수를 줄이면 관리의 녹봉도 올려 지급하는 효과를 얻을 수 있다고 하였다.

성호는 범죄행위에 대해 원칙적으로 엄법의 적용을 주장하였다.

특히 관리의 탐학은 엄벌하여 일벌백계로 다스리고 사면대상에서도 제외할 것을 주장하였다. 법은 오래되면 폐단이 생기기 때문에 반드시 고쳐서 써야 한다는 변법론(變法論)을 강력하게 폈다. 그의 변법은 점진적으로 하되 미봉책보다는 근본적 개혁을 하는 것이었다. 노비천적(奴婢賤籍)을 개선하고 노비 종모법(從母法)을 폐지하자는 제안도 하였다. 한편 사간원 중심의 간관제도를 혁파하고 임금이 널리 신하의 간언을 들을 수 있도록 언로를 확대해야 한다는 견해도 나타냈다.

그는 토지가 권문세족에 편중되어 백성들이 곤궁에 처해 있다고 보았다. 그러나 상업의 발달과 화폐의 유통은 농민 생활을 더욱 곤란하게 만든다는 견해를 보이면서, 농업진흥을 꾀하는 무본억말책(務本抑末策)을 주장하기도 하였다. 그리하여 균전제를 근간으로 한 한전제(限田制)를 제시하여 경작자인 농민들이 일정한 토지를 소유하여 경작토록 하는 토지제도의 개혁을 주장하고, 농민의 곤궁을 가중시키는 환곡(還穀)제도를 폐지하고 상평창(常平倉)을 살리며 사창(社倉)제도를 실시할 것을 제시하였다.

또한 그는 붕당의 폐단을 강력하게 비판하였다. 그에 따르면, 붕당은 벼슬을 하려는 데에서 나오고 그 뿌리를 과거에서 찾았다. 그리하여 당파의 화는 잦은 과거에서 비롯되기 때문에 과거를 자주 시행해서는 안 된다는 견해를 나타내고, 임진왜란도 붕당에 의하여 우리 스스로 자초한 것이라고 평가하기도 하였다.

(4) 경사문은 성호가 경전을 분석하고 자신의 견해를 붙이거나, 역사를 고증하고 해석 판단하여 모아 놓은 글로서, 그의 경학사상이나 역사인식을 이해하는 데 중요하다. 그의 역사학이 본시 경학에 바탕한 것이기 때문에 경학을 떠난 역사학은 생각할 수 없고, 그의 실학 역시 이 경학을 바탕으로 한 궁경실학(窮經實學)이었다. 따라서 경사문에는

많은 개혁적 요소가 담긴 견해가 기록되어 있는데 경전에 근거하거나 역사적 고증을 거친 내용이 많이 포함되어 있다. 그는 사서육경을 통하여 우리나라 역대 역사 사실과 인물이나 제도, 풍속 등을 주석(註釋)하고 논평하였는데, 이때도 중국 경사(經史)를 그대로 따르려 하지는 않았다. 역대 중국 성현의 주장도 무조건 따르지 않았고 자신의 취향에 따라 비판도 가하며 추종여부를 밝히기도 하였다. 이를테면 맹자의 성선설을 추종하고 순자(荀子)의 성악설을 실수라고 비판하면서도, 순자가 사람은 기·생명·지각·의리가 있다 하여 천하에서 가장 귀하게 여긴다고 한 말을 크게 칭찬하였다. 양명학 역시 무조건 배척하는 것이 아니라 왕양명의 주장에도 취할 만한 것이 있다는 입장을 취했다.

성호는 역사서술의 목적이 본래 권선징악(勸善懲惡)에 있다 하면서 선악을 모두 드러내야 한다 하였다. 그런데 많은 역사가들은 착한 자는 모두 착한 자로 쓰고 악한 자는 모두 악하게만 쓰는 경향이 있다고 하면서, 선한 것 가운데에도 악함이 있고 악한 것 가운데에도 선함이 있으니 편파적으로 서술해서는 안 된다고 하였다. 또한 역사서술이란 모름지기 통상 성패(成敗)가 갈린 후에 쓰여지는 것이니 사실이 미화되기도 하고 폄하되기도 하여 왜곡되어 나타날 수 있다고 경고하였다. 한편 성호의 사론(史論)에서는 시세(時勢)를 매우 중시하였다. 역사를 평가할 때는 당시의 시세를 잘 파악해야 하고 시비(是非)를 따지는 것은 그 다음이었다. 그는 천하의 일이란 시대를 잘 만나는 것이 최상이고, 행과 불행은 그 다음이요 시비는 최하라고 지적함으로써 그만큼 시세가 역사의 흐름을 좌우한다고 보았다. 또한 역사를 서술할 때에는 빠짐없이 모두 기록하고 숨김이 있어서는 안 된다는 직필(直筆)주의와 사가의 객관성과 공정성, 실증성도 매우 중요하게 다루었다.

그는 우리나라 상고사의 기록이 불충분함을 아쉽게 여기면서 요동이나 요서 지방과 같은 북방의 고증에 많은 관심을 보였고, 한국사 체계를 수립하는 데 있어 마한정통론(馬韓正統論)을 폄으로써 문인 안정복이 『동사강목』을 쓰는 데에 큰 영향을 주었다. 또한 중화민족 국가를 존중하는 존명(尊明) 사대사상을 비판하고 세계 어느 곳이든 중심지가 될 수 있다는 견해를 폄으로써 중국중심의 화이론 내지 세계관을 부정하였다.

이에 그는 맹목적인 사대(事大)를 부정하되 현실적인 사대의 필요성을 주장하였다. 이를테면 군사적으로 강한 주변 국가가 우리 나라를 침범하려 하였을 때 어떻게 대처할 것인가라는 문제에 대해 이렇게 답하였다. 군사력이 미약한 우리나라가 만일 무모하게 맞대항을 한다면 말할 것도 없이 우리는 패하여 가루가 된다는 논리를 펴면서 군사적 사대를 주장하였다. 이것이 그가 주장하는 현실적인 '이소사대'(以小事大)이다. 여기에는 반드시 전제가 있으니 우선 상대편에게 군사적으로 고개를 숙인 뒤 우리의 자주 국방력을 기르는 것이었다.

(5) 시문은 2/3 이상이 중국의 시문이다. 시문의 고증과 변증, 평론이 주종을 이루면서 시체나 문체, 그리고 운율에 관한 논의도 이루어졌다. 시 형식의 변화에 대한 역사적 고찰, 시작(詩作)에 있어 남의 글을 모방하거나 표절하여 뒤바꾸어 꾸미는 작태 비판, 내용이 없는 글 비판, 글이 고상하지 못하거나 말의 구조가 치밀하지 못한 글 평가, 시와 그 시를 지은 시인이 일치하는가의 고증과 판단, 시의 내용을 통하여 역사적 사실을 이해하고 판단하는 일, 알려져 있지 않은 시의 소개 등 다양한 내용을 담고 있다. 여기에서는 역대 많은 시인들의 시가 소개되고 논의되었는데 그 가운데에서도 이태백과 두보의 시가 많다.

그는 시를 이해하려면 그 시를 쓴 시인의 입장에서 뜻을 헤아려

24

보아야 한다고 보고, 시인도 자기의 정서를 시로 나타냈듯이 행동으로 보여야 한다는 뜻도 비쳤다. 그리고 경학도 제대로 못하면서 시부에 매달리는 것을 매우 못마땅하게 여겼고, 과거시험에 낡은 시율 형태인 사륙병려문(四六騈儷文)을 시행하는 폐단도 비판하였다. 역대 서예가의 서체나 필법도 논의의 대상으로 삼았다.

『성호사설』은 성호가 타계하기 1년 전인 1762년 문인 안정복에 의해 『성호사설유선』(星湖僿說類選)으로 다시 정리되어 나왔다. 분량도 『성호사설』의 절반 이하로 줄였고(3007칙→1396칙), 체재도 『성호사설』에서는 문(門)으로 쓴 것을 『성호사설유선』에서는 편(篇)으로 고쳐 쓰고, 편을 다시 문으로 세분하였다. 내용도 중복되는 부분은 삭제하거나 줄이고, 다른 편으로 옮겨 조정하거나 다듬어 정선하였다.

요컨대 『성호사설』은 성호의 학문과 사상을 이해하는 데 가장 중심되는 저술이다. 공맹의 수사학을 기본으로 한 성호의 궁경실학은 이 책을 통하여 두드러지게 나타난다. 그의 궁경실학은 경세치용(經世致用)이 강조되면서 현실개혁적이고 실천적인 방향으로 추구되었고, 난국을 헤쳐나갈 제도개혁을 강조하는 사공학(事功學)을 중시하였다. 학문방법도 암송위주의 도습(蹈襲)적인 전통방법을 지양하여 스스로 터득하는 자득(自得)을 택하고, 다양하면서도 개방적인 학문태도를 견지하였다. 이는 결국 성호학파가 서구문물을 선구적으로 수용하는 결과를 가져왔다. 서양 학문과 사상에 대한 적극적인 관심을 바탕으로 성호학파는 천주교 수용에서 중추적인 역할을 하게 되고, 중국 중심의 세계관을 흔들어 놓았으며, 대중국 비판의식과 자주의식을 고양하였다. 또한 변법을 통한 각종 제도개혁을 주장하면서 18세기 실학을 이끌어 나갔다. 그는 스스로 역사를 저술하지는 않았지만 그의 역사인식은 『성호사설』과 함께 문인 안정복이 편찬한 『동사강목』(東史綱目)에 잘 담겨 있다. 『동사강목』의 범례나 정통체계, 고증 등 주요 부분이 대부분 성호의 자문을 받아 쓰여졌을 만큼 성호의 역사인식이 크게 작용하였던 것이다.

글싣는 차례

제 1 장
떠도는 백성들

제1절 백성(民)은 누구인가?

　우리는 흔히 민족구성원이나 겨레를 뜻하는 말로 백성, 국가구성원을 나타낼 때 국민이라는 표현을 쓰고 있다. 전자는 혈연적 의미가 강하고 후자는 법적 의미가 강하다 하겠다. 이 정도는 오늘날 중학교 수준의 공부를 한 사람이라면 대체로 구분하여 쓰지만, 옛날 우리 선현들은 이를 굳이 구별하여 쓰지 않았고 그럴 필요성도 느끼지 않았다. 같은 생김새에 같은 언어를 사용하고 지역적인 차이는 있을지라도 비슷한 풍습으로 살고 있으니, 얼핏 스쳐 지나가는 것만 보아도 기침소리만 들어도 우리나라 사람이라는 것을 금방 알 수 있는 것이 우리 한(韓)민족이다. 더욱이 우리는 단일민족으로서 옛부터 탄탄한 유대감을 형성하며 끈끈한 정으로 살아왔다. 우리 민족이 국민에 앞서 겨레라는 말에 더 어울리는 것은 바로 이 때문이다. 이 나라 살리는 통일, 이 겨레 살리는 통일을 외치는 「우리의 소원은 통일」이라는 노랫말이 그 때문에 우리의 심금을 울리는지도 모른다.

　한 핏줄로 이루어진 한 집안 같은 민족인데, 우리 조상들은 어떻게 살아 왔던가. 한쪽은 권력과 부를 지니면서 지배계층으로 군림하였고, 다른 한쪽은 절대 다수로 생산의 주체이지만 지배계층의 복종을 요구받으면서 온갖 어려움 속에서 살아야 했다. 민중이 역사의 주체라는 오늘의 사관으로 보면 받아들이기 어렵고 비판받아 마땅할 것이다. 우리 조상들은 그것이 운명이려니 하고 견디며 살아왔는지도 모르겠다. 그러나 우리 선현들 가운데에도 일부 개명한 지식층은 이러한 구조적 모순과 불합리성에 개선을 요구하는 목소리를 높였으니 바로 조선후기 실학자들과 같은 사람들이었다. 이들은 역사적 전환기의 선구적 인물들이었고 개혁을 부르짖은 양심가들이었다. 조선 후기 붕당의 회오리와 삼정의 문란 속에서 한평생을 시골에 묻혀 살아야만 했던 성호 이익도 그러한 사람들 가운데 대표적인 인물이라 하겠다.

성호의 집안은 조상 대대로 높은 벼슬을 거친 양반 지배계층에 속하였지만 그는 말단 벼슬자리 하나도 거치지 못한 시골 학자에 불과하였고, 따라서 경제적으로도 그리 풍족한 생활을 하지 못하였다. 스스로 농민을 자처하면서 농촌에서만 일생을 보냈기 때문에 농민의 어려운 실정을 누구보다도 잘 알고 있었다. 그는 『성호사설』, 『곽우록』, 기타 논설을 통하여 피지배계층인 다수 민중의 삶에 대해 자신이 평소 느낀 생각을 유감없이 발휘하였다. 특히 심신이 모두 고달픈 농민의 삶에 유독 관심을 보였다.

그렇다면 성호는 당시 피지배 계층인 백성을 어떻게 생각하고 있었던가. 그에게 백성은 누구였던가.

백성은 나라의 근본

성호는,

> 무릇 나라의 근본은 백성에게 있다. 조정의 예악과 문물이 아름답고 볼 만하며, 임금과 신하가 바야흐로 태평성대를 누리는 것도 그 근본을 구명해 보면 이것이 과연 어디에서 나왔는가. 백성(民)이다.
>
> (『성호사설』 권7, 인사문, 相樹歎)

라 하였듯이, 백성은 나라의 근본이라 하고 조정의 격조높은 예악 문물과 태평성대도 알고 보면 백성에게서 나왔다는 것이다. 이러한 그의 견해가 오늘날 법치국가에서 보장되는 주권재민이나 만민평등을 뜻하는 것은 아니라고 생각되지만, 적어도 우리가 누리고 있는 민주주의의 싹이 그의 민본사상에서 이미 싹트고 있었다는 사실을 찾아볼 수 있지 않을까? 따라서 모두가 한겨레로 이루어진 백성이요 국민인데, 한편은 다수를 차지하는 생산의 주체이면서도 신분상 차별대우를 받는 피지배계층으로서 고달픈 삶을 영위하는 것을 가련한 눈으로 보았던 것이 아닌가 여겨진다.

백성은 집의 주춧돌

그는 또 나라와 백성의 관계를 집 짓는 일과 나무 심는 일에 비유하였다.

> 나라의 명맥은 백성에게 있다. 백성이 배부르고자 하는데 굶주리게 하고, 따뜻하게 하려는데 얼어붙게 하고, 살고자 하는데 구렁텅이로 몰아넣는다면 어찌 나라가 망하지 않겠는가. 집을 튼튼하게 하려면 먼저 맨 아래 기초를 세우고, 풀을 크게 자라게 하려면 먼저 흙에 묻힌 뿌리에 물을 주어야 한다. 기초가 허술하면 집이 무너지고, 뿌리가 마르면 잎이 병드는 것이니, 나라를 세우면서 백성의 것을 빼앗는다면 무너지지 않는 나라가 없을 것이다.
>
> ……자기의 재물이 아니면서 겁탈하여 빼앗는 것을 도둑이라 하니, 백성으로부터 지나치게 거두어들이는 것도 도둑이 아닐 수 없다. 생각건대 백성은 적자(赤子는 갓난 아이 혹은 임금이 백성을 일컬을 때 쓰임 : 인용자 주)와 같은데 아버지가 자식의 재물을 도둑질하여 자식들이 흩어져 죽게 한다면 이 어찌 차마 할 일인가.

(『성호사설』 권13, 인사문, 奸人馨財)

우선 나라의 명맥이 백성에게 있음을 전제하고, 그 백성을 헐벗고 굶주리게 하여 구렁텅이에 빠뜨려서는 안 된다고 하였다. 백성은 집으로 말하면 기초와 같고 나무로 말하면 뿌리와 같은데, 기초를 허술하게 하거나 뿌리를 마르게 하면 그 집이 무너지고 나무가 말라 죽듯이, 백성을 구렁텅이에 빠뜨리면 백성은 말할 것도 없고 나라도 망한다는 것이다. 국가가 백성들에게 어떻게 해야 된다는 기본을 제시해 주고 있다. 이는 예나 지금이나 예외없이 통하는 말로서, 오늘의 현실을 비추어 보게 하는 대목이라 하겠다. 그는 백성들이 관리들로부터 각종 명목으로 갈취당하며 시달리는 것을 매우 안타깝게 여겼던 것 같다. 그리하여 정해진 것 이외에 더 거두어들이는 것도 도둑이니 그렇다면 국가도 도둑을 면할 수 없다는 것이다. 아버지와 같은 임금이 자식과 같은 적자의 재물을 훔치는 일이 있을 수 있느냐는 것이 그의 안타까운 한숨이다.

주지하다시피 조선후기 사회에서는 이른바 삼정(三政)의 문란으로 백성들이 매우 고난을 겪었다. 성호가 비유하였듯이, 집을 지을 때 주춧돌을 다지고, 나무를 심을 때 묘목의 뿌리를 보살피는 것처럼, 백성들을 배부르고 따뜻하게 하는 것은 고사하고, 만연된 관리의 부패와 비리는 수많은 백성들이 정든 고장을 떠나 유리걸식하게 만들었다. 삼정의 문란이 수백 년 계속되면서 백성들이 굶주림의 질곡에서 헤매건만, 왜 개선의 기미를 보이지 못하고 결국은 나라가 기울어지는 지경에 이르렀을까?

● 국민의 세금으로 급료를 지급받는 공직자들은 조선 후기 사회에서 백성을 고난의 질곡으로 빠뜨린 이른바 삼정(三政)의 문란을 심각한 교훈으로 받아들여야 할 것이다. 전정(田政)·군정

(軍政)·환정(還政) 문란의 역사적 경험은 오늘날 국민들로부터 불신의 표적이 되고 있는 공직사회를 맑게 하는 데에 좋은 약이 될 수 있다고 생각되기 때문이다. 토지와 관련된 그릇된 정책으로 많은 사람들로부터 원성과 비판을 사고, 소위 지도층 인사들이 자신이나 그 자식들의 군입대 문제로 국민들로부터 따가운 눈총을 받고 있는 것이 현실이니, 많은 서민들이 분노하는 것도 이해할 만하다.

백성은 생산의 주체

성호는 또 생산의 주체와 생산물의 소유자에 대해 다음과 같은 견해를 나타냈다.

사람은 귀천을 막론하고 곡식이 없으면 살지 못한다. 곡식은 천한 사람으로부터 나오지만 귀한 사람이 얻어 먹으니 그것은 마치 구걸하는 것과 같다. 힘을 쓰는 자[勞力者]가 곡식을 지니고 저 마음을 쓰는 자[勞心者]와 바꾸니 마치 임대하고 고용하는 것과 같다. 천한 사람은 귀한 사람이 없어도 오히려 살아갈 수 있지만, 귀한 사람은 천한 사람이 없으면 살아갈 수 없으니, 그 권세있는 사람이 아래에 있는 듯 의심스럽지만 실제로는 마음을 쓰는 자[귀한 자]가 아래를 다스린다. 다스림에 지위가 없을 수 없고 지위가 있으면 몸이 높아지고, 몸이 높아지면 권위가 무거워져 낮은 사람이 이에 굴복하게 된다. 고로 취하기를 지나치게 하여도 아랫 사람은 감히 대항하지 못하기 때문에 그들은 가득하여 남고 이들은 도리어 굶어 죽는다.
비유하자면 기계[機器]와 곡식[粟米]을 서로 바꾸는 것과 같은데, 질그릇을 굽고 쇠를 다루는 자는 힘이 세어 자기의 싼 물건을 주고 강제로 농민을 억압하여 곡식을 빼앗으니 강매하는 것

도 옳지 못한데, 하물며 그러한 일도 없이 빼앗음에랴? 도적이
아니고 무엇인가?

(『성호사설』 권13, 인사문, 民得什九)

생산의 주체는 신분이 낮은 피지배계층인 다수의 서민인데 지배계층
이 권력을 이용하여 이를 빼앗아 먹는 것과 무엇이 다르냐는 이야기다.
더불어 우리나라에는 놀면서 먹는 자들이 너무 많다고 지적하였다.[1]
이는 다수의 독서층 양반들이 벼슬도 하지 못하면서 무위도식하는
것을 가리킨다. 그는 신분이 낮은 사람, 즉 일반 서민은 귀족 없이도
살 수 있지만 귀족은 생산의 주체인 신분이 낮은 사람들 없이는 살
수 없다고 하였다. 결국 따지고 보면 생산의 주체인 낮은 신분이 생산물
을 소유해야 하기 때문에 칼자루를 쥐어야 하는데, 문제는 실상은
그렇지 못하다는 데 있다. 그는 신분이 높은 자들이 수중의 권력을
이용하여 생산물을 빼앗아 소유함으로써 그들에게는 곡식이 남아도는
반면, 생산에 종사하는 피지배계층은 오히려 굶어죽는 현상이 벌어지
는 현실을 개탄하였다.

조선 후기 탐관오리들이 국민의 고혈을 짜내는 처참한 실상에 성호
가 분개하는 모습이 떠오른다. 미천한 생산계층으로부터 비럭질하는
양반 지배계층을 거지와 같다 하고, 농민을 억압하여 곡식을 강제로
빼앗는 관리를 도둑이라 하는 그 자신도 양반사대부였으니, 지배계층
의 부패에 시달리는 농민의 참상에 그가 얼마나 마음 아파하였을까를
짐작할 수 있을 것 같다. 성호는 스스로를 천한 사람이라고 자처하였다.

    ● "천한 사람은 귀한 사람이 없어도 오히려 살아갈 수 있지만,

---

1) 『곽우록』 生財, 國用 참조.

귀한 사람은 천한 사람이 없으면 살아갈 수 없다"는 성호의 주장은 옛날 신분의 상하가 있었을 때에만 통하던 이야기만은 아닐 것이다. 권력과 부의 편재 현상이 심화된 오늘의 정치·경제 구조에서 어쩌면 더욱 심각하게 고려해야 할 문제가 아닐까 여겨진다.

이상에서 본 것처럼, 성호가 생각하는 민(民), 즉 백성은 나라의 근본이요, 집지을 때 주춧돌과 같으며, 임금의 지체요 자식과 같은 존재이고, 생산의 주체였다. 백성없는 임금은 존재할 수 없고, 임금과 백성은 상보적 존재였던 것이다. "민중을 얻으면 나라를 얻는 것이요, 민중을 잃으면 나라를 잃는 것"[2]이라는 성호의 말은 그의 백성관을 한 마디로 나타낸다 하겠다.

제2절 백성이 도탄에 빠져 있다

그런데 백성들이 처해있는 현실은 어떠하였던가. 성호의 표현을 그대로 빌려 보자.

자식을 버리고 아내까지 팔아 먹는다

백성들이 유리 걸식하는 참담한 모습에 대해 성호는,

백성이라면 어느 누가 편안하고 안락한 삶을 바라지 않겠는가만, 한 번 흉년을 만나게 되면 이부자리를 지고 깨진 쪽박을 두

---

2) 『성호사설』 권26, 경사문, 封建.

드리며 걸식하게 된다. 자식을 버리고 아내까지 팔아먹는 자도
생겨난다(棄兒鬻妻). 나라에서 집집마다 쌀을 나누어 주고 사람
마다 죽을 나누어 주어 구휼하는데 그 지극함을 쏟는다. 그러나
마침내 길에서 굶주려 죽는 참상을 면하지 못하니 슬프다.
집이 기울어져 지주를 세우는 것은 기울어지지 않았을 때 바로
잡는 것만 못하며, 질병이 위독하여 약을 구하는 것은 병이 위
독하기 전에 다스리는 것만 같지 못하다. 백성들로 하여금 고장
에서 편안하게 지내고 하는 일을 즐겁게 하고 먹고 입는 것을
풍족하게 하였다면 비록 수년의 홍수나 가뭄이 있더라도 어찌
이러한 환난이 있겠는가?

『성호사설』 권16, 인사문, 仕廣錢多)

라 하면서, 비통한 마음을 금치 못하였다. 나라에 흉년이 들어 많은
백성들이 살던 집을 버리고 흩어져 걸식하는가 하면, 심지어 자식을
버리고 아내를 팔아 먹는 사람들까지 있다는 것이다. 성호는 그 원인을
나라에서 재난에 대한 예방대책을 미리 세우지 못한 데서 찾았다.

● 그렇다면 오늘날에는 자연재해로 인하여 고통을 받는 사람
이 없는가? 농민들이 들녘에서 농부가를 부르며 즐겁게 농사를
짓고, 어부들이 바다에서 어부가를 부르며 흥겹게 그물을 던지
고 있는가? 시기를 놓치는 늑장정책과 해마다 되풀이되는 사후
약방문식 처방으로 한숨짓는 농어민들이 나타나지 않기를 바랄
뿐이다.

오늘날은 옛날과 달리 수리시설이 발달되어 가뭄보다는 수해
피해를 입는 경우가 더 많다. 장마 때에는 오히려 비가 오지않다
가 8월이 되면 집중호우가 내려 저지대에 살고 있는 사람들이나
농민들이 크게 고통을 당한다. 문제는 같은 피해가 해마다 되풀
이 된다는 사실이다. 그래서 똑같은 일을 매년 당하는 서민들은

이를 대처하지 못하는 정부를 향하여 분통을 터뜨린다. 천재가
아니라 인재라 하면서 정부를 믿을 수 없다고 한다. 그리고 한숨
짓고 눈물을 흘린다. 왜 이런 지경이 되어야 하는가?

동쪽에서 빌리고 서쪽에서 꾸어 연명한다

한편 백성들의 배고픔을 덜어주려고 마련된 정부의 환곡(還穀)정책
이 도리어 백성들을 굶주림으로 몰고가는 결과를 빚자,

내가 민정을 보건대, 양식이 있으면 배불리 먹고 없으면 굶는
다. 혹 죽과 술찌끼, 겨로 연명하여 얼굴이 누렇게 되었으면서
도 구걸하여 차용하지 않고 굶주림을 참으니 그런 집은 언제나
지켜 나아가지만, 동쪽에서 빌리고 서쪽에서 꾸어[東營西務] 아
침 저녁거리를 메우는 자는 얼마 못 가 반드시 절단나고 만다.
이러한 때에 돈과 곡식을 대부해 주어 미끼로 삼는 자가 있으
니, 비단 가난한 자들만 몰려들 뿐 아니라 부자들도 다투어 빌
리려 하는데, 식량이 떨어지기를 기다려 높은 이자를 받으려 하
는 것이다. 그러나 이것을 쓰지 않을 수 없으니 백성을 해롭게
하는 것이 아닐 수 없다. 민간의 고리대금업자도 오히려 의당
법으로 엄금해야 하거늘, 하물며 나라에서 물건으로 농간을 부
려 어리석은 백성을 속이고 많은 이익을 도모함에랴?
지금 서울의 관아와 지방의 관청에는 돈을 산더미처럼 쌓아 두고
백가지로 모리(謀利)하는데 이는 재물을 긁어모으는 구덩이요, 부
채로 빠지는 함정이니 어찌 백성들이 굶어죽지 않겠는가? 이를
변통하지 않으면 나라는 결국 부유해질 기회가 없을 것이다.

(『성호사설』 권16, 인사문, 糶糴靑苗)

라고 비난하였다. 즉 잘못 운영되는 환곡정책으로 대부분의 백성들이

굶주림에 찌들어 얼굴이 누렇게 떠있으면서도 빚이 늘어가는 것이 무서워 더 얻어 쓰지도 못하는 사람이 있는가 하면, 끼니를 마련하기 위하여 동분서주 하다가 빚이 눈덩이처럼 불어나 결국에는 파산지경에 이르는 사람이 있다는 것이다. 본시 환곡정책은 보릿고개와 같은 어려운 시기에 정부에서 백성들에게 곡식을 대여해 주었다가 일정한 이자를 붙여 가을에 거두어들이는 구제정책이었다. 그러나 관리들이 온갖 농간을 부리며 백성들을 속여 사사로운 이익이나 챙기고, 관청에는 돈이 산더미처럼 쌓였지만 그 돈은 오히려 백성의 재산을 긁어모으는 구덩이와 같다고 하였다. 그러니까 관청에 쌓인 돈은 백성을 위한 돈이 아니고 백성의 재산을 갈취하는 수단이 된다는 말이다. 관청의 돈을 행여 잘못 썼다가는 도리어 부채의 함정에 빠지게 되는 것이다.

　　● 경우는 다르지만, 한국전쟁 이후 경제 사정이 나쁘던 시절, 가정살림이 어려워지자 조합돈을 마구 얻어 썼다가 상환을 못하여 패가한 농가가 적지 않았다. 마구 끌어다 쓴 빈농이나 남의 인감을 도용하여 착복한 이장에게도 잘못이 많지만 조합만 살찌우고 실제 혜택을 보아야 할 농민들은 빚의 구렁텅이에 빠지게 하는 정부의 농정에 더 문제가 많지 않았나 기억된다.

벼슬아치는 백성의 원수

삼정의 문란이 극심할 때 탐관오리가 백성을 등치고 사욕을 채우는 과정에서 백성들이 고통받았던 사실은 새삼 논의 대상이 되지 못한다. 이를 지켜본 성호의 심정을 들어 보자.

무릇 무식하고 하찮은 걸인도 동냥에 인색하면 역시 노여움을 품는데, 하물며 자기 힘으로 소출한 것을 편안하게 앉아서 마음

46

도 쓰지 않은 무리들에게 바치는 데도, 구렁텅이에 떨어지는 절박한 목숨을 생각치 않는다면 원망과 저주가 과연 어떠하겠는가? 국가에 관리가 있는 것은 백성을 위한 것이다. 그 직책을 물어보면 백성의 부모라 하는데, 그 행적을 살펴보면 원수다[察其迹則仇讐也]. 지혜와 힘을 다하여 지은 곡식과 만든 기물이건만 감히 스스로 부모와 처자를 봉양하지 못하고, 예절바르게 원수에게 모두 바치니, 이것이 익은 곡식은 참새가 쪼아먹고 창고의 곡식은 쥐가 먹는 것과 무엇이 다른가? 슬픈 일이다.

우리나라가 비록 치우쳐 있는 작은 나라이나 물산이 또한 풍족하여 그 용도에는 넉넉하다. 그 중요한 것은 청렴한 자를 선발하고 탐관오리를 제거하는 것에서 벗어나지 않는다. 만일 상과 형벌로써 권선징악하지 않는다면 다른 방법이 없을 것이다.

(『성호사설』 권8, 인사문, 生財)

한 마디로 가난한 백성들은 힘들여 생산한 재물을 탐관오리에게 모두 빼앗겨 부모처자를 봉양할 형편이 못 된다는 것이다. 본시 관리는 백성을 위해 있다는 것이 성호의 생각이었다. 따라서 백성의 재물을 마구 갈취하는 탐관오리는 원수와 다를 바 없고 곡식을 쪼아먹는 참새나 훔쳐먹는 쥐와 같으니 엄한 벌로 다스려야 한다는 것이 성호의 주장이다.

한편 조정에서는 각종 명분과 구실을 붙여 지방 관아에 정부 관리를 파견하고, 수령은 이들을 풍성하게 대접하면서 뇌물까지 주어야 하는 것이 통상 있는 일이었다. 이에 대해, 성호는,

국법에는 모든 사신이 군현을 통과할 때, 사신을 접대하는 음식이 풍족하지 않으면 왕에게 아뢰어 그 직을 파면시키기 때문에,

수령들은 사치와 낭비를 능사로 삼는다. 이 물건은 모두 민력 (民力)에서 나오므로 백성을 괴롭히는 일이 된다. 흉년에는 나라 에서 감선(減膳)의 교(敎)를 내리는데 군현의 공수(供需)는 구태 의연하다. 이로써 진수성찬이 풍속이 되고 포학한 관리가 이를 빙자하여 수탈하니 매우 악랄하다고 할 수 있다.

(『성호사설』 권8, 인사문, 使星廚傳)

라 하였다. 수령들이 자신의 자리를 지키기 위해서 사치와 낭비를 일삼으며 이들을 접대하게 된다는 것이다. 포악한 수령은 이를 빙자하 여 수탈하는데, 결국 이 모두 백성에게서 나오는 것이니 백성을 괴롭히 는 일이 된다. 또 재난을 당하여 조정에서 임금이 음식을 줄이는 등 검소한 식생활로 모범을 보여도 지방 수령들은 이에 아랑곳하지 않는 다. 오로지 자신의 영달과 치부만을 일삼는 목민관의 탐학, 그를 방관하 는 중앙 관리들의 부패가 결국 백성들을 얼마나 고통스럽게 하는가를 잘 알려주고 있다.

> ● 예로부터 중앙집권화로 일관해 온 우리 정부 형태의 관직사 회에서 사라질 줄 모르는 고질병이 아닌가 생각된다. 어떤 명목 이나 이유로 상급 기관에서 누가 내려오면 칙사 대접을 해야 하고 용돈까지 섭섭치 않게 주어야 후환이 없는 관직사회의 풍 토가 이제는 사라졌는지 궁금하다.

그런가 하면 어민이나 수군과 같은 병사들에게 빚어지는 폐단에 대해서도,

이제 태평세월이 계속되니 수군을 통솔하는 지휘관이 군인들의

48

고혈을 짜내어 상부에 바치며 자신의 사복을 채울 뿐이다.……
어민들은 잡부(雜賦)에 시달려 일정한 거주를 가진 자가 드문가
하면, 그 뜻에 맞지 않아 바다에 떠서 다른 곳으로 옮겨가기도
하니, 누구인들 편히 살며 생업에 종사하고 싶지 않을까마는,
떠나는 것은 부득이한 사정이 있을 것이다.

(『성호사설』 권16, 인사문, 水軍)

라고 지적하였다. 군지휘관이 졸개들의 고혈을 짜내며 사복을 채운다
는 사실을 들추어내고, 여러 가지 부과에 시달리는 어민들이 어쩔수없
이 유랑해야 하는 모습을 그리고 있다.

> ● 엄격한 상명하복의 지휘체계에 따라 움직이는 군대사회에서
> 는 하급자가 상급자의 명령에 절대 복종하는 것이 일반적인 속
> 성이라 하겠다. 전시에는 더욱 그렇다. 그렇기 때문에 군에서는
> 상급자가 하급자를 사적인 용무로 활용하여도 용인되는 경우가
> 많고 거부할 때는 부당한 처우를 받아도 억울하지만 참아야 할
> 때가 있다. 그러나 상급자가 계급을 빙자하여 하급자에게 부당
> 한 요구를 하여 사복을 채우거나, 사적으로 옛날 양반이 종 부리
> 듯 해서는 안 될 것이다.

이에 성호는,

무릇 백성들의 질고는 부귀한 자들이 깨달을 바 아니다. 이미
고통스럽고 배고프니 어찌 떠돌아다니다가 구렁텅이에 빠져 죽
지 않을 수 있겠는가?

(『성호사설』 권6, 만물문, 鷄雛)

라 하면서, 처참한 구렁텅이로 빠져 들어가는 당시 하층민들의 어려운 생활상을 가슴 아파하였다. 반면 백성의 고난을 책임져야 할 지배계층은 남의 일 보듯 하니 백성들은 어쩔수없이 유랑하다가 죽음을 면치 못한다는 이야기다. 이렇게 백성들을 춥고 굶주리게 하면서 나라가 어려운 때를 당해서 백성을 동원한다면 당연히 백성들이 쉽게 응할 리 없다고 하였다. 성호는 중화민족이 북방민족인 이적(夷狄)을 이기지 못하는 원인이 바로 여기에 있다고 평가하고,3) 이를 교훈 삼아야 한다고 하였다.

● 평상시 서민의 삶을 살피고 어루만져 주어야 국가가 위험에 처했을 때 그들의 도움을 쉽게 받을 수 있다는 교훈을 던져준다. 자유민주주의를 표방하는 오늘날에야 더 말할 것이 있겠는가? 1997년 나라가 외환위기에 빠졌을 때 온 나라 사람들이 금모으기에 동참하면서 지니고 있던 금붙이를 들고 은행을 찾던 모습은 참으로 우리의 가슴을 뿌듯하게 하였다. 나라가 어려움에 처했을 때 나라를 구하기 위해 몸을 던질 자는 높은 권좌에 있는 자도 아니고, 지극히 부한 자도 아니며, 부자 나라 시민권을 지니고 이 나라 부를 소진하는 데 여념없는 사람도 아닌, 낮은 데에서 평범하게 살고 있는 서민이었다.

조석간에 달린 목숨

그런데 백성들에게 더욱 고통스러운 것은 앞으로 나아지리라는 희망이 보이지 않는다는 점이다. 성호는 그 원인을 국가의 대책없는 정치와 방치에서 찾았다. 이를테면, "오늘날 백성을 다스리는 자들이 자행하는 공공연한 재물 갈취는 협박하여 재물을 빼앗는 것보다 더 심하다"4)고

---

3)『성호사설』권13, 인사문, 賞功.

50

하면서,

> 그러나 협박하여 재물을 빼앗는 것을 보면 반드시 잡아 죽여야
> 한다고 말하면서도 장리(贓吏)의 수탈을 보고는 괴이하게 여기
> 지 않으니 무슨 까닭인가?
>
> (『성호사설』 권11, 인사문, 贓吏)

라 하였다. 관리의 탐학이 만연되어 있는 데도 아무렇지도 않은 듯한
관직사회를 의아스럽게 여겼다. 더욱 한심한 것은 최고 통차자인 임금
의 무관심이었다.

> 지금 듣자 하니 "사방의 백성들이 거의 흩어져 버리고 남아 있
> 는 사람들 또한 굶주림과 추위에 시달려 살아갈 마음이 없는데,
> 이러한 실정을 호소하고자 해도 임금이 계신 구중궁궐이 너무
> 깊어 알리기가 어렵고, 간혹 말하는 자가 있지만 예삿말로 돌려
> 살펴보려 하지 않는다" 하니, 이른바 명맥이 끊어지려 하는 데
> 도 오히려 고혈을 짜내 조석간에 달린 목숨을 돌보지 않아, 다
> 만 임종을 확인해 보는 한 줌의 숨이 없어 죽지 못할 뿐이니,
> 아! 슬프다.
>
> (『성호사설』 권16, 인사문, 種樹漑根)

통치의 책임자인 임금에게 처참한 현실을 알릴 길이 없고, 설사
알려도 임금이 관심을 두지 않는다는 것이다. 그리하여 백성들에게
가해지는 참상은 마치 죽어가는 사람에게서 고혈을 짜내는 것과 같고,
참상에 빠져 있는 백성은 사실상 임종에 처해 있는 사람과 다름없다고

---

4) 『성호사설』 권11, 인사문, 贓吏.

지적하였다.

> ● 최고 통치자가 국민의 어두운 삶을 외면한다면 그 통치자는 이미 국민을 떠난 사람이다. 그를 선택한 국민들은 어떻게 대처할 것인가?

더불어,

> 왕이 천하에 있는 것은 한 집의 위에 있는 것과 같은데 어찌하여 이 같은 일을 알면서도 구제할 길이 없다고 핑계대고, 도탄에 빠져 있는 것을 그냥 보고만 있는가? 이는 곧 어린이가 병들어 곧 죽게 되었는 데도 약을 구할 생각을 하지 않는 것과 같다. 오늘의 정치는 특히 구제하지 않을 뿐 아니라 채찍을 가하여 명을 재촉하는 것이다.
>
> (『성호사설』 권7, 인사문, 五不均)

라 하여, 국가가 도탄에 빠진 백성을 구제할 길은 강구하지 않고 그냥 방치해 두는 데 대해 질타하였다. 성호는 당시 정부의 처사를 구제는커녕 명을 재촉하는 꼴이라고 평가하였던 것이다.

> ● 관청의 무사안일과 직무유기로 국민이 피해를 받았을 때, 책임지지 않고 떠넘기려는 관청과 공무원의 태도는 예나 지금이나 변함없는 유습이 아닌가 싶다. 공무원은 자신들로 인하여 피해를 당하는 국민들에 대해 입장을 바꾸어 생각해 보아야 할 것이다. 한 사람의 공직자가 태만하면 국민들은 그 책임을 대통령에게 돌리기 마련이다. 대통령에게 법적 책임이 없더라도 말이다.

● 오늘날은 결손가정 해소나 노인복지와 같은 사회복지정책이 절실한 형편이다. 이동네 저동네에 소년소녀 가장이나 자식들과 떨어져 최저생계비 이하의 생활을 하는 독거노인이 적지않다. 이제는 종교단체나 특정 자선단체에 의지하는 후진국적 복지대책에서 탈피할 때가 되지 않았나 생각된다.

춥고 배고픈 백성은 저항한다

성호는 백성들이 극도의 고달픈 삶으로 말미암아 예의나 질서를 어지럽히는 것을 엄한 법으로 다스리게 될 경우 백성들이 저항한다는 사실을 상기시켰다. 이를테면,

> 만약 춥고 배고프고 매맞는 피해가 너무 심하여, 힘으로 이길 수만 있다면 반드시 그를 이기고 고통을 면하려는 것을 생각하게 될 것이다.
>
> (『성호사설』 권23, 경사문, 獻吉疏)

라 하였듯이, 인내가 한계에 봉착하게 되면 정부에 대항하여 백성들이 물리적으로 저항할 가능성이 있음을 시사하였다.

또한,

> 땅에 있는 나무도 봄비를 충분히 맞아야 싹이 쉽게 나오고 날로 잘 자라게 된다. 날씨가 가물면 또한 말라죽게 되고 잎이 마르는 것은 뿌리가 먼저 병들어 있기 때문이다. 반드시 마르기 전에 물을 주어야 한다. 그렇지 않으면 서강(西江)의 물을 옮겨 준다 하더라도 보충되지 않는다.
>
> 백성들이 근심하고 원망하는 것도 나무가 처음에 병들어 버리는 것과 같다. 임금으로서 우선 편한 것만 생각하고 백성을 돌

보지 않다가 반란을 일으키는 지경에 이르면 비록 온갖 혜택을
베푼다 하여도 무슨 소용이 있겠는가.

(『성호사설』 권6, 만물문, 敏樹)

라 하여, 백성들이 고통에 못 이겨 반란을 일으킨 뒤에 뒤늦게 수습하려
해도 무슨 소용이 있겠는가 하고 반문하였다. 나무가 봄비를 충분히
맞아야 말라 죽지 않고 잘 자라는 것처럼, 물이 부족하여 뿌리가 병들어
말라 죽기 전에 물을 주어 살게 하듯이, 백성을 살리는 것도 미리
구제해야지 사후수습은 좋은 방법이 되지 못하다는 것이다. 더불어
백성의 물리적인 저항권을 있을 수 있는 것이라고 본 성호의 정치인식
이 눈길을 끈다.

> ● 잎이 마르기 전에 물을 주어야 한다. 마른 뒤에는 서강의 물
> 을 다 옮겨 준다 하여도 소용없다는 성호의 충고는 민생을 다루
> 는 오늘의 정책수행자가 귀담아 들어야 할 것이다.

제3절 왜 도탄에 빠졌는가?

그렇다면 백성들이 도탄에 빠진 원인을 성호는 어디에서 찾았을까.
『성호사설』이나 『곽우록』에 보면, 그는 역사적 고증이나 당시 사회를
살면서 견문한 것을 토대로 하여 나름대로 여러 가지 원인을 제시하고
있다.

(1) 벼슬아치가 부패하였다

우선 관리의 탐장(貪贓)을 들었다. 이를테면,

> 만일 필부가 재물이 없다면 반드시 팔뚝을 걷어부치고 남의 것을 빼앗을 것이다. 그러나 그 해를 입는 자는 약간의 사람에 불과하지만, 탐리(貪吏)의 경우에는 수령은 그 해독이 한 군(郡)에 미치고, 방백(方伯)은 한 지방에 미친다. 경상(卿相)까지 재물 탐내기를 그치지 않는다면 나라를 좀먹음이 또한 어떠하겠는가? ……이를 다스리지 못하면 망하지 않을 나라가 없다.
>
> (『성호사설』 권11, 인사문, 臟吏)

라 하였듯이, 가진 것 없는 미천한 백성이 남의 것을 빼앗는 것은 그 해가 그리 크지 않지만, 관리가 재물을 탐하면 그 해독이 많은 백성에게 미치며, 벼슬이 높아질수록 그 피해의 범위는 넓어지고 정승과 같은 높은 벼슬아치라면 나라를 망하게 한다는 것이다.

성호는 벼슬아치가 백성의 재산을 갈취하면,

> 천하가 다스려지지 않는 것은 백성이 곤궁하기 때문이고, 백성이 궁한 것은 관리가 떳떳하지 못하기 때문이며, 관리가 떳떳치 못한 것은 임금이 어진 자를 구하지 않기 때문이다.
>
> (『성호사설』 권16, 인사문, 求賢治民)

라 하였듯이, 백성을 곤궁하게 만들고, 백성이 곤궁하면 정치를 그르치게 된다고 하였다. 그리고 "소인배가 등용되면 민생의 곤궁이 그 가운데 있다"[5]고 주장하였다. 결국 백성의 곤궁은 어진 인재를 등용하느냐 그렇지 못하냐에 달려 있다고 보았던 것이다.

---

5) 『성호사설』 권25, 경사문, 幼稚登仕.

● 재능이 많은 자가 반드시 어진 인재라고 보기는 어렵다. 따라서 어진 인재를 공무원으로 등용시킨다는 것이 그렇게 말처럼 쉬운 것은 아니다. 역사상 과거시험 출신자 가운데 사악한 인물이 많이 등장하고, 오늘날에도 이따금 고등고시 출신 공무원이 지능적인 범죄행위를 하다가 법망에 걸려드는 예들이 이를 증명한다.

성호는 당시 관리들이 목민(牧民)을 위한 기본 자질을 갖추고 있지 못하다는 점을 지적하였다. 이를테면,

후세 조정의 관리들은 모두 교만하고 나태하고 안일한 사이에서 나왔기 때문에 혹 어린아이가 배워야 할 행동절차[灑掃唯諾]도 모르고 여름철 땀흘려 농사짓는 수고로움을 모른다. 풍속이 어찌 무너지지 않겠는가? 그리하여 나는 항상 그 원인이 모두 글짓기를 통한 과거시험[詞科]과 벌열(閥閱)에서 말미암았다고 주장한다. 과거를 통하여 어려서 출세하면 부형(父兄)이 그를 굴복시키는 것을 싫어하기 때문에 효도나 공경하는 풍속을 해치게 한다. 벌열은 재상이 농촌에서 등용되는 자가 없기 때문에 아래의 백성들과 정이 떨어지게 한다.
그러므로 노인에게 함부로 하는 것을 기백 있다 하고, 부잣집 재산을 가혹하게 빼앗으면 도리어 재능 있다고 하니, 어찌 백성들이 빈곤에 빠지지 않겠는가?

『성호사설』 권23, 경사문, 孝悌力田)

라 하였듯이, 관리들이 농민의 실정을 모르는 데다가 교만하고 게으르며 안일하고 백성들로부터 재물 빼앗는 일을 재능으로 여긴다고 꼬집었다. 성호는 문예중심의 과거시험과 지배계층의 문벌중시 사상에서

그 연유를 찾았다. 그러한 바탕에서 배출된 관리들은 백성의 실정을 모를 뿐 아니라, 오히려 백성들의 고충을 만든다는 데 문제의 심각성이 있었다.

● 이러한 문제점에 대한 우려가 어찌 성호에 그치겠는가? 사실 시험을 통한 관리의 선발이라는 것이 주로 업무 수행 능력을 보는 것이기 때문에 그의 품성까지 알아내어 앞으로 있을지도 모를 부패를 막는다는 것은 어려운 일이다. 이를테면 사법시험을 준비하는 사람의 법의식은 숭고할 수 있다. 그러나 그가 시험에 합격하여 판사나 검사로 임용된 후에도 그러리라고 기대하는 것은 어쩌면 어리석을지도 모른다. 이따금 법 위에 군림하면서 피의자의 기본권을 짓밟아도 그것이 그들에게는 있을 수 있는 일처럼 인정되는 것이 현실이 아닌가?

간사한 일을 꾸미는 아전들

그런데 양반 관리들뿐만 아니라 각 관아에 속해 있는 아전들의 탐학 또한 백성들에게 적지않은 고통을 주었다. 성호가 지적한 예를 들어 보자.

오늘날 관아에서 주는 곡식을 가난한 백성이 많이 받으면 많이 소비하게 된다는 핑계를 대면서 조금씩 준다. 혹 관부에서 거리가 좀 먼 자는 오가는 길에 시달리고 노비도 많이 들어 한꺼번에 주기를 바란다. 관부에서 이를 들어주지 않는 것은 다름이 아니고, 아전[胥吏輩]들이 이익을 갉아 먹으려면 오직 자주 일이 있어야 수단을 부릴 수 있어서인데[得以售其手段], 수령들은 대부분 이를 모른다.

(『성호사설』 권11, 인사문, 荒政)

흉년이 들자 관아의 창고를 열어 구황곡식을 방출하는데, 담당 아전들이 고의적으로 곡식을 조금씩 나눠 줌으로써 특히 원거리 백성들에게 고통을 준다는 것이다. 오가는 데에 몸이 고달프고 시간을 허비하며 운반비도 더 들 수밖에 없다. 이는 아전들이 곡식을 대여받는 백성들을 자주 오게 하여 농간을 부릴 기회를 만들기 위한 수작이라는 것이다.

　　● 오늘날 정부기관의 대민행정에서 반드시 유념해야 할 교훈이라 하겠다. 대민기관은 어떻게 하는 것이 국민들에게 편리할지 그 방법을 적극적으로 찾고 개발하여 실천하는 것이 바람직한 서비스 행정이 될 것이다. 뇌물이 나오게끔 유도하거나 농간을 부리는 비양심적인 공직자가 있어서는 안 될 것이다.

백성의 가난은 뇌물과 탐학에서 나온다

성호는 또한 벼슬아치들의 탐학이 자행되는 근원을 다음과 같이 지적하였다.

백성의 가난은 관리의 탐학에서 나오고 관리의 탐학은 뇌물의 유행에서 나오며[吏貪故賄行], 뇌물의 유행은 법이 피폐함에서 나오는 것인데, 법에는 뇌물을 금하지 않음이 없다. 금하여도 오히려 자행되는데 하물며 금하지 않고 맡겨 둔다면 어떠하겠는가?
탐학을 금하려면 모름지기 사치를 억제하는 것으로부터 시작해야 하니, 사치는 반드시 많은 재물을 요구하고 재물은 뇌물이 아니면 풍족하지 못하기 때문에 금함이 엄하지 않으면 막을 수 없다. 그러므로 심지어 삶아 죽이는 형벌도 있었다.……뇌물이란 요구함이 있어서 생긴다. 요구가 크면 뇌물이 커지고 사람들이 경쟁하면 서로 높아지며 서로 높아지면 뇌물의 길이 더욱 번

58

잡하여 물건도 더욱 늘어나니 그 형세는 나라를 잃고 나서야 그
칠 것이다.

(『성호사설』 권16, 인사문, 吏貪賄行)

관리의 탐학은 벼슬아치들과 백성들 사이에서 자행되는 뇌물에서
나오는데, 이 뇌물은 뇌물 막는 법이 허술하고 관리들이 사치스러운
생활을 하는 데서 온 것이라고 보고 있다. 본시 검소한 생활습관이
몸에 밴 성호로서는 당연한 지적이라 하겠다. 오죽하면 나라가 망한
뒤에나 뇌물수수가 그칠 것이라고 했겠는가?
　성호는 "뇌물을 주는 유습은 우리나라의 오랜 병증이다. 나라가
피폐하고 백성이 곤궁한 것이 모두 여기에 연유한다. 조정에서는 금하
기는커녕 오히려 이를 가르치고 있다"고 하면서, 우리나라는 뇌물수수
의 관행 때문에 국가나 국민이 모두 어려움에 처해 있다는 사실을
토로하고 있다. 받은 자는 아무렇지 않게 여기지만 백성들은 점점
병들어 가고 있다는 것이다.6)
　성호가 보기에 조선사회에서는 이미 뇌물이 고질화되어 있었다.

조선은 예로부터 인정(人情)의 나라라고 말하는데, 인정이란 뇌
물이다. 만일 이 뇌물을 일체 금한다면 백관은 가정을 꾸려나갈
수 없고 아전들도 굶어 죽게 되니 이른바 이[蝨]가 옷솔기에 붙
어 사람을 물지 않으면 굶어 죽겠고 물면 발각되어 죽음을 당하
는 꼴이다. 지금 만약 뇌물과 같은 부정을 모두 들춰낸다면 중
외(中外)의 관리 가운데 마땅히 죽음을 면할 죄없는 자는 없을
것이다.

(『성호사설』 권8, 인사문, 輕賦受瘼)

---

6) 『성호선생문집』 권30, 「잡저」, 論賂遺.

우리나라는 옛날부터 뇌물수수가 이루어져 왔고, 만일 이 뇌물을 금한다면 관리나 아전들 모두 경제적으로 어려워질 것이라는 지적이다. 실제로 조선시대에는 수령을 보좌하는 아전들의 경우 국가로부터 생계를 보장받지 못했고, 하급 관리들 역시 충분한 녹봉을 지급받지 못했기 때문에 생계 유지에 어려움이 있었다. 성호는 국가가 벼슬아치나 아전의 뇌물죄를 현실적으로 엄히 다스릴 수 없는 까닭을 인식하고 있었던 것이다.

● 그렇다면 오늘날 공직사회에 뇌물수수가 적지않게 이루어지고 있는 것은 어디에서 연유하는 것일까? 생계유지를 위해 파면이라는 위험을 무릅쓰고 어쩔수없이 이루어지는 것일까? 특정직 이를테면 경찰직이나 세무직에서 뇌물사건이 일어나 이따금 매스컴을 떠들썩하게 하는데 이 직종에 속한 공직자의 월급이 적어서일까? 마음만 먹으면 주머니를 채울 수 있는 유혹을 많이 받아서일까? 그동안 뇌물에 연루된 공직자들을 정부에서는 어느 정도나 처벌하였을까?

"뇌물을 주는 유습은 우리나라의 오랜 병증이다. 나라가 피폐하고 백성이 곤궁한 것은 모두 여기에 연유한다. 조정에서는 금하기는커녕 오히려 가르치고 있다"는 성호의 말은 참으로 우리의 가슴을 아프게 한다. 이 말이 제발 뇌물수수의 악습에 대한 성호의 과장된 비판이었기를 바란다.

진상은 꿰미에 꿰고 뇌물은 말바리에 가득하다

뇌물이 조선의 벼슬아치들 사이에 얼마나 성행하고 고질화되어 있었던가는 성호의 다음 기록에서도 잘 드러난다.

우리나라를 본디 인정국[人情之國]이라고 칭하는데 크고 작은 일이 뇌물로 말미암아 이루어지지 않는 것이 없기 때문이다. 무릇 공납하는 물건도 뇌물이 아니고는 이루어지지 않는데 그것을 인정이라고 말하기 때문이다. 속담에 이르기를 "진상은 꿰미에 꿰고 인정은 말바리에 가득하다"[進上串穿 人情滿駄]라 하였으니, 이는 사적인 뇌물이 공적인 진헌보다 중하다는 것을 말한다. 이로써 백성이 곤궁해지고 국정이 흐트러지고 그릇됨이 오직 이것의 폐단임을 귀천지우(貴賤智愚)를 막론하고 알지 못하는 자가 없는데 개혁할 것을 마음에 두는 자는 없으니 어찌 슬프고 괴이한 일이 아니겠는가.……오늘날 인정을 유도하는 일은 날로 심하여 고관 대작들은 이에 익숙하여 예사로 삼고 있으니 내시만큼도 생각이 깊지 못하다.

(『성호사설』 권11, 인사문, 人情國)

매사가 뇌물이 아니면 성사가 되지 않는다 하고, 심지어 국가에 바치는 공납도 뇌물이 없으면 안 된다는 것이다. "진상은 꿰미에 꿰고 뇌물은 말바리에 가득차다"라는 속담이 왜 나왔는가를 잘 보여준다 하겠다. 문제는 이를 개혁해야 한다는 것을 알고 있으면서도 어느 누구 하나 나서지 않는 당시 지배계층 세계의 현실이이었다.

　● 성호의 지적이 수백년이 지난 지금도 새삼스럽거나 남의 이야기로 들리지 않는 것은 왜일까? 뇌물로 통하는 사회에 길들여져 있기 때문일까?

　오늘날과 같은 정당정치에서는 특정 정권이 여당이 되면 일정 기간 특권이 암묵적으로 보장되기 때문에 그동안에는 이른바 권력형 비리가 대규모로 이루어져 그야말로 거액의 뇌물이 특정인들 사이에 오감으로써 국민들을 짜증나게 한다. 다행히 선거를 통하여 그 정권을 국민들이 심판하지만 새 살이 돋을 때까지의 고통은 결국 국민들 몫으로 돌아오기 마련이다.

그 밖에 관리의 탐학 이유로 성호는 임지에서의 근무기간이 짧은 것을 이용한 수령들의 수탈에서 찾고, 근래에는 필요한 관원의 숫자보다 지원자가 많아 수령의 경우 한 번 임기가 끝나면 아주 물러날 가능성이 있기 때문에 명절(名節)보다는 뇌물을 중하게 여기고 거두어들이는 것을 능사로 삼는다고 하였다.[7] 거기에 고을에서 신구 수령이 교체될 때, 새로 부임하는 수령을 맞기 위한 준비에 많은 비용이 드는데 그 비용이 모두 백성들에게서 나오기 때문에 백성들을 난감하게 만든다고 하였다.[8]

⬤ 오늘날도 공직사회에서 이와 유사한 모습을 찾아볼 수 있다. 혹 이런 것을 미풍양속이라고 주장하는 사람이 있을지도 모른다. 그러나 이 옛날 이야기 같은 떡값은 무엇이며 전별금이란 또 무엇인가? 어떻게 그러한 일들이 특정 조직사회에서 고질적으로 행해진단 말인가? 그 특정 조직사회를 사정할 기관이 정말 이러한 사실을 모르고 있는 것인가? 이러한 것들은 하나같이 권위에 의존하는 후진국의 잔재에 다름아니다.

(2) 세금이 너무 많다

정부에서 부과하는 각종 과중한 세금 또한 백성을 빈곤으로 몰아넣는 큰 원인으로 꼽았다.

---

7) 『성호사설』 권9, 인사문, 大鉢鐵匙.
8) 『성호사설』 권7, 인사문, 送舊迎新.

재물은 그냥 얻을 수 있는 것이 아니고 반드시 백성으로부터 거두어야 한다. 한 번 거두고 두 번 거두면 백성들의 재산은 고갈되어 바닥이 드러나 위에 쌓인 것이 보이지 않는다. 비유하건대, 수은 한 잔을 방안에 쏟아놓으면 모두 티끌과 틈바구니로 흩어져 들어가고 흔적이 없으니, 비록 두 잔, 석 잔, 열 잔의 분량이라 하더라도 같지 않을 수 없다. 실로 조육(棗肉)이 아니고서야 어떻게 전과 같이 주워모을 수 있겠는가? 국가의 용도가 날로 더해짐에 따라 세금도 증가하여 줄지는 않으니 민생이 어찌 곤궁하지 않을 수 있는가?

(『성호사설』 권22, 경사문, 國計簿)

국가에서 필요한 용도가 늘어남에 따라 부과하는 세금의 종류도 많아지고 거두어들이는 금액 역시 그만큼 늘어나 백성들의 살림이 곤궁해지지 않을 수 없다는 지적이다. 그런데도 국가의 창고에는 곡식이 쌓여 있지 않다. 세금을 과중하게 거두어들이면 납세자가 곤궁해지는 것은 말할 것도 없고 나라 역시 반드시 가난해진다는 것이 성호의 논리다.9) 실제 생산을 담당하는 피지배계층인 다수의 농민들이 주된 과세대상인 반면, 지배계층인 양반들은 사실상 무위도식하면서 축재해 가는 현실을 성호는 불만스러워하였던 것이다.

● 오늘날은 통상 고소득자로부터 거두어들인 조세로 소득 재분배 효과를 올리는 조세정책을 취하고 있지만, 실제로는 소득이 낮은 자가 상대적으로 많은 세금을 내는 경우가 있는가 하면, 고소득자가 세금을 탈루하는 경우가 적지 않으니 과학적이고 정밀한 세무정책이 이루어져야 할 것이다.

---

9) 『성호사설』 권6, 萬物門, 馬價貴, "重斂入國 其國必貧".

취렴은 백성의 힘을 상하게 한다

세금 징수가 국가 운영에 절대적으로 필요하다는 것은 말할 것이
없이 당연하지만, 문제는 과도한 징수와 징수 과정에서 빚어지는 비리
와 부패다. 이와 관련하여 주자(朱子)가 "차라리 내 재산을 없애지
백성의 힘을 차마 상하게 하지는 못하겠다"라고 한 말을 들어, 성호는

> 세금을 거두어들여 보태는 것이 나라의 이익이 되는 듯하지만,
> 백성을 박해하면 백성이 흩어지니 어디에서 거두어들일 것인
> 가? 그 이롭지 못하고 해로움이 막심하다. 백승지가(百乘之家)도
> 오히려 그러한데 하물며 나라를 위함에서랴?
> 어찌하여 (주자가) 백성의 힘을 상하게 한다고 하였을까? 재물
> 은 백성의 힘에서 나온다. 백성이 오히려 능히 살아갈 수가 없
> 는데 힘쓸 것을 어떻게 논하겠는가? 고로 거두어들이는 것은 백
> 성의 힘을 상하게 하는 것이다[聚斂所以爲傷民力也]. 재물을 주
> 로하여 말하였기 때문에 재물이 생기는 까닭을 미루어 말한 것
> 이다.
> 내가 근래 보니, 관리들이 백성들을 돌보지 않아 농사지을 땅이
> 크게 황폐하였다. 재물은 줄고 받아가는 것은 채우니 힘이 더욱
> 상하고, 백성은 더욱 흩어지니 옛 훈계가 지당하도다.
>
> (『성호사설』 권26, 경사문, 傷民力)

라 하였다. 한 마디로 취렴 그 자체는 백성의 힘[民力]을 떨어뜨리는
것이기 때문에 과도한 세금을 부과하여 거두어들이는 것은 안 된다는
말이다. 더욱이 흉년이나 땅을 묵히는 경우에는 세금을 경감해 주는
감세의 대상이 되는데도 불구하고, 평년처럼 세금을 꼬박 꼬박 받아가
는 형편이니, 백성의 힘은 더욱 빠져 이리저리 흩어질 수밖에 없다.

● 법정 초과징수나 징수기관의 과실로 국민들의 원성을 사는 예는 징수대상이 다양해진 오늘날이 더 많을 것이다. 징수기관의 과실이 발견되었을 경우에는 반환이라는 편리한 방법을 종종 쓰지만, 개인적 사정으로 세금을 제때에 내지 못할 경우에는 국가는 강제 납부라는 방법을 동원한다. 이래저래 각종 부과 대상이 되는 국민들만 골탕을 먹는 것이 현실이라고 말한다면 억지일까? 국민의 납세의식이 왜 나빠지고 있는지 관계 당국은 알고 있는지, 아니면 알면서도 모르는 척하는지, 또는 국가권력에 전적으로 의지하기 때문에 전혀 개의할 필요성을 느끼지 않는지 궁금하다.

잡세가 너무 많다

세금이 많다는 것은, 일정한 세목에 세율을 높이 산정하는 경우와 세율은 낮다 하더라도 여러 종류의 세목이 있는 경우를 생각해 볼 수 있다. 성호는 후자의 경우 즉, 세금의 종류가 많음을 우려하였다.

지금의 수취는 10분의 1세에도 미치지 못하지만 잡세가 헤아릴 수 없으니 세금을 가볍게 하는 의미가 어디에 있는가? 필경에는 위(정부)에서 쓰는 것은 반드시 백성으로부터 나오는데, 일정한 세금만 가벼이 해주고 한없는 욕심을 허용하여 관리들이 이로써 농간을 부리니 백성을 잔혹하게 하는 바가 여기에서 비롯된다. 지금의 세금은 너무 관대하다. 나라 안의 땅을 호족이 차지하지 않은 것이 없으니 또한 어떤 유익함이 있겠는가? 백성에게는 송곳 꽂을 땅도 없는데 세금으로 백성의 살갗을 벗기는 것을 생각하지 않는가? 고로 나는 "백성을 다스리는 데에는 균전(均田)이 먼저고, 10분의 1세를 거두는 것이 그 다음이요, 수입을 헤아려 지출을 하고, 가혹하고 자질구레한 잡부를 모두 면제하는 것이 그 다음이다. 대본(大本)이 이미 바르게 되면 다른 것은 모두 앉아서 정할 수 있다"고 주장한다.

(『성호사설』 권7, 인사문, 結負之法)

정부에서는 기본세라 할 수 있는 토지세는 10분의 1세도 안 되게 책정하여 세금이 가벼운 것처럼 해놓고, 대신 각종 잡세를 거두어들임으로써 백성들을 못살게 군다는 것이다. 성호는 차라리 십일세(什一稅) 즉 10분의 1세를 받는 대신, 일체의 잡세를 없애서 백성들의 부담을 덜어주자는 의견을 내놓았다.

이러한 과중한 세금 외에도 징수방법도 백성들을 괴롭히는 원인이 된다고 지적하였다. 예를 들면, 대동미를 봄·가을로 거두면서 고을에서는 창고마다 나누어 바치게 하는데 이 때 뇌물이 자행된다. 이를 고쳐 보통 세납(稅納)과 공납을 한꺼번에 하나의 창고에 바치게 하면 받아들이는 정부 측에서는 낭비가 없어 좋고 백성들은 은사를 받아 편리하다고 하였다.[10]

● 각종 세금의 종류와 부과액을 본다면 오늘날에 비할 수는 없을 것이다. 그러나 세금 징수방법에서 행정편의주의에 빠져 거두어들이는 데에만 몰두한다면 이 또한 국민 조세저항의 한 원인이 될 것이다. 복잡 다양한 징수방법 또한 납세자와 징수기관 사이의 뇌물수수라는 길을 여는 실마리를 제공한다는 사실에 유념해야 할 것이다.

(3) 정부에 대책이 없다

---

10) 『성호사설』 권9, 인사문, 大同.

앞서 보았듯이, 성호는 정부가 도탄에 빠진 백성을 구경만 하고 있다고 하였다. 비유하면 "아이가 병이 들어 곧 죽게 되었는데 약을 구할 생각을 하지 않는 것과 같다"는 것이다. 채찍을 가하여 명을 재촉하는 꼴이 당시의 정치현실이라는 것이 성호의 평가였다.[11]

우물이 마른 뒤에 샘을 파는 흉년정책

수리시설이 크게 부족한 조선사회는 가뭄으로 인한 흉년이 잦았다. 따라서 이를 철저히 대비해야 한다는 것이 성호의 생각이었다. 그는 흉년을 대비하는 방법으로 사창(社倉)제도[12]의 실시를 주장하였다.

무릇 천하 사람들은 기아와 곤궁이 모두 눈앞에 닥쳐야 비로소 깨닫는다. 만일 풍년에 저축해 놓지 않는다면 어떻게 흉년을 넘겨 여유를 갖을 수 있겠는가? 흉년을 대비하는 방법으로 사창보다 나은 것이 없는데, 주자가 이미 좋은 경험을 하여 알 수 있다.……이 사창은 국장(國藏)[13]과는 달리 관원이 마음대로 쓸 수 없고, 서리가 감히 농간을 부릴 수 없다. 마을에서 편리하게 빌릴 수 있고 또한 곡식이 흔한 풍년에 비축하였다가 흉년에 지친 목숨을 구하는데 여유가 있는 것이다.

오늘날 황정(荒政)은 마치 우물이 마른 뒤에 샘을 파고[鑿井泉於

---

11) 『성호사설』 권7, 인사문, 五不均.

12) 사창은 송나라에서 장손평(長孫平)의 의창(義倉)과 왕안석(王安石)의 청묘법(靑苗法)을 절충하여 주자(朱子)가 시행한 일종의 구휼제도였다. 상평창이나 의창이 국가기관에서 운영되었다면 사창은 거의 주민의 자율로 운영되었고, 규모도 고을 단위로 곡물 대여를 주로 하였다. 조정에서는 사창의 실시 여부를 놓고 조선 초기부터 논란이 많았으나 제대로 실시된 적은 없었다. 뜻있는 많은 지사들은 빈민 구제를 위해 필요함을 역설하였다.

13) 상평창이나 糶糴倉과 같이 국가에서 운영하는 창고를 말한다.

渴後], 새벽별(卯)이 나타난 뒤에 밤(夜)을 구하는 격이니 수고롭
고 정제되지 못한 일일 뿐이다.

(『성호사설』 권8, 인사문, 荒政豫備)

사창만이 그동안 환곡제도를 통하여 백성들을 괴롭힌 관리의 비리나
아전들의 농간을 제거할 수 있고, 백성을 곤궁에서 구휼하는 본래의
진대(賑貸) 효과를 발휘할 수 있다는 것이다. 그는 당시 정부가 펼치는
흉년정책을 우물이 마른 뒤 샘을 파는 격이라고 비판하였다.

정부에서는 백성들을 속이는 정책을 펴서 곤폐하게 만들고,[14] 정부
의 잘못된 계책이 가져온 해독은 죄없는 백성들을 빈곤의 구렁텅이로
몰아넣어 도탄에 빠지게 만든다.[15] 대책이 없어도, 대책이 잘못되어도
그 결과는 모두 죄없는 백성들에게 돌아간다는 성호의 비판이라 하겠
다.

● 옛날 농본국가 시절에는 정부의 잘못된 정책은 주로 다수의
농민에게 피해를 끼쳤다. 하지만 오늘과 같이 고도로 다양한 산
업사회에서는 정부의 잘못된 정책의 결과가 금액상으로도 어마
어마하고 피해범위 역시 막대하여 그 여파는 매우 크다. 따라서
국가 최고 통치자는 전문 두뇌를 지닌 도덕적 인물을 구하여
최대한 활용하는 데 힘써야 할 것이다. 근래 각 부처 장관의 정
책 실패로 얼마나 많은 국고와 국력을 낭비하였던가? 결국 그것
이 어려운 서민의 생활만 더욱 어렵게 만든다.

누구를 위한 치안인가?

---

14) 『성호사설』 권17, 인사문, 新生兒充丁.
15) 『성호사설』 권7, 인사문, 退溪先見.

도둑을 다스리는 정부의 대책에 대해서도 유사한 비판을 가하였다.

> 지금 우리나라는 도둑을 다스림에 법이 없어 선량한 백성이 피
> 해를 입고 있다.……오늘날 사람들은 매양 안보를 핑계로 폭력
> 배 막기를 게을리하는데, 이른바 "은혜롭되 정치하는 것은 모른
> 다"는 격이다. 가난한 백성이 의식을 빼앗기는 것과 나라가 도
> 성(都城)을 잃는 것이 무엇이 다른가? 나라에서는 반드시 백성
> 을 몰아쳐 도둑을 막으면서 백성에게는 괄시하여 환란 막기를
> 생각하지 않으니 옳은가?
>
> (『성호사설』 권7, 인사문, 治盜)

전국에 도둑이 횡행하는데 이를 다스릴 방법이 없어 양민이 큰 피해
를 보는데도 정부에서는 방관한다는 것이다. 정부가 도둑으로 말미암
아 피해를 볼 때에는 백성을 다그쳐 도둑을 막으면서 막상 백성이
도둑 때문에 피난하고 재산피해를 입을 때에는 이를 게을리한다는
비판이다.

> ● 이것이 어찌 18세기 조선 후기만의 문제점이랴? 솔직히 말
> 하여 이른바 시국사범이나 소요진압에 과잉 경찰병력을 투입하
> 면서도 활개를 치는 사회악범 소탕에는 소홀하여, 밤길을 마음
> 놓고 걸을 수 없던 때가 엊그제가 아니었던가?

(4) 벼슬아치가 무능하다

"벼슬이란 임금을 높이고 백성을 돕는 것으로 무능한 자가 맡으면
나라가 그 피해를 입는다"[16]는 것이 성호의 생각이었다.

불초한 자가 높은 자리에 있으면 백성이 곤궁해진다

성호는 정치가가 지녀야 할 필수덕목으로 지덕(智德)을 매우 중시하였다.

> 한 사람이 정권을 잡으면 백 사람이 늘어서는데, 자기 스스로도 이상하게 여기지 않을 뿐 아니라, 세상 또한 보통으로 여긴다. 불초한 자가 높게 되면[不肖者尊顯] 어질고 덕이 있는 자는 숨게 됨을 알 수 있고, 어질고 덕이 있는 자가 숨으면 은혜가 내려가지 않는다는 것을 알 수 있으며, 은혜가 내려가지 않으면 백성이 곤고하게 됨을 알 수 있다(蒼生之困苦).
>
> (『성호사설』 권7, 인사문, 今人賤才)

특히 불초한 자가 높은 자리에 있게 되면 결국 백성이 곤궁해진다고 하였다. 옛날에는 재능이 있는 자가 높은 지위에 있어 도(道)로써 정치를 하여 그 혜택이 백성에게 내려갔는데, 지금은 문벌이 있는 자에게 권세가 주어져 수많은 사람이 그에게 줄을 대어 어리석은 자들이 정치에 등장한 반면, 어질고 덕있는 자들은 숨어 버려 은혜의 정치를 펴지 못하기 때문에 백성들이 더욱 고단해지지 않을 수 없다는 것이다.

> ● 관리는 지덕을 겸비해야 하지만 특히 후자가 부족하다면 부패한 공직사회가 될 가능성이 높다. 부패된 공직사회에 뇌물에 밝고 영욕에 집착하는 공직자가 많다는 것은 역사가 증명한다.

염소가 밭을 갈고 쌀을 심으면 싹이 난다

성호는 농민의 경제적 어려움을 매우 안타깝게 생각하였다. 그리하

---

16) 『성호사설』 권8, 인사문, 父因子貴.

70

여 농민의 가난을 면케 하려는 기본적인 구상을 하게 되었는데, 그 가운데 주목되는 것이 바로 토지제도의 개혁이다. 한전론(限田論)으로도 많이 알려진 균전론(均田論)이 그것이다. 요지는 백성들이 적어도 최저생계를 유지할 수 있도록 호당 50묘(畝) 정도의 영업전(永業田)을 경작케 하되, 이는 사사로이 매매할 수 없도록 제안하였다.[17] 그가 이러한 구상을 한 것은 토지 소유가 부유한 자에게 집중적으로 편중되어 있어 실제 경작자인 농민은 입추의 땅도 소유하지 못함으로써 농민의 생활이 더욱 곤궁해진다고 판단하였기 때문이다.

그러나 성호는 한전제를 위한 토지개혁은 고사하고 벼슬아치들의 농촌에 대한 인식조차 매우 낮은 사실에 대해 한심함을 금치 못하였다. 예컨대,

후세에는 농촌에서 인재를 발탁하지 못하고 조정에서는 세벌(世閥)과 관위(官位)의 높고 낮음에서 벗어나지 않아, 문벌있는 집안은 버리는 자가 없으나 지방의 어질고 덕있는 자는 버린다. 더욱이 과거(科擧)라는 한 가지 방식으로 교묘하게 출세하기 때문에 어리석은지 지혜로운지에 상관없이 몸만 있으면 귀하게 되어 살찐 고기로 배를 불리고 독한 술로 취하게 한다. 심한 자는 혹 이르기를 "염소가 밭을 갈고 쌀을 심으면 싹이 난다"[駕羊耕畲 種米生苗]고 하니, 평범한 자 이하는 모두 귀신 도깨비 같은 무리들이다. 이 어찌 백성들이 곤궁에 떨어져 죽지 않을 수 있겠는가? 고로 높은 벼슬아치들로 하여금 소인들의 하는 일을 알게 하려면 반드시 먼저 벌열들의 권세를 혁파하고 몸소 농가의 어려움을 아는 자 가운데 재능과 덕망이 있는 자를 얻어 등용해야 거의 기대할 수 있을 것이다.

---

17) 『성호사설』 권7, 인사문, 均田 및 『곽우록』 均田論 참조.

라 하였듯이, 문벌좋은 가문 출신이나 과거시험을 통하여 출세한 벼슬아치들 가운데에는 농촌의 실정을 너무 모르는 사람들이 많다는 것이다. 심지어는 염소가 밭을 갈고 쌀을 심으면 싹이 나는 것으로 알고 있을 정도이니 농민이 곤궁에 처하지 않을 수 없다 하면서, 농촌 출신의 덕망있고 어진 자를 천거하여 등용시키자는 대안을 제시하였다. "소인이 등용되면 민생이 곤궁해진다"[18]는 것이 성호의 생각인데, 현실이 그러하니 성호가 우려하였던 것도 이해할 만하다.

● 정당정치와 권력이 중시되는 공직사회에서 지나친 정실인사는 참으로 국민을 화나게 만든다. 본인의 능력이나 자질과 무관한 자리를 억지로 만들어 인사하는 일을 종종 볼 수 있다. 이른바 낙하산 인사라는 것이다. 국민의 여론은 아랑곳하지 않고 밀어부치는 후진적 작태가 언제나 없어질는지? "소인이 등용되면 민생이 곤궁해진다"는 것을 최고 통치자는 명심해야 할 것이다.

(5) 백성을 괴롭히는 대여곡

환곡(還穀)은 본시 가난한 백성의 식량을 조달하기 위해 만들어진 제도였다. 춘궁기에 식량이 떨어진 백성들에게 창고를 열어 곡식을 꾸어 주었다가, 가을추수가 끝난 다음 약간의 이자를 붙여 거두어들이는 것으로 진휼의 목적을 지닌 것이었다. 이렇듯 구휼적 의미가 강한 환곡제도가 본래의 뜻은 사라지고 백성들을 괴롭히는 수단으로 변질된 까닭은 무엇일까? 당장 아침 저녁의 끼니를 때울 수 없는 처참한

---

18) 『성호사설』25, 경사문, 幼稚登仕.

상황에 놓인 굶주린 백성들의 등골을 빼먹던 환곡정책은 조선 후기의 삼정문란 가운데에도 가장 원성이 높았던 것이었다.

억울한 참새와 쥐

원래 환곡을 운영할 때에는 환곡의 기본이 되는 곡식, 즉 원금이 되는 곡식을 유지하기 위하여 약간의 이자라고 할 보충미를 거두는 것이 상례다. 문제는 이를 운영하는 과정에서 관리나 아전들이 부리는 각종 농간이었다.

> 우리 나라의 조적(糶糴)은 매양 십분의 일을 첨가하여 모(耗)라 하였는데 역시 참새와 쥐를 핑계댄 것이다. 그런데 첨가된 것은 도리어 관청의 용도로 되고, 참새나 쥐 때문에 손해본 것에 이르러서는 작은 말[斗]을 나눠주어 백성들에게 그 모자란 부분을 배상하도록 하여, 가을에 또 그 모(耗)의 모(耗)를 거두니 이것은 백성들이 이중으로 모를 내는 것이다. 더 거두어들이려고 또 무슨 구실이 없어서 하필 참새나 쥐를 핑계대어 스스로 욕되게 하는가? 이는 후세 사람들에게 보일 수 없는 부끄러운 노릇이다.
>
> (『성호사설』 권9, 인사문, 雀鼠耗)

조적은 환곡을 방출하거나 수납하는 것을 말한다. 방출한 곡식을 가을에 수납할 때 원곡의 십분의 일을 더 거두는데 이를 작서모(雀鼠耗)라 한다. 새나 쥐, 곡식벌레가 먹어 모자라게 되고 수분 증발 등으로 자연 감소된 만큼을 보충하는 곡이다. 그런데 관청에서는 이를 받아 관청의 경비로 쓰고 실제 새나 쥐가 먹어 모자라는 부분은 백성들로부터 또 거둔다는 것이다. 결국 백성들은 이중으로 작서모를 내는 셈이

된다.

잘못된 환곡정책 때문에 백성들이 입는 피해를 성호는 다시 다음과 같이 토로하였다.

서민은 빈천한 사람이다. 백성의 고통은 오직 빈천을 겪는 자만이 알 수 있고 부귀한 자는 알 수 없는데, 하물며 임금이 낳고 자란 곳이 깊은 궁궐임에랴? 상평법(常平法)이 폐지되고 조적(糶糴)만이 시행되는데 조적이라 하는 것은 백성들로 하여금 빛을 지게 하는 술책이다.

봄에 궁해지면 값도 정하지 않고 곡식을 방출하니, 어느 누가 받지 않겠는가? 가을에 곡식이 흔할 때에는 모곡(耗穀)과 잉여곡(剩餘穀)을 보태 거두어들이니, 부자도 역시 고갈되는데 하물며 가난한 백성임에랴? 내가 징험해 보니, 가난한 집은 죽는 것을 면하면 만족하고, 이미 죽음을 면하였다면 배부른 것과 같이 여긴다. 부자는 가난해지고 가난한 자는 굶어서 혹 죽으니 모두 빛 때문이다. 국가에서는 백성들을 구휼해야 함에도 빚으로 유도하니 옳단 말인가? 오직 이뿐만 아니고 비록 이자없이 대여해 준다 하더라도 역시 큰 피해를 준다. 봄에 대여해 주고 가을에 상환하는 기간이 너무 촉박하여 본래 집안에 있던 재산보다도 줄어들게 된다. 작년에는 모자라지 않았는 데도 대여해 왔는데 하물며 올해는 이미 모자람에랴? 지난 해에 한 섬[一斛]이 모자랐다면 올해는 두 섬이 모자랄 것이다. 가난한 백성은 밥이 없으면 죽을 끓여 먹고, 죽이 없으면 나물을 쪄 먹으면서 역시 연명할 수 있다. 고생은 되지만.

재물은 넉넉해야 하겠지만 빌리면 씀씀이가 넉넉해지고 넉넉하면 절약하기가 어렵다. 고로 배고픔을 참고 남으로부터 구하지 않는 자는 떳떳이 살 수 있고, 배고픔과 고난을 참지 못하고 남

의 빚을 얻는 자는 반드시 옛 살림을 지키지 못한다. 빌리는 것
도 오히려 경계해야 할 일인데 하물며 갑절로 갚아야 하는 조적
임에랴?

……내가 보건대 시골의 패망한 집 80~90%는 이 관청의 대여
곡과 사채로 인한 것이다.……지금은 사채를 금하여 국가에서
이익을 독점하고, 혹 심지어 강제로 백성에게 주고 책임지워 받
아들이면서, 군대의 식량이라 핑계대고 가산을 털어 내고도 부
족하면 심지어 이웃과 먼 일가에게까지 모면할 수 없도록 한다.

(『성호사설』 권10, 인사문, 用裕難節)

요약하면, 환곡 때문에 백성들이 빚더미에 올라앉았는데도, 국가에
서는 구휼의 참뜻을 망각한 채 오히려 백성들에게 억지로 환곡을 얻어
쓰도록 유도하고, 거두어들일 때에는 이중의 이자곡을 거둔다는 것이
다. 그리하여 향리의 패망한 집 가운데 80~90%는 이 환곡이 아니면
사채 때문이라고 하였다. 더욱이 춘궁기에 대여곡을 얻어 먹고 가을에
갚는다면 채무기간이 짧은데 국가에서는 정해진 모곡이나 이자를 꼬박
꼬박 받아 가며, 갚지 못할 경우에는 이웃이나 먼 친척에게까지 물린다
는 것이다.

그러면 고을에서는 왜 이처럼 창고의 곡식을 헐어 강제로 주민들에
게 맡기는 것일까? 많은 모곡을 징수하여 관청 경비로 쓰기도 하고
사복을 채우기도 하는 등 여러 목적이 있으나, 성호는 그 밖에도 당시
창고관리에 문제가 있음을 더불어 지적하였다. 창고를 높은 지대에
지어 덥고 습한 것을 막아야 하는데 그러한 계획은 세우지 않고 묵은
곡식을 내어 백성들에게 강제로 맡겨 가을에 새 쌀로 대치하려는 방법
만 쓰기 때문에 이를 견디다 못한 백성들이 고향을 떠나기도 하고
소요를 일으킨다는 것이다.[19]

이러한 환곡운영의 부패에 대하여 성호는 이름만 걸어 놓은 구휼방법은 그만두고, 차라리 백성들이 제 살 길을 찾도록 그냥 놔두는 편이 백성들을 살리는 길이 된다고 하였다. 그렇게 하면 모두 굶어 죽지는 않을 것이며 마음 편히 살 수 있다는 것이다.[20] 가난한 백성을 갈취하여 빠져나올 수 없는 구렁텅이로 몰아넣는 관리들의 부패와, 관곡(官穀)을 보고 대여해 먹지 않을 수 없는 가난한 백성들의 처절한 상황을 가슴아프게 토로한 성호의 한탄이라 하겠다.

> ● 차라리 백성들이 제 살 길을 찾도록 그냥 놔두는 것이 그들을 살리는 길이 된다는 성호의 말은 우리에게 어떤 교훈을 주는가? 굶주린 백성의 입장에서 생각해 보면 참으로 가슴 아프기도 하고 울분이 치미는 이야기다. 오늘날 정부의 지나친 간섭이나 개발정책이 일부 특권 계층에는 이익이 될지 몰라도 다수 서민의 삶에는 치명적 피해를 줄 때가 있음을 정책 수립자는 명심해야 할 것이다.

(6) 벼슬아치가 무사안일하다

성호는 공무를 소홀히 하거나 정상을 벗어난 관리들의 복무태도 또한 백성들을 괴롭히는 수단이 된다고 보았다.

> 세금은 백성에게서 나오는데, 백성들은 일년 내내 주야로 쉴 사이도 없이 부지런히 일하고 곡식을 수확하여 나라에 바친다. 그 곡식을 먹는 자들은 도리어 안일하고 일하기를 싫어하니 옳겠는가? 힘을 쓰고 마음을 쓰는[勞力勞心] 양쪽이 서로 균형을 이

---

19) 『성호사설』 권9, 인사문, 地窖.
20) 『성호사설』 권10, 인사문, 用裕難節 말미.

룬다면 반드시 많은 관리를 두지 않아도 일이 장차 다스려질 것이다. 내가 매양 보건대, 관청의 일이 번잡한 것은 백성을 위한 것이 아니다. 8~9할은 관리 스스로 소란을 피우는 것이다. 고로 "일을 만들면 일이 생기고 일을 덜면 일이 없다"는 말이 지극한 의론이라 하겠다.

(『성호사설』 권14, 인사문, 小官俸薄)

백성들은 쉴틈없이 일을 하여 세금을 나라에 바치는데 관리들은 안일하게 지내면서 일하기를 싫어한다는 것이다. 겉으로는 일이 많은 것처럼 보이지만 그것은 백성들을 위한 것이 아니고 자기들 스스로 일을 만들어 공연히 소란만 피우는 것으로, 실상 그렇게 많은 인원이 필요하지 않다는 주장을 폈다. 요컨대 하는 일 없이 자리만 차지하고 국록만 축내는 관리들 때문에 결국 백성들만 괴롭힘을 당한다는 견해다.

　　● 관청의 일이 백성을 위한 것이 아니면서도 일이 많은 척 소란만 피운다는 성호의 지적은 무심코 넘길 수 없을 것 같다. 공직자란 누구를 위해 존재해야 하는가? 공직자로서의 사명의식을 재점검해 볼 필요성이 절실한 때가 아닌가 한다.

놀고 먹는 고위층

더불어 성호는 높은 직위에 있으면서 아무 하는 일 없이 백성의 고혈을 짜내어 자기만 잘 살려는 자[21]를 백성들을 빈곤하게 만드는 원인으로 보았다.

---

21) 『성호사설』 권6, 만물문, 相蜂.

사람들은 이르기를 "산과 하천이 많아 경작할 땅이 적다"고 하지만, 이 또한 그렇지 않다. 가령 산을 깎아 전답을 만들고 하천을 줄여 땅을 넓힌다면 가난한 자가 변하여 부자가 되겠는가? 그 허물이 땅에 있는 것이 아니고 사람의 도모에 있는 것이 분명하다. 그런즉 이 빈곤은, 재물이 백성들에게서 나오는 것인데 상류층은 놀고 먹는 사람이 너무 많기 때문이다(上流在上).

(『성호사설』 권16, 인사문, 民貧)

가령 땅을 개간하여 농토를 넓힌다 해도 가난한 백성들이 갑자기 부자가 될 수 없다는 것이다. 해결방법이 땅에 있는 것이 아니고 사람의 잘못된 처사에 있기 때문이다. 특히 관리 가운데 상류층은 일도 없이 놀고 먹는 자가 많아 국고만 축내고 일만 꾸민다는 것이다. 그가 말하는 놀고 먹는 상류층이란 물론 무능하고 부패한 벼슬아치를 포함하여 생산에 종사하지 않는 양반 사대부층을 일컫는다. 또한 그는 평소 관리가 너무 많기 때문에 녹봉이 후할 수 없고 따라서 부패를 저지른다고 보았다. 그렇다면 관리의 수를 줄이고 업무를 줄인다면 녹봉도 자연히 많아지고 청렴해질 수도 있다고 판단하였다.[22]

　● 놀고 먹는 고위층이 있다면 그 기준이 무엇이냐고 반문할지도 모르겠다. 업무시간에 골프를 치고, 다방에 앉아 환담하는 것만 노는 것인가? 할 일 없어 운동장만한 방에서 꾸벅꾸벅 졸고 있는 자리도 예외가 아닐 것이다. 공직사회도 시급히 기업경영 원리를 도입하여 직위에 맞는 능률적인 업무를 수행해야 할 것이다.

　2002년 8월 여름 홍수 때 많은 사람들이 물난리로 고난을 겪고 있는데, 일부 지방자치단체의 장이 휴가를 떠나 돌아오지 않

---

22) 『성호사설』 권14, 인사문, 小官俸薄.

았거나 골프를 쳤다는 TV 보도를 보았다. 이것이 이 나라 지방
자치단체의 현주소라고 생각한다면 나만의 지나친 기우일까?

(7) 정부와 관리가 사치하다

한편 정부와 관리들의 사치한 생활태도가 백성을 괴롭히고 가난으로
몰아가는 원인이 된다고 보았다.

재화가 위로 흐르면 말이 차고 본이 빈다

우선 성호는 관리의 사치와 탐학이 미치는 영향에 대해 다음과 같은
소신을 지니고 있었다.

> 실로 사치는 탐학의 근원이다. 사치란 재물이 아니면 이루어지
> 지 않는 고로 반드시 탐욕스럽고, 탐욕은 학대하지 않으면 만족
> 하지 않으므로 반드시 학대한다.……사치하면서 교만스럽지 않
> 은 자 없고, 교만하면 남을 업신여기고 빼앗으며, 물자를 소비
> 함에 절조가 없고, 백성을 구휼하지 않으니 망하지 않을 수 있
> 겠는가?
> 민생의 목숨은 재화에 달려 있고, 재화는 백성에게서 나오는데
> 재화가 위로 흐르면 말(末)은 차고 본(本)은 빈다[上流則末盈本
> 虛]. 그러므로 백성이 먼저 죽고 나라가 그 뒤를 따른다.
> ……나라의 망함이 사치가 그 근본이 되지 않음이 없은즉, 그
> 흥함 또한 반드시 검소함을 주로 하고, 재화가 권귀(權貴)에 모
> 이면 그 화가 더욱 크다는 것을 알게 한다.
>
> (『성호사설』 권17, 인사문, 興亡繫奢儉)

관리의 사치가 나라의 흥망과 백성의 사활에 얼마나 중대한가를

말해 주고 있다. 성호는 관리의 탐학이 그들의 사치한 생활에서 비롯되었다고 보았다. 즉 자신들의 사치스러운 생활을 백성의 재산을 갈취하여 메운다는 것이다. 재화는 백성의 생명이다. 그것이 위로 흐르면 임금을 비롯한 상류층의 곳간은 차고 백성들의 독은 비게 되는데, 이것이 바로 말(末)이 차고 본(本)이 빈다는 것이다. 결국 나라의 흥망은 상류층인 지배계층의 사치 여부에 달려 있다는 것인데, 특히 성호는 재화가 권세있는 귀족에게 몰리는 것을 경계하였다.

> ● 공무원이 청렴해야 한다는 것은 공무원 자신을 포함하여 누구나 당연한 일로 알고 있을 것이다. 그렇다고 공무원이 지닌 국민의 기본권까지 무시하면서 지나친 청렴이나 희생을 요구할 수는 없다. 하지만 지위와 보수에 넘치게 많은 재산을 소유한 공직자라면 축재 과정을 검증받아야 할 것이고, 분에 넘치는 사치생활을 하는 공직자 역시 공직자로서는 부적격자이기 때문에 공직사회에서 스스로 물러나야 마땅할 것이다.

형벌은 백성이 독차지한다

향락을 마음껏 누리기 위하여 사치가 극도에 이른다는 것이 성호의 판단이다. 사치가 1분(分)을 더하면 검소는 1분이 감소하고, 검소가 1분이 감소하면 백성은 1분을 더 굶주린다고 하면서, 이럴 경우에는 권력을 마음대로 휘두르는 관리가 나타나 백성을 학대한다.[23) 그리하여,

무릇 향락을 위해 쓰이는 것은 모두 백성의 재물에서 나오는데, 재물이란 것이 나오는 것은 한도가 있고 쓰는 것은 한도가 없은

---

23) 『성호사설』 권14, 인사문, 樂專於上.

즉, 형벌이 아니고는 얻을 수 없기 때문에 "형벌은 백성이 독차
지 한다"(刑專於民)고 말한다.

(『성호사설』 권14, 인사문, 樂專於上)

라 하였듯이, 관리들이 사치한 생활 때문에 백성들로부터 재물을 갈취
하기 위해 권력을 휘두르고 따라서 형벌을 남용한다는 것이다. 따라서
향락은 관리들이 독차지하고 그 향락을 위한 재물을 거두어들이는
형벌은 백성이 도맡아 당한다고 하였다.

● 봉건사회에서 못된 탐관오리들이 형벌을 동원하여 백성의
재물을 거두는 방법은 오늘날 법치국가에서는 성립될 수 없다
하겠다. 그러나 지위와 권력을 남용하여 강박을 통한 간접적인
갈취행위는 얼마든지 성립될 수 있는 것이 오늘의 현실이 아닌
가 생각되기도 한다. 사실 일정한 직업도 없는 정치가나 힘있는
자(?)가 공공연히 부를 누리며 살고 있는 경우를 보면 어느 누가
의심하지 않겠는가?

사치한 정치가 백성을 곤궁하게 만든다

성호는 또 정부의 사치와 백성의 빈부에 대해,

국가의 안위는 민생의 고락에 매여 있고, 민생의 고락은 재용
(財用)의 빈부에 매여 있으며, 재용의 빈부는 정치의 사치와 검
소에 매여 있기 때문에, 나라가 사치하고 백성이 부유한 경우는
있지 않았다. 백성이 궁하면 적이 엿보는데, 그 형세가 반드시
그러한 것이다.

(『성호사설』 권22, 경사문, 宋亡自取)

제1장 떠도는 백성들 | **81**

라 하였다. 즉, 나라가 사치하면 백성은 반드시 가난해진다는 것이다. 나라가 사치하다는 것은 백성으로부터 거두어들인 세금이 낭비되거나 궁중이 호화스런 생활을 한다는 것을 말한다. 요컨대 이러한 관리의 사치도 정부의 사치도 모두 백성을 가난하게 만드는 요인이 된다.[24]

⬤ 지방자치제 실시 이후 지방의회에서 분에 맞지 않게 사용되는 시설이나 집기, 그리고 지방의회 의원들에게 지출되는 과다경비 때문에 한 때 여론이 비등한 적이 있었다. 아직 풀뿌리 민주주의의 초기 단계에서 초래된 부작용이라고도 볼 수 있지만, 아무리 생각해 보아도 국민이 뽑은 선량들이 검소의 모범을 보여야 함에도 불구하고 크게 필요치 않은 일에 국고를 과도하게 낭비하는 처사는 잘못된 것이라 생각된다.

제4절 어떻게 구할 것인가?

앞서 보았듯이, 성호는 백성들이 도탄에 빠진 원인을 벼슬아치들의 비리와 부패, 과중한 세금징수, 대책이 없거나 사후약방문식의 정부정책, 관리의 무능, 잘못된 환곡정책, 자리나 차지하고 앉아 국고만 축내는 벼슬아치의 무사안일, 정부와 관리의 사치 등을 들었다. 단순한 논리로 말하면, 그 원인을 제거하는 것이 곧 백성을 도탄에서 헤어나게 하는 방법이 될 것이다. 여기에서는 백성의 생활안정과 관련하여 성호가 제시한 대책을 소개해 보고자 한다.

---

24) 『성호사설』 권26, 경사문, 小過大象에도 사치와 그 해독에 대하여 유사한 내용이 있다.

우선 그는 백성을 다스리는 정치의 핵심을,

> 무릇 재산은 하늘이 내리는 것이 아니고 반드시 백성의 힘으로 생산되는 것인데, 백성이 부유하면 나라 역시 여유가 있게 된다. 군자가 백성을 다스림에 백성을 가난에서 벗어나 부유하게 되도록 인도할 뿐이다.
>
> (『성호사설』 권8, 인사문, 生財)

라 하였다. 즉 백성이 가난에서 벗어나 부유하게 되도록 인도하는 것이라는 주장이다. 그리하여 무엇보다도 백성들의 춥고 배고픈 처지를 해결해 주어야 한다고 강조하였다. 추위와 배고픔이 절박하면 도리를 생각할 겨를 없이 도둑질을 하게 되는데, 위정자가 아무리 청렴하다 하더라도 백성의 일자리를 마련해 주지 못하고 옷과 밥이 없어 고생이 극도에 이르면 도둑질을 아니할 이치가 없다는 것이다. 다만 무지한 백성이 함부로 도둑질을 못하는 것은 형벌을 두려워한 때문인데, 백성들의 곤궁함을 제거해 주지 못하고 어진 정치를 베푼답시고 절도나 강도도 다스리지 못하면서 백성들에게 신의만 보인다면 천하는 금방 혼란에 빠진다고 하였다.[25] 춥고 배고프면 신의도 성립될 수 없다는 주장이다.

또한 전쟁에 나아갈 군사를 뽑는 경우에도, 당장 곤궁하여 추위와 굶주림에 허덕이는데 목숨을 바쳐야 할 전쟁터에 즐겁게 나아갈 까닭이 있겠느냐는 것이 성호의 생각이었다. 요컨대 성호가 생각한 우선 해결해야 할 과제는 백성의 추위와 배고픔을 덜어주는 것이었다. 그는 그것을 실천할 수 있는 몇 가지 구체적인 방법을 제시하였다.

---

25) 『성호사설』 권18, 경사문, 患盜.

● 효와 예를 중시하는 조선 유교사회에서 백성들의 의식주를 먼저 해결해야 한다는 성호의 주장에서 그의 실학사상의 중요한 실마리를 찾아볼 수 있다.

(1) 탐관오리를 엄벌하라

엄한 수령이 차라리 낫다

조선후기 수령과 아전의 탐학은 삼정의 문란에서 이미 드러난 사실이지만, 특히 녹봉이 없는 아전의 탐학은 힘없는 백성들을 괴롭히는 좀과 같은 존재였다. 오죽하면 속된 말에 "수령은 차라리 엄한 자가 나으니[縣宰寧得其猛] 웃사람이 엄하지 않으면 아랫사람의 탐학이 더욱 심하다"[26]고 하였을까. 아전이 백성들의 재물을 갈취하는데 수령이 엄하지 않으면 아전들이 이를 계기로 더욱 백성들을 괴롭힌다는 이야기다. 그러나 이것이 관리의 탐학을 막는 근본적인 대책이 아님은 성호 자신도 잘 알고 있었다.

● 아전은 신분상으로는 중인계층에 속하였지만 정부에서 별도의 생활대책을 마련해 주지 않았기 때문에 백성들의 고혈을 빨지 않을 수 없었다. 그러기에 어쩌다 운좋게 어진 수령을 만나면 호구책을 마련하기도 하였으나 그것은 어디까지나 일시적인 편법에 지나지 않았다. 조선시대 정부의 향리대책은 아주 잘못된 것이었다.

일벌백계

성호는 관리의 탐학에 대해,

---

26) 『성호사설』 권16, 인사문, 寬猛.

84

지금 두 관리가 있는데 한 사람은 청렴하고 다른 한 사람은 탐욕스럽다. 청렴한 자는 명예와 상을 받아 한 계급 승진하는 데 불과하였으나, 탐욕스러운 자는 약간의 벌을 받았지만 많은 재물을 얻어 몸이 안락함을 누리는데 자손에게까지 대대로 누리게 되었으니 인정이 장차 어디로 쏠리겠는가?

만약 탐욕스런 자에게 반드시 삶아 죽이는 형벌[烹殺之刑]을 내린다면, 비록 만금(萬金)이라도 취하지 않을 것이니, 저 만금은 어디서 나왔는가? 반드시 백 집의 재산을 파산시키고 얻었을 것이다. 하물며 한 사람을 다스리지 아니하면(처형하여 경계하지 아니하면) 백 사람이 본받을 것이니(一不治則十百人觀效), 백성들이 숨을 돌릴 수 있는가?

대개 뇌물 먹은 관리를 반드시 처벌하지 아니하고 강도를 반드시 죽이지 않는 것은 모두 관용을 주장하는 설에서 나온 것인데, 만약 그 제도를 바꾸지 않는다면 다스려지기를 바라는 것은 요원하다.

(『성호사설』 권16, 인사문, 寬猛)

라 하여 일벌백계(一罰百戒)를 주장하였다. 만일 뇌물에 눈이 어두운 탐관오리를 일벌백계로 다스리지 않으면 백성들이 숨돌릴 겨를도 없이 피해를 입는다는 견해다. 청렴한 관리와 탐욕스런 관리에게 돌아오는 이해관계의 비교는 시사하는 바가 크다 하겠다. 청렴한 자에게는 명예와 상, 승진이 따르는 데에 불과하지만, 탐욕스럽게 재산을 갈취한 자에게는 가벼운 형벌만 참으면 본인은 물론이고 자손 대대로 안락함을 누릴 수 있는 재물이 주어진다는 것이다. 그러니 후자에게로 마음이 쏠리게 됨이 인지상정이라는 것이 성호의 생각이다. 따라서 범법자를 엄벌에 처하여 다시는 그러한 일이 없도록 하자는 것이다.

● 시대를 앞서가는 지식인들 사이에서 성호와 같이 일벌백계를 주장하는 경우가 적지 않았건만, 그것이 예나 지금이나 공직사회에서 큰 효과를 보지 못하고 똑같은 주장만 되풀이되는 것은 무슨 까닭일까? 공무원의 비리가 국민이 정부를 불신하는 커다란 요인임에도, 언제나 소리만 요란하고 엄포에 그치는 정부의 공직기강 확립이라면 공직사회의 부패와 정부에 대한 국민의 불신은 결코 사라지지 않을 것이다. 어떤 이는 고위 공직자가 부패하였기 때문에 그렇다고 말하기도 하지만 혹 그런지도 모르겠다.

엄한 재상 제갈량

성호가 보기에 백성을 위하는 정치란 항상 어질고 후할 수만은 없는 것이었다.

> 백성들에게 혜택을 베풀고자 한다면 우선 강한 자를 억누르는 것부터 시작한다. 비유하면, 어떤 사람이 열 명의 아들을 두었는데 그 중의 하나가 탐욕스러워 다른 형제들에게 잔혹하게 한다면 그 아버지된 자가 그렇게 못하도록 꾸짖지 않고 다른 아들들이 피해를 받도록 그냥 놔두는 것이 옳겠는가?
> 후세 사람들은 매양 어질고 후하다는 것만 평계대는데 한결같이 형벌을 늦추는 것은 부모의 도리가 아니다.……제갈량(諸葛亮)이 촉(蜀)을 다스릴 때 매우 엄하였으니[諸葛治蜀 頗尙嚴急], 역시 때를 알고 엄하게 다스리는 것을 급선무로 삼아야 함을 알았던 것인가? 또한 근세에는 도둑을 다스리는데 많이 놓아주는 것을 능사로 여기니 이는 도적을 위해 꾀하는 것이지 선량한 백성의 처지를 위하는 것이 아니다.

(『성호사설』 권21, 경사문, 寬難)

백성들에게 혜택을 베풀려면 우선 백성들을 괴롭히는 강자, 즉 권력이 있는 지배계층이나 힘이 있는 자를 제압하고 엄히 형벌을 가해야 한다고 주장하였다. 제갈량이 촉(蜀)의 재상이 되어 정치를 할 때, 시기에 따라 매우 엄한 정치를 실시한 사실을 본보기로 제시하였다. 그런데 성호가 생존했던 즈음의 18세기 조선사회에는 도둑이 횡행하여 백성들이 불안에 떨고 있었는데, 정부에서는 이들을 붙잡아도 관용을 베푼다는 명분 아래 방면하는 일이 잦았던 것으로 보인다. 성호는 그러한 처사가 오로지 도둑을 위한 계책이지 백성을 위한 것이 아니라 하면서 엄한 처벌을 요구하였던 것이다. 이 또한 일벌백계로 다스리자는 입장이었다.

○ 사회 지도급 인사나 고급 공직자의 범죄에 엄법이 잘 먹혀들지 않는 오늘날 한국의 실정을 보는 듯하다. 선량한 국민들의 따가운 눈초리는 아예 아랑곳 하지 않고, 종이 호랑이식 엄포로 일관하면서 강자의 범법행위를 합법적으로 방조하는 우리 정치 사회나 사법조직에는 언제쯤 깨끗한 정풍이 불 것인지 서민들은 허탈한 심정으로 허공만 바라볼 뿐이다.

(2) 어진 인재를 등용하라

어진 사람을 찾아라

천하가 다스려지지 않는 것은 백성이 곤궁하기 때문이고, 백성이 곤궁한 것은 관리가 탐학스럽기 때문이며, 관리가 탐학스러운 것은 임금이 어진 자를 구하지 못했기 때문이라는 것이 성호의 견해다. 왜 어진 자를 구해야 하는가?

진실로 어진 자를 찾는 본 뜻을 강구해 보면 백성을 잘 다스리는 것에서 결코 넘지 않는다. 이른바 잘 다스린다는 것은 역시 백성들을 굶주리지 않고 춥지 않게 하여 고장에서 편안하고 일을 즐겁게 하도록 하는 것에 불과한 것이다. 어리석은 지아비와 지어미를 눈으로 보아 살필 수 있으니, 어찌 현명한 자를 기다려 알 수 있으리오.

(『성호사설』 권16, 인사문, 求賢治民)

백성을 굶주리지 않고 추위에 떨지 않게 하여 제 고장에서 제가 하는 일에 즐겁게 종사하며 편안하게 살도록 선치(善治)하는 데 지나지 않는다는 것이다. 성호는 어진 자는 말할 것도 없이 청렴함을 갖추었다면서, 땅덩어리가 작으나 물산이 풍부한 우리나라에서 필요한 것은 "청렴 결백한 관리를 등용하고 탐관오리를 제거하는 것에서 벗어나지 않는다. 상벌로 권선징악하지 않으면 다른 방법이 없다"[27]고 하였다. 나아가 "어진 자가 신하가 되면 임금을 인도하고 백성을 구휼하여 이용후생(利用厚生)한다"[28]고 하여 어진 인재의 등용이 절실함을 말하였다.

● 이 또한 오늘날 한국의 최고 통치자가 귀담아 들어야 할 이야기가 아닐까 여겨진다. 최고 통치자의 주변부터 그런 사람이 배치되어 그들의 지혜와 덕을 이끌어 내야 할 것이다. 그동안 대통령 참모진들이 심심치 않게 비리에 연루되어 온 국민들의 기대를 뒤흔들어 놓지 않았던가. 어떻든 매우 어렵긴 하지만, 어진 사람을 찾는 일은 국민이 선출해야 할 선거직 공직자가 많은 오늘날 우리 국민들도 반드시 유념해야 할 사항임에 틀림

---

27) 『성호사설』 권8, 인사문, 生財.
28) 『성호사설』 권22, 경사문, 干木捍寇.

88

없다.

백성을 제사 받드는 것처럼 대하라

성호의 정치인식은 기본적으로 "정치란 백성을 다스리는 것으로 요령을 삼고, 백성을 다스리는 것은 백성의 실정에 통달하는 것보다 나은 것이 없다"[29]는 것이었다. 그러니까 정치인은 백성의 실정을 잘 아는 것이 기본적인 임무라 하겠다. 그런데 당시 실정은 어떠하였던가? 지배계층인 양반 관리들이 피지배계층인 서민의 곤궁함을 잘 모른다는 것이 성호의 판단이다. 그에 따르면, 백성들에게 해독이 되는 정치도 본시 잔인한 마음을 갖고 있어서 그리 되는 것이 아니라 혹 관리가 백성들의 실상을 살펴 알지 못하거나 소홀히 여김으로써 그 지경에 이를 뿐이라는 것이다. 그리하여 어진 자가 백성을 대할 때처럼 인정(仁政)을 베풀어야 한다고 말하였다.

> 어진 사람이 창생(蒼生)을 대함도 역시 이와 같다. 고로 겹겹 이 불과 수탄(獸炭)의 삶 속에서는 추위에 떠는 사람이 있음을 알고, 좋은 집에서 맛있는 음식을 먹을 때에는 배고픔을 참는 자가 있음을 알며, 안일한 속에서 기거할 때에는 노역을 견디지 못하는 사람이 있음을 알고, 마음이 유쾌한 때에는 원통하고 억울한 사람이 있는 것을 알아야 하는 것이니, 이것이 백성 부리기를 제사 받드는 것처럼 한다(使民如祭)는 것이다.
>
> (『성호사설』 권18, 경사문, 使民如祭)

제사는 자손된 도리로서 지성으로 공경하고 받들어 지내는 것이다.

---

29) 『성호사설』 권20, 경사문, 誦詩.

백성을 부릴 때에도 제사 받들듯이 정성스럽게 대해야 한다는 것이 성호의 주장이다. 호화롭고 편안하고 즐거운 생활을 누리는 지배계층은 뭇백성의 추위와 배고픔, 원통하고 억울한 사정을 살펴 풀어 주어야 한다는 것이다. 그러나 현실은 그렇지 못하다는 것이 성호의 안타까움이라 하겠다.

● 성호가 지적하는 정치인들을 보면 말과 행동이 다르고 국민의 혈세만 낭비하며 오로지 정치적 주도권 잡기에만 급급하고 자신의 표 모으기에만 바쁜 오늘의 정치인들을 보는 것 같다. 과연 이들이 누구를 위해 뽑힌 선량들인가? 이들에게 국민이란 과연 자기 조상 제사를 받들 듯한 경외할 만한 존재일까?

선거철만 되면 코가 땅에 닿게 과분한 인사치레를 하다가도 일단 당선되고 나면 자신의 선거구를 남의 땅인 듯 정치하는 사람들에게 무엇을 기대하겠는가? 걷고 자전거 타고 땀 흘리며 선거구민의 살림을 돌아보는 의원이 있다는 말을 거의 들어본 적이 없다. 이것이 우리나라 모든 의회의원의 현실이 아니기를 바랄 뿐이다

훌륭한 마부가 말을 잊지 않는다

성호는 "말을 잘 부리는 사람이 말을 잊지 않는 것[善御者不忘馬]은 정치를 잘하는 사람이 백성을 잊지 않는 것과 같다"[30]고 하면서, 백성을 가까이 하여 백성과 친한 정치가 이루어져야 함을 강조하였다. 그는 몸소 말 다루는 것을 시험해 보았다고 하였다. 말등에 안장을 잘못놓아 말의 살갗이 상하고, 사료가 넉넉치 못하여 주리거나 병들고, 물건 싣는 법을 알지 못하여 말이 쓰러졌던 경험을 하였다는 것이다.

---

30) 『성호사설』 권13, 인사문, 以御喩治.

90

그러나 말이 말을 하지 못하기 때문에 사람이 소리를 지르고 노하여 채찍을 들어 때리지만, 만일 말이 호소할 수 있고 사람이 그 정상을 살펴 군색한 것을 구제해 준다면 그런 낭패를 볼 우려는 없을 것이라고 하였다. 곤란할 때를 당하여도 호소를 하거나 벗어날 수가 없어 꾹 참아 넘겨야 하니 어찌 측은하지 않겠느냐는 것이다. 군주의 정치 또한 이와 마찬가지라고 하였다.

백성들이 곤궁의 구렁텅이에 빠져 있는데 임금은 대궐 깊숙이 틀어박혀 이를 모르고 있고, 신하들조차 이러한 사실을 고하지 않으니, 말부리는 사람이 말부리는 방법을 몰라 말을 곤란에 빠지게 하는 것과 다를 바 없다는 것이다.[31] 성호가 생각하는 어진 정사의 첫걸음은 백성을 가까이하여 친하게 하는 것임을 말해 준다.

그런데 임금을 가까이 모시는 신하들이 백성들의 실정을 사실대로 임금께 말하지 않고 숨기는 일이 자주 있기 때문에, 임금은 임금대로 백성들이 사는 현장으로 따로 사람을 보내 살피게 해서 실정을 사실대로 알아야 한다고 하였다. 성호가 "좌우에 있는 신하와 너무 가까이하여 친하게 하지 않으면 좌우의 참설(讒說)에 빠지지 않으며, 멀리 있는 자를 잊지 않으면 백성의 질고(疾苦)에 어둡지 않다"[32]고 한 말을 최고 통치자는 가슴 깊이 명심해야 할 것이다.

● 전문가로 구성된 참모에 의존하여 정치를 하는 오늘의 최고 통치자도 자칫하면 독단이나 오판에 빠지기 쉽고, 좌우의 고의 나 실수에 의한 은폐가 있을 수 있을 것이니, 현명한 통치자는 항상 스스로 점검하고 챙겨야 할 것이다. 옛날의 군주는 실정(失

---

31) 구체적인 사료는 제3장 제3절 (1) 백성의 임금 "말을 잘 다스리는 마부" 인용문 참조.
32) 『성호사설』 권16, 인사문, 求賢治民.

政)을 군주 자신의 부덕의 소치로 돌리며 도덕적 책임을 지는 데 머물렀지만, 오늘날의 대통령은 실정에 대한 실질적, 법적 책임을 지지 않을 수 없다.

(3) 사치를 근절하라

본시 검소하고 어려운 농촌생활이 몸에 밴[33] 성호는 관리들의 분수에 넘치는 호화로운 생활이 탐욕을 일으켜 백성들을 괴롭힌다고 보았다.

사치하면 재물이 부족함을 근심하게 되고, 재물의 부족을 근심하게 되면 탐욕을 낳으며, 탐욕은 사람을 해치지 않고는 얻을 수 없다는 것이 성호의 견해다. 그리하여 강한 자는 약한 자를 겁주고 지위가 높은 자는 낮은 자를 억압하며 지혜있는 자는 어리석은 자를 사기쳐 힘이 미치는 한 업신여기고 빼앗는다고 하였다. 이는 당시 불편할 것 없는 호화로운 생활을 영위하면서 가난한 백성들의 등을 치는 부패한 벼슬아치들의 횡포를 두고 이른 말이다. 가진 자의 사치 때문에 더 이상 내놓을 것 없는 딱한 처지에 몰린 불쌍한 백성들의 비참상을 들어, 성호는 "백성들은 호소할 데가 없으니 장차 어떻게 살 것인가?" 하고 한탄하였다.[34]

사치를 탐학의 근본이라 보고 나라의 흥망이 사치하냐 검소하냐에 달려 있다고 본[35] 성호는,

탐학을 막으려면 반드시 사치를 억제하는 것으로부터 시작해야

---

33)『성호선생문집』권30,「잡저」, 論糴糶.
34)『성호사설』권16, 인사문, 汲黯流禍.
35)『성호사설』권17, 인사문, 興亡繫奢儉.

한다. 사치는 반드시 많은 재물을 기다리고 재물은 뇌물이 아니면 만족할 수 없는 것이니, 금령이 엄하지 아니하면 막기 어려우므로 심지어 삶아 죽이는 형벌까지 있었다.

(『성호사설』 권16, 인사문, 吏貪賄行)

고 하였다. 관리의 탐학을 막으려면 이들의 사치한 생활부터 막아야 한다는 견해인데, 사치가 재물의 탐욕을 낳고 탐욕은 뇌물을 낳으니 엄법으로 다스려야 한다는 것이다. 이러한 사람들은 대개 마음대로 먹고 쓰고 온갖 사치를 다하며, 광에 남은 곡식이 쌓여 있고 부엌에 남은 고기가 널려 있어도 백성들의 굶주림은 조금도 생각지 않는다고 하였다.36)

　● 물론 성호의 비판을 오늘의 공무원 사회에 그대로 적용하기에는 무리가 있다. 그러나 그가 민중의 입장에서 가슴 아파하는 뜻을 되새겨보면 우리 공무원 사회에 큰 교훈을 던져 주지 않을까 여겨진다.

　거듭 말하지만, 청렴을 생명으로 하며 검소한 생활로 모범을 보여야 할 공무원이 상식적으로 이해하기 힘든 치부를 하여 분수에 넘치는 호화로운 생활을 한다면 어떻게 부를 쌓았는지 당연히 검증받아야 할 것이다. 적법하지 못하면 지탄받아 마땅하고 법에 따라 엄하게 물어 조치해야 할 것이다.

(4) 세금을 감경하고 경비를 절약하라

"샘물을 깊게 파도 퍼내는 데 절약이 있어야 한다"는 것이 성호의 근검절약 정신이다.37) 성호는 세금을 경감하여 거두는 한편, 경비를

---

36) 『성호사설』 권21, 경사문, 仁人之惠.

절약하고 검소한 관청이 되어야 함을 강조하였다.

세금을 조금 거두는 일은 위의 용도를 줄여 아래를 유익하게 하는 데 달렸다. 위의 용도를 줄임은 검소함에 달려 있고, 검소함은 절약하여 쓰고 백성을 사랑하는 데 달려 있으며, 절약하여 쓰는 것은 욕심과 안일함을 없애는 데 있다.

(『성호사설』 권27, 경사문, 窮經)

관청에서 경비를 절약하고 애민정신을 발휘하여 세금을 조금만 거두자는 것이다. 위의 용도를 줄여 아래를 유익하게 하는 기본정신은 말할 것도 없이 백성의 어려운 살림을 헤아림에서 나온 것이라 하겠다.

● 관청은 마당이 넓고 업무 보는 건물이 커야 하는가? 그것은 누구를 위한 것인가? 불편이 없을 만큼 멀쩡한 건물을 부수고 운동장만한 크기의 대지 위에 대궐같은 건물을 지어 업무를 보면 국민생활이 나아지는가? 불과 몇 명이 토론하는 장소로 이용하는 자치단체 의원들의 회의실은 어찌 그토록 커야 하는가? 수십년 수백년 앞을 내다보고 짓는다는 말이 과연 어울리는가? 모두 국민의 혈세로 이루어진다는 사실을 잘 아는 선량들일 것이다. 그렇다면 의원이라는 분들도 분에 넘치게 크고 호화스런 회의실을 보면서 어떤 생각을 지니고 어떻게 처신해야 옳을까는 쉽게 판단이 가리라 여겨진다.

(5) 황정(荒政)을 대비하라

조선의 환곡(還穀)정책은 백성들의 경제적 어려움을 덜어 주려는

---

37)『곽우록』 권1, 國用.

본래의 진대(賑貸) 성격을 상실하고 오히려 백성들로부터 원성의 대상이 됨으로써 대민 구휼수단으로서는 완전히 실패작이 되고 말았다. 그 시대에는 흉년과 같은 자연재해를 대비하여 풍년에 일정량의 곡식을 저축해 놓지 않을 경우 다수의 서민들은 기아와 곤궁에서 벗어나기 힘들다. "사람들은 대부분 흩어지고 남아 있는 자들도 굶주림과 추위에 시달려 살아갈 마음이 없는"[38] 실정이었던 것이다.

잎이 마르기 전에 물을 주어라

성호는 나무를 심는 것을 경험해 보고 다음과 같이 지적하였다. 날이 가무는 해에 나무를 심을 때에는 나뭇잎이 마르기 전에 뿌리에 물을 주어야 하고[値歲旱 灌漑其根 須不待葉瘁 可以面死就生], 잎이 마르는 것을 본 뒤에 물을 주면 살아나지 못한다.[39] 백성을 위해 실시하는 정부의 대민구휼사업 역시 이와 같다. 미리 만반의 대비를 하고 있다가 자연재해나 전염병과 같은 예기치 못한 일을 당하였을 때 신속하게 대처해야 한다. 그러함에도 불구하고 당시 조정에서는 이를 외면하고 있어 백성들은 의지할 데가 없다는 것이다.

성호는 흉년을 대비하는 방법으로 사창(社倉)보다 나은 것이 없다고 하였다. 원래 사창이란 환곡처럼 국가가 저장하여 관리하는 곡식이 아니라 마을 사람들이 자율적으로 운영하므로 관리들이 쉽게 간여하거나 아전들의 부정도 끼여들 수 없다. 따라서 마을에서 편의에 따라 요구하는 사람들에게 대출을 하고, 풍년이 들어 곡식이 흔할 때에는 비축하며, 흉년이 들어 곡식이 귀할 때에는 싼 이자로 곡식을 빌려주어 지친 목숨을 어렵지 않게 구제할 수 있다는 것이다.

---

38) 『성호사설』 권16, 인사문, 種樹漑根.
39) 『성호사설』 권16, 인사문, 種樹漑根.

그런데 당시 정부가 펼치는 대민 흉년대책인 황정(荒政)은 마치 우물이 이미 마른 뒤에 샘을 파는 것과 같아 수고스럽기만 하고 일도 되지 않는다고 하였다.[40] 한 마디로 일을 당한 뒤에 우왕좌왕 당황하지 말고 예상하여 미리 대비해야 한다는 뜻이다. 더불어 허물어진 수리시설을 수리 보수하고, 파종의 때를 놓치지 않도록 하는 등 권농에 힘써야 한다는 이야기도 잊지 않았다.[41]

> ● 자연재해에 대비하여 국민생활의 안정을 도모하는 일은 옛날에는 무엇보다 큰 일이었는데, 이는 오늘날에도 제대로 이행되지 않는 것을 보면 안타깝다. 거듭 강조하지만 근래 여름만 되면 큰 비를 만나 수많은 인명과 재산 피해를 내곤 한다. 똑같은 일이 같은 장소에서 반복되는데도 대처하는 행정을 보면 수해지역 주민들이 분노하고 결국 행정기관에 등을 돌리게 되는 것도 수긍이 간다. 재해를 맞아 내키지 않는 마음으로 진흙 속에 어슬렁거리는 빈탕 행정을 할 것이 아니라, 사전에 대비하고 신속히 대처하는 실속있는 재해대책을 세워야 하지 않을까? 잎이 마른 뒤에 물을 주는 행정이 되어서는 안 될 것이다.

(6) 난시에는 미천한 자들에게서 힘을 얻는다

성호는 평소 신분이 낮은 사람들에 대한 대우를 잘해야 한다고 말하였다.

> 생각건대 천한 신분의 사람은 힘든 일을 잘하고, 죽는 것을 두려워하는 마음이 비교적 가벼우나, 선비들은 속이기를 좋아하

---

40) 『성호사설』 권8, 인사문, 荒政豫備.
41) 『성호선생문집』 권30, 「잡저」, 論賑恤.

고 살려는 마음이 항상 앞서므로, 위난을 당하여 힘을 얻는 것
은 미천한 자들에게 있고 선비들에게 있지 않다.

(『성호사설』 권15, 인사문, 奴隷軍)

국가가 위험하고 어려운 일을 당하였을 때 믿을 수 있는 사람들은
미천한 신분이라 하였다. 이들은 힘든 일을 하면서도 목숨을 아끼지
않지만 신분이 높은 사람들은 오히려 속임수를 잘 쓰고 목숨이나 보전
하려 한다는 것이다.

　　　● 오늘날 정치인이나 고위 공직자들, 사회를 이끌어갈 위치에
　　있는 사람들에게 시사하는 바가 큰 대목이다. 고의적으로 외국
　　국적을 얻어 군입대를 피하고 국내외를 오락가락하면서 국익에
　　별 도움이 되지 못하는 인사들 역시 예외가 아닐 것이다.

(7) 이웃 나라와 평화를 유지하라 이소사대(以小事大)

지금까지는 주로 백성들의 도탄이 정부의 정책이나 탐관오리와 관련
된 경우를 지적한 것이다. 한편 성호는 이웃나라와의 관계가 잘못되어
백성들이 도탄에 빠지는 경우가 있다 하여 그에 대한 적절한 조치가
필요하다는 점도 상기하였다.

애써 오랑캐[戎狄]를 섬기는 것은 세력의 부득이함인데 하늘을
두려워한다고 이르는 것은 어째서인가? 하늘이 이치고 하늘을
두려워함이 순리이기 때문이다. 만약 강약을 헤아리지 아니하
고 함부로 거센 적과 부딪혀 백성들이 도탄에 빠지고 국가가 멸
망함에 이른다면 어찌 이치라 하겠는가? 지금 사람들이 밥을 먹
고 사는 것도 왜(倭)와 화친한 힘이 관여되어 있지 않다고는 못

할 것이다.

(『성호사설』 권12, 인사문, 萬曆恩)

군사적으로 강한 이웃나라와 화친하지 못하고 분쟁을 일으킨다면 나라가 망하거나 백성들이 도탄에 빠지는 지경에 이를 수 있다는 것이다. 교린 대상국은 일본을 비롯하여 여진이나 몽골 등 북방민족 국가가 해당되고, 중국은 사대의 대상국이었다. 그러나 군사적 강국에 대하여 군사적으로 약한 우리나라가 취할 방법은 "소국이 대국을 섬기는"[以小事大] 정책을 펴야 한다는 것이 성호의 지론이다.

이소사대에 대한 성호의 설명을 들어 보자.

소국이 대국을 섬기고 약국이 강국을 섬기는 것은 마땅히 "하늘을 두렵게 여긴다"는 '외천'(畏天) 두 글자를 골자로 삼는다. 비단이나 주옥을 써서라도 강토를 보전하여 진실로 그 시의에 맞게 한다면 큰 나라도 혹 작은 나라를 섬기는 것인데, 하물며 작은 나라임에랴? 만일 한때의 이해만 계산하고 강한 이웃을 거스른다면 지혜롭지 못할 것이다.

(『성호사설』 권21, 경사문, 小事大)

사대의 필요성에 대한 성호의 생각이 드러나는 글이다. 현실적으로 군사력이 미약한 국가가 강대한 국가에 대항한다면 패배할 것이 분명한데, 미약한 국가가 감정만으로 강국을 거스른다면 결과가 어떻게 되겠느냐는 것이다. 우리나라와 중국민족이 세운 정통왕조의 관계를 비롯하여, 북방민족이 중국을 침입하여 세운 금·원·청의 관계도 마찬가지다. 특히 역사적으로 북방민족이 세운 나라가 군사적으로 강하여 우리나라를 자주 위협하였던 사실은 잘 알려져 있다.

화이(華夷)의식을 타파하려 하고, 자주의식이 강했던 성호가 이들 군사적 강국에 대해 사대의 필요성을 이처럼 강조한 것은 무엇 때문일까? 그것은 아직 우리나라가 군사적으로 자주국방 태세가 갖추어져 있지 못하였기 때문이다. 따라서 그의 이소사대 의식에는 우리나라 국방력이 이들 주변국가의 국방력에 맞대응할 만한 수준에 도달될 때까지라는 전제가 깔려 있다.

그렇게 볼 때 성호의 사대의식은 매우 현실적인 것이었음을 알 수 있다. 사대는 우리의 생존을 위해 필요했던 것이다. 다만 군사적 사대를 자주국방을 이룩하는 데 정부가 지속적이고 적극적으로 활용하지 못했다는 점은 비판받아 마땅할 것이다.

● 사대(事大)라면 무조건 부정적 의식을 갖는 편견에 성호의 견해는 좋은 가르침이 될 것이다. 그에게 사대란 자주국방 혹은 상대국과 견줄 수 있는 대등한 힘을 보유할 때까지 국가를 지키는 수단이었다. 따라서 그의 사대란 국력신장을 반드시 그 전제로 하고 있음을 알아야 할 것이다.

제2장
기강이 흐트러진 벼슬아치

제1절 관리는 누구인가?

앞서 우리는 나라의 근본이라는 백성에 대해서 성호의 견해를 들어보았다. 이들 백성은 국가 구성원으로 대부분 다스림을 받는 피치자다. 그렇다면 이들을 다스리는 계층, 즉 치자(治者)는 어떤 사람들인가? 신분이 높다고 하여 모두 치자가 되는 것은 아니다. 조선시대의 신분구조에서 가장 윗계층을 차지하는 양반이 모두 치자였던 것은 아니다. 이들도 일정한 절차를 거쳐 관직세계에 들어와 관리가 되어야 치자로서의 일정한 권리가 주어진다. 관리로 임용되면 그는 최고 통치권자인 임금을 도와 정사를 돌보는 군신관계를 갖게 된다.

우선 임금과 신하의 관계에 대한 성호의 견해를 들어보자.

> 대개 천하는 한 사람의 지혜로 다스릴 수 없고 큰 집은 한 손으로 들어 올릴 수 없는 것이니, 서로 힘을 모아 다같이 바르게 해 나아가는 것이 왕국의 가장 상서로운 일이다.……그러므로 임금은 신하다운 신하가 아니면 맡기지 아니하고 신하는 임금다운 임금이 아니면 전적으로 맡지 아니하니……
>
> (『성호사설』권7, 인사문, 推車子)

즉, 천하는 한 사람이 다스리는 것이 불가능하고 임금과 신하가 서로 믿고 힘을 모아 다스려야 한다는 것이다. 여기서 성호가 말하는 신하란 벼슬아치 즉 관리를 가리키는데, 백성을 다스리는 치자(治者) 계층에 속한다고 볼 수 있다. 그리하여 임금은 신하다운 신하가 아니면 쓰지 않고, 신하도 임금다운 임금이 아니면 자신을 맡겨 임금에게 충성치 않았으니, 진실로 바른 정치의 세계에서 찾아볼 수 있는 관계라 하겠다.

성호는 천하를 치자와 피치자의 구조로 보고, 임금을 도와 백성을 다스리는 치자 계층과 이들의 다스림을 받는 피치자 계층에 대해 다음 과 같이 말하였다.

> 옛날에는 벼슬하는 자를 '군자'(君子)라 하였는데, 군자라 함은 어질고 지혜있는 자를 일컬었다. 아래 계층에 있는 자를 '소인' (小人)이라 하였는데, 소인이라 함은 어리석고 불초한 사람을 의 미했다. 이리하여 어진 자는 벼슬을 하여 다른 사람을 다스리 고, 불초한 자는 아래 계층에 있어 다른 사람으로부터 다스림을 받는 것이 마땅했다.……대저 다스림은 어진 인재보다 급한 것 이 없고, 재주는 백성을 다스리는 것보다 절실한 것이 없다.
>
> (『곽우록』, 育才)

예로부터 군자는 벼슬아치가 되어 소인을 다스리고, 아래 계층에 속하는 소인은 군자의 다스림을 받아 왔다고 하면서, 특히 급한 것은 뭇백성을 다스리는 어진 인재를 구하는 일이요, 절실한 것은 그 어진 인재가 백성을 다스리는 재주라 하였다. 그 재주란 물론 선정(善政)이라 할 것이다. 그러니까 성호가 바라는 치자란 어진 군자가 나타나 군주를 도와 선정을 베푸는 것이라 하겠다. 사실 어진 인재의 등용과 백성을 위하여 선정을 베푸는 것은 나라와 민생을 생각하는 옛 우리 선현들이 항상 걱정하던 현안이었다.

벼슬은 임금과 백성을 위해 있는 것

성호는 "벼슬은 임금을 받들고 백성을 돕기 위해 있는 것인데, 무능한 자에게 맡기면 나라가 그 폐해를 입는다"[1]고 하였다. 다시 말하면, 관리는 임금의 뜻을 받들어 백성을 위해 일하는 자이기 때문에 관리로서의 자질과 능력을 갖추어야 된다는 이야기라 하겠다. 백성들이 곤궁해지느냐의 여부가 거기에 달려 있다고 보았기 때문이다.

> 불초한 자가 높은 자리에 있게 되면 어질고 덕이 있는 자는 숨는다는 것을 알 수 있고, 어질고 덕이 있는 자가 숨으면 은혜가 내려가지 않는다는 것을 알 수 있다. 은혜가 내려가지 않으면 백성이 곤고(困苦)해진다는 것을 알 수 있다.……고로 성왕(聖王)이 자나깨나 현량(賢良)에게 높은 벼슬을 주고 후한 녹을 주는 것은 현량을 위해서 특별히 후대하는 것이 아니고, 장차 활용하기 위해서다. 이러한 뜻을 어느 누가 모르랴만, 다만 그 구하는 데 있어 방법을 잃었다는 것이다.
>
> (『성호사설』 권7, 인사문, 今人賤才)

만일 어리석은 자가 높은 관직에 앉게 되면 백성들이 곤궁해지고 고단해진다는 것이다. 그리하여 성호는 인재를 문벌에 따라 쓰거나 과거시험에 절대 의존하는 것을 경계하였다. 문벌을 숭상하는 것이 잘못된 폐습이라 평가하고 그 폐습이 당대처럼 심한 때가 없다면서, "벌열(閥閱)을 숭상하게 되면 재능과 덕행있는 사람은 쫓겨날 뿐 아니라, 벼슬에 있는 자가 교만·사치·방탕·안일해져서 다만 좋은 음식과 아름다운 옷만 일삼아 백성들이 폐해를 입는다"[2]고 하였다. 요컨대 백성이 편안한가 그렇지 못한가는 관리가 재덕을 겸비한 자인가 그렇지 못한 자인가에 달려 있다는 것이 성호의 생각이었다. 예나 지금이나

---

1) 『성호사설』 권8, 인사문, 父因子貴.

2) 『성호사설』 권8, 인사문, 尙閥.

어질고 재주있는 자를 관리로 선발해 쓰려는 까닭이 여기에 있는 것이
다.

● 재능 위주로 선발하는 오늘의 공무원 시험에서 참으로 절실
한 문제가 아닐까 생각된다. 자질과 품성을 판별한다는 것은 지
극히 어려운 문제다. 특히 암기시험 방식을 고수하는 각종 고등
고시의 선발방법은 하루 빨리 개선해야 할 것으로 생각된다.

어진 인재가 나라를 일으킨다

어질고 재주있는 자를 등용해야 하는 더 큰 이유로 성호는 이들의
등용 여부에 따라 나라의 흥망 여부가 달려 있다는 것을 들었다. 즉,
"진실로 아름다운 도량 있는 사람과 한 세대의 어진 자를 얻어 조정에
모아놓을 수 있다면 나라는 바로 흥할 것이요, 질투하며 막아 어진
사람을 말할 수 없게 한다면 비록 망하지 않으려 해도 망하지 않겠는
가?"[3]라 하였다. 즉 어질고 재주있는 사람을 천거하지 않고 불초한
자가 임금의 좌우에서 임금의 눈과 귀를 가린다면 그 나라가 어떻게
될 것인가는 불을 보듯 뻔하다는 이야기다.

그리하여 그는 어질고 재주있는 인재는 지역을 가리지 말고 능력에
따라 등용해야 한다는 의견을 제시하였다.[4]

군자는 있어도 선치가 없다

어진 인재를 구하는 일은 군주로서 실로 중차대한 일이다. 그것은
"옛부터 천하가 잘 다스려지거나 혼란에 빠지는 것이 인재에 달려

---

3) 『성호사설』 권18, 경사문, 秦誓.
4) 『성호사설』 권26, 경사문, 立賢無方.

있기 때문"5)이다. 그리하여 최고 통치자인 임금은 어진 인재를 구하는 일에 소홀할 수 없었던 것이다.

> 오직 밝은 임금이라야 능히 초야에 묻혀 있는 어진 이를 밤낮으로 정성을 다하여 초빙하며, 오직 군자라야 영리(榮利)를 버리고 도(道)로써 선(善)을 아우르는 것이다.……무릇 선비를 능히 구할 수 없는 임금은 있어도 얻지 못할 선비는 없으며, 백성을 다스릴 수 없는 관리는 있어도 다스리지 못할 백성은 없다. 임금이 신하를 구하기를 홀로 할 수 없듯이, 신하 또한 임금을 구하는 데 혹 스스로 나아갈 수 없는 고로, 국사(國士)로서의 실력이 있는 사람이라 하더라도 능히 자신을 일으키지 못하는 것은 세(勢)가 불편하기 때문이다.
>
> (『성호사설』 권23, 경사문, 君臣相求)

반면 어진 인재 역시 자신이 아무리 뛰어난 재주를 지니고 있다 하더라도 경망스럽게 스스로를 내세우지 않았다는 것이다. 충신은 벼슬에 나가기를 어렵게 하고, 소인은 나가기를 쉽게 하며, 충신이 되느냐 소인배가 되느냐는 임금을 비롯하여 윗사람에게 달렸다는 것이 성호의 판단이다.6) 명석한 임금은 인재를 발굴하여 초빙할 것이며, 그 인재는 사심을 버리고 임금을 도와 도덕적인 선정을 베푼다는 이야기로서, 군신의 바람직한 정치가 이렇게 이루어져야 한다는 것이 성호의 생각이라 하겠다.

그런데 정치의 정점인 군주의 주변에는 어진 군자들로만 채워질 수 없다는 것이 성호의 우려다. 아첨하는 자들이 좌우에 포진하고

---

5) 『성호사설』 권23, 경사문, 君臣相求.
6) 『성호사설』 권13, 인사문, 忠臣在難進.

있어 임금이 좋아하고 싫어하는 것을 미리 알아 유도하거나 비위를 맞춰 임금의 지혜를 어둡게 만들고 어진 인재를 질투하여 발탁되는 것을 막는다는 것이다. 그리하여 '군자는 있어도 선치(善治)가 없는 까닭에' 군주는 이들 폐신(嬖臣)에 둘러싸여 군림하며 공포정치를 펴게 된다고 경계하였다.[7]

⬤ 이 또한 옛날 임금이 정치하던 시대에나 통하던 이야기가 아니다. 오늘날 우리나라와 같이 대통령중심제의 정당정치에서도 얼마든지 찾아 볼 수 있다. 대통령과 그를 둘러싼 바람직스럽지 못한 측근들의 독단정치 혹은 밀실정치가 나라를 얼마든지 그르칠 수 있다. 선거권을 지닌 국민들은 면밀히 감시하고 곰곰히 따져 보며 대처해야 할 길을 스스로 강구해야 할 것이다. 더불어 대통령은 주변 측근에만 집착함으로써 판단을 흐리거나 오류에 빠지지 않도록 항상 둘러보아야 할 것이다. 멀리 있는 관리의 말에 귀를 기울이고 가까이 있는 자들을 더욱 경계하라는 성호의 말은 귀담아 둘 만하다 하겠다.

오늘날 대통령이 각료를 인선하는 것과 옛날 임금이 어진 인재를 발탁하여 쓰는 것이 근본적으로 무엇이 다른가? 대통령은 국정을 이끌어 갈 인재 선발의 최고 책임자다.

육정육사(六正六邪)[8]

육정이란 여섯 종류의 바른 것을 말하고, 육사란 여섯 종류의 사악한 것을 말하는데, 육정은 신하가 지녀야 할 바람직한 것이고 육사는 신하로서 지녀서는 안 되는 멀리해야 할 것이다. 어느 신하라도 육정 아니면 육사에 속한다는 것이 성호의 생각이다. 이것을 성호는 "열탕

---

7) 『성호사설』 권23, 경사문, 君臣相求.
8) 『성호사설』 권20, 경사문, 六正六邪.

(熱湯) 아니면 냉수(冷水)"라고 비유하였다. 성호는 임금이 육정육사를 어좌에 써서 붙여 놓고 보면서 신하들과 함께 반성할 것을 권고하였다. 육정과 육사에 속하는 신하는 다음과 같다.

[육정]

① 성신(聖臣) : 어떤 움직임이나 조짐도 나타나지 않는데 홀로 흥망의 기미를 발견하고 사전에 예방하여 임금이 고귀한 자리에 편히 있게 하는 신하

② 양신(良臣) : 마음을 비우고 뜻을 정하여 임금께 선(善)을 진언하고 도(道)를 통하게 하며 임금이 예의를 행하도록 힘쓰고, 장구한 계책으로 임금을 가르쳐서 장차 그 아름다운 것을 따르게 하고 악한 것을 바로 잡는 신하

③ 충신(忠臣) : 아침 일찍 일어나고 밤늦게 자며 어진이를 진출시키는 데 게을리하지 않으며, 옛날의 행사를 자주 칭찬하여 임금을 격려하는 신하

④ 지신(智臣) : 일의 성패(成敗)를 밝게 살펴 일찍 예방하여 구제하고, 전화위복을 만들어 임금으로 하여금 걱정이 없도록 하는 신하

⑤ 정신(貞臣) : 조업(祖業)을 이어 다스리고 법을 받들며, 관직을 맡아 착실히 하고 녹사(祿賜)를 사양하며, 음식을 절약하고 검소하게 하는 신하

⑥ 직신(直臣) : 국가가 혼란에 빠져 있을 때 아첨하지 않고 감히 임금의 얼굴과 직접 대면하여 임금의 잘못을 말하는 신하

[육사]

① 구신(具臣) : 벼슬이나 즐거워하고 녹봉이나 탐내며 공적인 업무

에는 힘쓰지 않고, 세상과 더불어 어울리면서 좌우나 돌아보는 신하

② 유신(諛臣) : 임금이 말하는 것은 모두 잘한다고 하고 임금이 하는 일은 모두 좋다고 하며, 은밀하게 임금이 좋아하는 것을 구하여 올리고 임금의 이목을 유쾌하게 하고는 구차한 모습으로 임금과 함께 즐기면서 그 뒤의 해독은 돌아보지 않는 신하

③ 간신(姦臣) : 속의 실상은 어둡고 간사하면서 겉모양은 조금 부지런한 듯하며 아름다운 말과 예쁜 모습을 하고 있으면서도 착한자와 어진자를 질투한다. 누구를 진출시킬 때에는 그의 좋은 점은 밝히고 나쁜 점은 숨기며, 누구를 물러나게 할 때는 그의 잘못은 밝히고 좋은 점은 숨겨, 임금이 상벌을 부당하게 하고 호령을 행하지 못하게 하는 신하

④ 참신(讒臣) : 지혜는 족히 잘못도 꾸밀 수 있고 말하는 것은 족히 기쁨을 행할 수 있어, 안으로는 골육지친(骨肉之親)을 이간시키고 밖으로는 조정에 혼란을 일으키는 신하

⑤ 적신(賊臣) : 권세를 멋대로 휘둘러 경중(輕重)으로 삼고, 사사로이 당을 만들어 부잣집을 이루고는 임금의 명령을 마음대로 하여 스스로 귀한 척하는 신하

⑥ 망국지신(亡國之臣) : 간사한 말로 임금에게 아첨하여 임금을 불의에 빠뜨리고 붕당에 편벽되어 임금의 총명을 가리며, 흑백을 구별함이 없고 시비의 간격이 없어 임금의 잘못이 경내에 퍼지게 하고 이웃나라에게까지 들리게 하는 신하

임금이 육정육사를 어좌에 붙여 놓고 신하와 함께 읽어 보면서 반성해야 한다는 성호의 뜻을 되새겨볼 일이다. 국록을 받는 관리로서 어떤 신하가 바람직하다는 것은 재론의 여지가 없을 것이다.

● 가령 오늘날 공직사회에 종사하는 사람들을 육정이나 육사로 평가해 본다면 어떤 결과가 나타날까? 대통령이 나랏일을 수행하는 데 보좌하고 자문하는 사람들 가운데에는 육사에 속하는 인물들이 없다고 장담할 수 있을까? 적어도 측근이 육사에 속하는 인물은 아닌지 자주 살펴봄직하다. 제3자가 평가할 때에는 간신이나 유신으로 보이는데 대통령의 눈에는 그렇게 보이지 않는 까닭은 무엇일까? 충복한다고 모두 참된 신하는 아니다. 포장되어 감춰진 육정을 빛내다가 결국 국민의 지탄을 받은 공직자가 얼마나 많았던가.

제2절 한심스런 관직세계

"무릇 하는 일 없이 백성을 학대하고 재물을 거두어들이며, 게으름을 피우면서 오로지 따뜻하고 배부른 것만 생각하고, 제 몸을 닦는 것은 염두에 두지 않으면서 인재를 꺼리고 다른 사람을 중상하는 무리는 요물 가운데 가장 큰 요물이다."9) 이것은 성호가 악질적인 탐관오리를 두고 한 말이다. 성호는 당시 관직사회의 여러 가지 병폐를 지적하면서 많은 우려를 나타냈다. 관리의 자질, 근무상태, 공직사회의 조직과 운용에 나타나는 문제 등에 대하여 그가 들추어낸 실상을 들어 보기로 하자.

(1) 관리가 재덕이 부족하다

높은 자리를 차지하고 있는 무능한 관리

---

9)『성호사설』권16, 인사문, 妖祥.

성호는 "옛날에는 지위는 재능으로 채우고 일은 도(道)로 다스렸기 때문에 백성들이 그 혜택을 입고 나라가 복을 받았다"고 하였다. 만약 "어리석은 자가 높은 자리에 있으면 어질고 덕이 있는 자가 숨게 되고, 어질고 덕이 있는 자가 숨게 되면 백성에게 혜택이 내려가지 아니하며, 혜택이 내려가지 아니하면 백성이 곤궁에서 허덕이게 된다는 것을 알 수 있다"고 하였다. 한 마디로 어리석고 재능이 떨어지는 사람이 관리로 등용되면 백성과 국가가 모두 피해를 입는다는 이야기다.

때문에 "어진 왕은 항상 현량을 구하여 높은 벼슬과 녹봉을 주는데 그것은 그 현량을 위하여 특별히 후대하는 것이 아니고 앞으로 써먹기 위한 것"[10]이라고 하면서, 후대 왕들이 그러한 뜻을 잘 알면서도 현량을 구해 쓰는 방법이 틀렸다고 지적하였다. 문벌에 따라 사람을 쓰기 때문에 무능한 자가 등용되고, 과거시험에서는 글짓기로 당락이 결정되는데 글짓기가 그 사람의 재능과 무슨 관계가 있느냐는 것이 성호의 생각이었다. 따라서 적재적소에 인재를 써서 백성들을 도탄에서 구해야 한다고 주장하였다. 백성들이 도탄에서 헤매는 것도 결국 잘못된 인재 선발방법을 겨냥한 것이라 하겠다.

> ● 본인의 재능과는 무관하게 정치적인 후광으로 정부투자기관이나 고위 공직에 임명되어 국가 재정을 축내고 각종 비리를 저지르다가 법적 제재나 조사를 받으면서도 반성은커녕 뻔뻔하게 음흉한 웃음을 짓는 썩은 공직자를 보면, 이따금 최고 통치자의 정치적 역량과 양심을 의심하지 않을 수 없다.

---

10) 『성호사설』 권7, 인사문, 今人賤才.

종놈같이 하는 벼슬아치의 정치

천하가 무사태평할 때는 무능한 자가 판을 친다고 한다. 전쟁이나 재난과 같이 해결해야 할 일이 산적해 있을 때, 둔하고 용렬한 자는 나라에 이로움은커녕 제몸 간수하기도 힘든 처지지만, 무사태평한 시절에 재능있는 자는 그 재능을 쓸 곳이 없어 할 일이 없으나 무능한 자는 벼슬길에 나아가 뜻을 얻게 된다는 것이다. 이들은 간사스런 아첨을 일삼고 재물을 탐내어 현달하며 이리저리 붙좇아 제 몸 용납하기를 일삼는다는 지적이다.

"나라를 위하는 도(道)는 백성을 보호하는 것이 상책이고 군사를 양성하는 것이 그 다음"이라 하여, 내치외양(修內而攘外)을 정치의 기본으로 삼은 성호는 어진 수령이 임명되어야 함을 다음과 같이 강변하였다.

> 무릇 백성을 가까이하기는 수령보다 더한 이가 없으니, 한 고을이 수령이 어진가 그렇지 못한가에 따라 다스려지기도 하고 혼란스러워지기도 한다. 실로 어진 사람이 아니면 십고(十考)[11] 동안에 피해를 입고 도망하지 않는 이가 거의 없을 것이다.
>
> (『성호사설』 권10, 인사문, 權攝就眞)

즉, 어진 사람이 수령이 되어야 좋은 정치가 이루어지고 백성들이 고난을 받지 않는다는 것이다. 백성들이 흩어져 도망하는 가장 큰 이유가 탐관오리의 탐학행위였다는 것은 두말 할 필요가 없다.

성호는 또 당시 벼슬아치의 행태를 종의 행동으로 비유하였다.

---

11) 1년에 두 번의 인사고과를 5년 동안 하면 열 번이다.

오늘날의 벼슬아치들은 종의 모습이 아닌 자가 없다. 탁자를 높이 괴고 술잔을 가득히 채워 길에 그릇을 두는 것과 같다. 탁자를 높게 하면 떨어지고 술잔을 가득 채우면 넘치며 그릇이 길에 있으면 발에 채이는 것이니, 본시 내 것이 아닌 까닭에 손상되어도 애석할 것이 없다. 그러므로 정사(政事)가 날로 그릇되는 것이다.

(『성호사설』 권11, 인사문, 遠慮近憂)

종이 탁자를 높게 하고 술을 가득 따른 술잔을 길 가운데 놓아 위험스럽게 만드는 것은 자기 일이 아니기 때문인데, 관리들도 역시 내 일처럼 정사를 돌보지 않아 정사가 날로 그릇되어 간다는 비유다. 물론 그 피해는 고스란히 백성들에게 돌아간다.

● 나라가 전시나 그 밖의 위기에 처해 있을 때 무능한 자는 제 몸 간수하기에도 힘겹고 바쁘지만, 평화를 구가하는 시기에는 오히려 이런 무능한 자들이 판친다는 말은 참으로 우리에게 시사하는 바가 크다 하겠다.

● 공무원이라면 처음 공직에 발을 들여놓을 때 대부분 마음속으로 국가와 국민을 위하여 봉사하겠다는 각오를 다졌으리라 생각된다. 그러나 그것이 오히려 공직생활이 두터워지면서 종종 지켜지지 않는 이유는 무엇일까? 박봉에 주인의식을 갖고 공직에 임한다는 것은 실로 어려운 일이겠으나, 봉급을 받으면서 무사안일에 빠져 직무를 태만하거나 유기하고 나아가 뇌물을 받거나 국고를 갈취하는 불법행위까지 저지르는 행위는 공직자로서의 태도가 아니다. 스스로 물러나거나 퇴출되어야 마땅할 것이다. 국회의원이나 급료가 없는 지방자치단체 의원과 같은 선거직 역시 예외가 아니라 하겠다.

이욕에 빠진 관리들

　관리로 임명되었을 때 사양하는 마음과 태도를 성호는 매우 아름답게 여겼다. 이를테면 어떤 이가 관리로 임명받았을 때 자신보다 나은 사람을 임금에게 추천하여 양보하는 것이 그 같은 예인데, 현실은 그렇지 못하였다. "지금은 벼슬을 제수받으면 겉으로는 사양하는 듯하지만, 속마음은 팔뚝을 걷어부치고 금(金)을 거두어들일 뜻이고, 한 사람도 남을 추천하여 유능한 사람에게 돌리려 하는 말은 들을 수 없으니 어떻게 순수하고 화합하는 풍조를 바랄 수 있겠는가"12) 하였다. 성호는 그 이유를 이욕에서 찾았다.

> 옛부터 높은 벼슬을 하는 자 가운데 평생 배운 것을 실천하는 자가 있음을 듣지 못했다. 왜냐하면 일을 할 때와 말할 때가 같지 않고 다른 사람의 마음이 내 마음과 같지 않기 때문이다. 혹 존경과 위엄으로 위압 당하는 때가 있는가 하면, 혹 뭇사람에게 꾀임 당하기도 하고, 혹 시세에 협박 당하기도 하며, 혹 이욕에 끌리기도 하는데 모두 이욕이 그렇게 만든 것에 불과하다. 물욕이 이기면 양심이 옮겨지고 양심이 옮겨지면 일이 옮겨지게 된다.……큰 일을 당함에 시비의 판단은 반드시 벼슬과 녹봉을 귀하게 여기지 않는 자만이 할 수 있으니 이것이 그 요령이다.
>
> （『성호사설』 권20, 경사문, 讀書仕宦)

　벼슬길에 오르기 전에 아무리 공부를 많이 한 사람이라도 상하가 있는 공직사회에서는 억압, 유혹, 협박, 이욕 등으로 양심대로 일을 처리할 수 없다. 따라서 자신의 지위인 벼슬과 녹봉을 귀하게 여기지 않아야 큰 일을 당하였을 때 시비를 가려 일을 올바로 처리할 수 있다는

---

12) 『성호사설』 권12, 인사문, 思庵能讓.

요지다. 이는 공직자가 자신의 지위 때문에 이욕에 빠지기 쉬움을 경계하고, 또한 공직사회의 성격상 청렴을 지키기가 매우 어렵다는 것을 말한다.

> ● 관리가 청렴해야 한다는 것은 당연함에도 불구하고 청백리 제도를 두고 또한 이들을 표창한다는 고금의 사실은 곰곰이 생각해 보면 이상스럽지 않을 수 없다. 그리 많지 않은 청백리의 일상 생활을 보면, 국가에서 주는 녹봉으로 검소하게 사는 것 이상이 아니다. 너무나 당연한 생활태도가 아닌가?

조선은 예로부터 뇌물의 나라?

성호는 "조선은 옛부터 인정(人情)의 나라라고 부르는데 인정은 뇌물이다"[13]라고 하고, 인정의 나라라고 부르는 것은 "크고 작은 일이 뇌물로 이루어지지 않는 것이 없기 때문"[14]이라고 하였다. 만약 정부에서 뇌물수수를 일체 금한다면 백관(百官)은 가정을 꾸려갈 수 없고 서리는 굶어죽게 될 것이라 하였다. 그만큼 뇌물수수가 관리나 아전 등의 생활수단이 되어 있고, 관직사회에 만연되어 있어 막기가 어려울 정도로 문제가 심각하다는 뜻이겠다. 그는 이를 비유하여 "이(蝨)가 옷 솔기에 붙어 사람을 물지 않으면 굶어죽겠고, 물면 발각되어 죽음을 당하는 꼴"[15]과 같다고 하였다.

따라서 이로 말미암아 백성들은 곤궁에 허덕이고 정치는 혼란의 도가니에 빠져 있는 사실을 누구나 다 알고 있으면서도 이를 개혁하려 하는 자가 없다고 성호는 개탄하였다.

---

13) 『성호사설』 권8, 인사문, 輕賦受瘼.
14) 『성호사설』 권11, 인사문, 人情國.
15) 『성호사설』 권8, 인사문, 輕賦受瘼.

● 크고 작은 일이 뇌물이 아니면 이루어지지 않는 나라라고 개탄한 것을 보면, 당시 뇌물수수의 폐단이 얼마나 심각하였던가를 짐작할 수 있다. 관리의 녹봉이 만족스럽지 못하고 아전의 생활이 보장되어 있지 않은 처지에서 뇌물이 아니면 이들의 생계가 어렵기 때문에 불법적인 뇌물수수 행위를 정부에서도 어쩌면 모르는 척 눈감아 주었던 것이 아닌가 여겨지기도 한다. 그러나 뇌물은 공직사회 부패의 으뜸이요 백성의 고혈을 빼는 수단으로 이용되기 때문에 근절되지 않으면 안 된다. 따라서 오늘날처럼 공직자의 생활이 보장되어 있는 상황에서는 뇌물수수 행위를 엄벌로 다스려야 할 것이다.

소인의 정치

옛날에는 백성들이 편안하냐 고통스러우냐가 고을을 다스리는 수령을 얼마나 잘 만나느냐에 따라 결정되었다고 해도 과언이 아니다. 성호는 수령 가운데 소인이 많다는 점을 크게 우려하였다. 그는 군자와 소인의 차이를 의(義)와 이(利)의 차이로 보았다.[16] 즉 군자는 의를 중시하고 소인은 이에 집착한다는 뜻이라 하겠다. 소인은 관직에 쉽게 나아가고 탐학에 거리낌이 없으며, 일을 경박하게 함부로 처리한다는 것이 성호의 소인관이다.[17] 그는 "벼를 심으면 벼를 얻고 보리를 심으면 보리를 얻으니 벼를 심어 보리를 얻는 자 있지 않다. 나라에서 군자를 심는 것 역시 이와 같다. 소인을 심고 군자가 되기를 바라니 이런 이치가 있겠는가?"[18]라 하였다. 이것은 관직사회에 소인들을 임명해 놓고 군자의 정치를 바랄 수 없다는 이야기다. 또 "군자가

---

16) 『성호사설』 권19, 경사문, 親賢遠佞.
17) 『성호사설』 권13, 인사문, 忠臣在難進.
18) 『성호사설』 권13, 인사문, 種君子法.

물러가고 소인이 등용되면 민생의 곤궁함이 그 가운데 있게 되는 것이니, 천하가 어찌 혼란스럽지 않겠는가?"[19]라 하였듯이, 소인이 정치하면 민생이 곤궁해진다고 하였다.

그는 당대 관직사회의 구조를 놓고,

> 후세의 정치는 소인을 심어 놓고 참소하고 아첨하는 것을 좋아하며 그들을 권장하고 상준다. 비록 곧은 도리가 있다 하더라도 그들로부터 배척과 해를 당하기 때문에 강아지풀[稂莠]이 무성하고 좋은 곡식이 그 안에 묻혀 있는 것과 같으니 어찌 성취할 수 있으리오.
>
> (『성호사설』 권13, 인사문, 種君子法)

라 하였다. 요컨대 관직사회가 소인배들로 차 있어 오히려 바른 사람이 배척 당하거나 피해를 입는다는 것이다. 그는 또 충신이 죄없이 해를 입는 것은 보았지만 간신의 계책이 저지 당하는 것은 보지 못했다고 하였다. 이럴 때 올바른 신하가 있어 임금에게 바른말을 하면 임금은 오히려 바른말 하는 자에게 간신을 질투하고 조정을 혼란에 빠뜨린다고 의심하여 그를 내쫓는다는 것이다.[20] 임금은 귀가 멀고 신하는 부패하였으니 군자의 정치가 어떻게 이루어지겠느냐는 지적이라 하겠다.

> ● 대통령이 귀가 멀고 또 바른말 하는 자의 입을 틀어막는 정치를 한다면 진실로 재덕을 겸비한 자는 그를 멀리할 것이니 그의 주변에는 소인배만 맴돌 것이다. 직무상 전문적 재능이 뛰

---

19) 『성호사설』 권25, 경사문, 幼稚登仕.
20) 『성호사설』 권7, 인사문, 權奸自全.

어난 자에게도 사리사욕에 얽매인 소인배가 얼마든지 있다는 사실을 유념해야 할 것이다.

진중에서 부채를 만든 이순신의 참뜻

성호는 충무공 이순신이 임진왜란을 당하여 수군을 통제하면서 틈만 나면 공인(工人)들을 모아 놓고 부채 따위를 만들어 고관 대작에게 두루 선물하여 마침내 중흥의 공훈을 이루었다고 소개한 다음,

이는 천고(千古)의 지사(志士)들로 하여금 눈물흘리게 할 만한 일이다.

(『성호사설』권25, 경사문, 杜預李舜臣)

라 하였다. 충무공 이순신을 비난한 것이 아니고 충무공의 충정어린 치밀한 재능을 칭찬한 것이다. 다시 말하면 이순신이 풍전등화와 같은 위험한 지경의 나라를 구하기 위해서 이욕에만 눈이 어두운 조정 소인배들의 방해를 받지 않고자 어쩔 수 없이 부채와 같은 선물을 만들어 돌렸다는 이야기로, 슬픈 일이 아닐 수 없다는 비통함을 나타낸 것이다.

그러나 성호는 원칙적으로 군자가 벼슬을 할 때에는 소인배와 가까이하지 말 것을 충고하였다. "군자가 벼슬길에 들어서서 다리를 옮기는데 살펴보지 않다가 한번 소인의 농락을 당하고도 미련을 버리지 않는다면 구렁텅이에 떨어지게 됨은 순간의 일"21)이라는 것이다.

⬤ 충무공이 충정의 진심에서 부채를 만들어 조정의 고관 대작들에게 돌렸는지는 알 수 없다. 외환을 당하여 나라가 위험에

---

21) 『성호사설』권21, 경사문, 沈彦光.

처해 있는데 보잘것없는 부채지만 선물을 받고 일을 처리해 주는 공직사회라면 이는 예삿일이 아니다. 전시 상황에서 그러하였다면 평시에는 어떠하였을까? 불초한 자, 소인배는 평시에는 득세하여 공직사회를 혼란에 빠뜨리고 나라가 위급한 때에는 무능하다는 것이 성호의 생각이었다. 공직사회를 바라보는 국민의 한 사람으로서 여러 가지를 생각하게 한다.

(2) 기강이 해이하다

이제 과거를 통하였든 음사(蔭仕)를 통하였든 관직에 오른 자의 복무자세에 대한 성호의 비판을 주목해 보자.

하는일 없이 자기 몸만 보존하는 벼슬아치

성호는 하급 관리보다는 고급 관리의 복무자세에 관심이 컸다. 비유하여 말하기를, 상봉(相蜂)은 서열로 보면 여왕벌 다음쯤 되는 벌인데 봄과 여름에는 다른 벌과 같이 벌집에 있다가도 가을이 되면 어디로 가버린다는 것이다. 그것은 상봉이 꿀을 모으는 데 아무 공이 없어 남의 꿀을 차마 먹을 수 없기 때문이라 하였다. 그는 이 비유에 이어,

> 후세에 경상(卿相)의 위치에 있으면서 아무 하는 일 없이 백성을 핍박하여 자기 잇속만 차리는 자[腏民厚己者]는 부끄러움을 깨달을 수 있을 것이다.
>
> (『성호사설』 권6, 만물문, 相蜂)

라 하여, 고관들에게 경고의 말을 던졌다. 높은 지위에 있으면서 아무 하는 일 없이 자기만 잘 살려고 백성의 고혈을 짜낸다는 것이다. 재상과

같은 고관의 경우, 직접 백성을 수탈하는 예도 있지만 그보다는 수령과 같은 목민관의 뇌물이나 진상을 받는 방식으로 백성들을 고혈을 짜낸 다. 성호는 "비록 현저한 과오가 발견되지 않더라도 구차스럽게 녹을 먹으면서 자기 몸이나 보존하고, 하는 일이 없는 자는 징계하는 것이 옳다"22)고 하였다.

성호가 보기에 당시 백성들의 형편은 마치 어린아이가 우물에 빠지 는 것보다도 더 위태로운 형편인데, 정치를 한다는 관리들은 방법이 없다는 평계만 대면서 모르는 체한다는 것이다. 그리고 정치를 함에 있어 세금을 과중하게 거두어들이는 것은 닭이 돌멩이를 맞았는데 상처를 치료해 주지 않는 것과 같고, 탐관오리를 징계하지 않는 것은 쥐나 너구리가 마음대로 먹게 두는 것과 같으며, 수해를 입었는데 백성을 구휼하지 않는 것은 사료를 아끼는 것과 같다고 하였다.23) 즉 수습할 방법이 없는 것이 아니라 방관한다는 이야기다. 속수무책 또는 무사안일한 근무태도에 표적을 맞춘 것이라 하겠다.

당시 선비라는 자들은 대개 편안히 앉아 입고 먹으면서도 오로지 배고프지 않을까 춥지 않을까 걱정이나 하고 혹 사치와 절제없는 지경 에 이른다는 것이 성호의 양반관이었다.24) 이러한 자들이 온갖 수단과 방법으로 관직에 오르면 역시 하는 일 없이 국고나 축내고 백성의 고혈을 빠는 탐관오리가 되는 것은 불을 보듯 뻔한 일이다.

● 공무원의 직무유기·무사안일·복지부동 등 근무태만에 대 한 부정적인 비판의 소리는 이제는 아예 만성이 되어 있는 듯하

---

22) 『성호사설』 권10, 인사문, 擧主連坐.
23) 『성호사설』 권7, 인사문, 拯捄.
24) 『성호사설』 권11, 인사문, 飽煖.

다. 어떠한 처방으로도 고쳐지기 힘든 현실을 보면서 아예 포기 상태에 젖어 있는지 모르겠다. 영리를 목적으로 설립된 사기업에서 그러한 근무태도를 보인다면 사업주가 어떤 단안을 내릴까? 높은 자리에 앉아 부하직원을 거느리며 결재나 하고 우두커니 앉아 있다가 월급이나 챙기는 공직자가 이제는 존재하지 않는다고 자신있게 말할 수 있을까? 공무원 사회도 이제는 능력껏 일하고 그에 따라 보수를 받는 조직과 체계를 갖추어야 할 것이다.

성호가 "농부가 땀흘려 농사짓고 아낙네[蠶婦]가 고생하여 길쌈하여도 스스로 지탱해 갈 수 없는데, 마음 쓸 곳 없는 사람들에게 피해만 입으니 어찌 애석하지 않은가?"[25]라고 한 말을 새겨 보면 한편으로 가슴아프기도 하고 또 한편으로는 울화가 치밀지 않을 수 없다.

해이해진 기강과 뚫어진 법망

성호는 관리의 지위가 높고 낮음을 막론하고 기강이 해이해져 있음을 우려하였다. 목민관인 수령은 임지로 떠나기 전에 '수령칠사'(守令七事)를 외우고 가지만, 일단 부임한 뒤에는 관심이 없다는 것이다. 수령칠사란 수령이 부임하여 지켜야 할 일곱 가지 조목인데, 첫째 농사를 일으킬 것[農桑盛], 둘째 호구를 증가시킬 것[戶口增], 셋째 학교를 진흥시킬 것[學校興], 넷째 군사를 닦아 군비를 철저히 할 것[軍政修], 다섯째 부역을 고르게 할 것[賦役均], 여섯째 백성 간의 다툼을 쉽게 해결할 것[詞訟簡], 끝으로 간사하고 교활한 무리를 제거할 것[奸猾息] 등이다. 감사는 수령의 실천 여부를 보아 인사고과에 반영해야 하는데도 이는 털끝만큼도 거론하지 않고 조정에서도 관심없다는 듯

---

25) 『성호사설』 권11, 인사문, 飽煖.

어물어물 넘긴다는 것이다.26) 기강이 이러하니 나라꼴이 어떻게 되겠는가!

이렇게 해이해진 기강 아래에서는 관직사회를 불법화하고, 불법을 저지른 자신들이 빠져나갈 구멍난 법망을 만들어 놓기 마련이다. 성호는 백성의 고혈을 빠는 장리(贓吏)를 처벌하는 법과 이 법망을 빠져나가는 관리들에 대해 다음과 같은 견해를 나타냈다.

> 지금 세상에 부정한 방법으로 재물을 모으거나 뇌물을 받는 관리를 처벌하는 법이 역시 엄하여 자손이 금고(禁錮)에 이르게까지 하였으나 이는 다만 법일 따름이다. 높고 낮은 벼슬아치를 보더라도 사는 집이 화려하고 노비마저도 살찌고 윤택하지 않은 자 없지만, 한 사람도 법에 걸려 죽은 자가 있다는 말을 듣지 못했으니 무엇 때문일까? 만약 온 세상을 들어 빙벽(氷蘗)을 먹고 마시듯 청빈한 생활을 하라고 한다면 말도 되지 않겠으나, 생각건대 법망을 빠져나간 자가 너무 많은 듯하다.
>
> (『성호사설』 권11, 인사문, **廉貪**)

한 마디로 범법하는 관리를 처벌하는 법은 있으되 처벌된 자는 없고 모두 법망을 뚫고 나갔다는 것이다. 법은 법대로 있어 불법·탈법이 난무하여도 처벌되지 않는 유명무실한 법이니 마음만 먹으면 권세를 휘두루며 백성의 고혈을 빨기란 어렵지 않다는 지적이다.

🔘 박봉으로 생계를 꾸려가는 공무원들에게 지나치게 청빈을 요구하는 것도 무리가 따르지 않을 수 없다. 이들에게 적절하게 처우를 개선해 줌과 동시에 공직 기강을 확립하고 위반자에 대

---

26) 『성호사실』 권8, 인사문, 七事.

한 엄한 법적 조치가 병행되어야 할 것이다.

또한,

> 오늘날은 한 번 수령이 되면 문득 집을 화려하게 하고, 전장(田庄)을 풍족하게 하다가 어사에게 적발되면 백방으로 주선하여, 아침에 탄핵하는 장계가 들어갔으나 저녁에 어엿이 벼슬자리에서 위의(威儀)를 갖추고 있다. 보고 듣는 바로는 한 사람도 장리의 죄목을 가진 자가 없으니 온 세상의 수령들이 모두 공수(龔遂)와 황패(黃覇)[27]같이 청렴하고 조심성 있는 자들인가? 나는 도저히 믿어지지 않는다.
>
> (『성호사설』 권11, 인사문, 贓吏)

라 하였듯이, 어사가 수령의 불법행위를 현장에서 적발하여 해당 중앙 관서에 보고를 해도 처벌 받지 않고 수령은 여전히 자리를 보존하고 있다는 것이다. 이는 그 수령이 무죄한 것이 아니고 중앙 관서의 상급 관리 역시 모두 부패해서 그렇다는 이야기다. 성호는 당시의 수령들이 모두 청렴하다고는 도저히 생각할 수 없었다.

성호는 "진실로 공손하고 검소하며 청렴하고 부끄러움을 아는 자가 세상에 쓰이지 않는 자는 있으되, 교만하고 사치하며 탐욕스럽고 무모한 자가 나라를 잘 다스리는 자 있지 않다. 이는 바꿀 수 없는 말"[28]이라고 하였다. 이는 청렴치 못하고 탐욕스런 부패한 관리가 많은 관직사회의 해이된 기강에서 관리들이 불법과 탈법을 자행하며 자신들의 잇속

---

27) 두 사람 모두 중국 漢나라 때 태수(太守)를 지낸 관리로서 백성을 잘 다스리기로 유명하였다고 한다.

28) 『성호사설』 권10, 인사문, 恭儉.

124

이나 차리고 있으니, 어찌 백성들이 곤궁에서 헤어날 수 있겠느냐는 안타까움을 표현한 것이다. 성호는 백성들을 괴롭히는 뇌물의 자행도 공직사회의 기강해이에서 비롯된 것이라고 보았다.[29]

> ● 청렴과 근검이 요구되는 공무원으로서 호화 저택에 살면서 골프를 즐기고 수천만 원대의 고급 승용차를 타고 다니는 사람은 물려받은 재산이 많아서일까? 국민의 시선은 아랑곳하지 않고 ×× 회동이니 하면서 사치스럽게 보이는 고급음식점을 드나들고, 골프 모임을 자주하는 고급 공무원이나 알 만한 유명 정치인의 눈에 국민의 삶이 과연 바르게 보일까? 이런 자들일수록 자신은 국가와 국민을 위해 헌신하는 존재임을 강조한다는 사실을 선거권자는 알아야 할 것이다.

아첨 잘하는 벼슬아치

옛날에 벼슬을 준 다음에 녹을 주었던 것은 그 사람의 재능을 알아보기 위한 것인데, 죄가 있으면 반드시 물리치고 반드시 공이 있은 다음이라야 승진시킨다는 것이 성호의 생각이었다. 그런데 당대 관직사회의 현실은 그렇지 않았다.

> 오늘날에는 대개 아첨 잘하는 벼슬아치가 하는 일 없이 승진되어 높은 자리에 않아 후한 녹(祿)을 먹어도 장애가 없으니 나라가 어떻게 다스려지겠는가?
>
> (『성호사설』 권13, 인사문, 陞黜)

공적도 없이 상사에게 아첨하여 높은 자리로 승진하여도 거칠 것이

---

29) 『성호사설』 권16, 인사문, 吏貪賄行.

없는 실정이 되었다는 것이다. 그러니 일정한 직위에서 실적이 없으면 상위급으로 승진시키지 말고, 더구나 악에 편승하여 부정을 저지르면 관직에서 내쫓아 다시는 관직에 발을 들여놓지 못하게 해야 한다고 보았다. 그러나 문벌이나 학연·지연으로 출세가 보장되는 당대의 현실은 성호와 같이 원칙과 투명성을 주장하는 학자들의 한숨을 자아내게 하였다. 성호는 공명을 좋아하고 아첨을 일삼는 선비들이 실상은 무능하면서 다만 부귀나 누려보자는 데에 뜻이 있다고 비판하였다.30)

      ● 어느 조직사회에서나 승진은 있게 마련이다. 승진 대상자들이 가장 우려하는 것 가운데 하나가 승진심사의 원칙과 투명성이라 한다. 재량이라는 것은 잘못 적용하면 무원칙을 초래하여 조직의 혼란만 초래할 가능성이 있고, 투명하지 못하면 상호간 위화감과 불신을 조장하기 쉽다. 공직사회에서의 적법성과 투명성은 국민의 삶과도 직결된 문제다. 특히 뇌물이 관련되었다면 뇌물의 다과를 불문하고 공직사회에서 추방하는 것은 물론 엄벌에 처해야 할 것이다.

    육사(六邪)에 속하는 유신(諛臣)이나 간신(姦臣)을 고위공직자는 특히 경계해야 한다. 젊은이로서 조직체계의 하위에 있을 때는 정의감에 젖어 아첨을 멀리하고 아첨하는 자를 비판하다가도, 그 자신이 높은 자리에 오르게 되면 부하 직원의 아첨도 기분 나쁘지 않게 들리는 것이 인간의 성정이라 하겠다. 하위 직원을 거느리는 공직자는 항상 투명하고 바른 눈으로 보아야 할것이다.

도둑 중의 도둑은 벼슬아치의 갈취

   성호는 벼슬아치가 백성들의 재물을 갈취하는 것에 대하여,

---

30)『성호사설』권24, 경사문, 脫賺富貴.

126

나라에서 벼슬하는 자가 백성들에게서 재물을 취하는 것은 의
롭지 못한 것이니, 도둑 중에서도 심한 도둑이다. 가난한 백성
이 부지런히 일하여 재산을 모으니 온 가족의 목숨이 여기에 달
려 있다. 까닭없이 그걸 빼앗는다면 도둑이 아니고 무엇이겠는
가?

(『성호사설』 권16, 인사문, 君子存心)

라 하였다. 의롭지 못하게 국민의 재물을 취하는 것은 도둑이요 도둑
중에서도 악질적인 도둑이다. 이러한 벼슬아치가 없어야 나라가 잘
다스려지겠지만, "그릇된 일을 하면 법에 따라 죽어야 하지만 모두
그런 것은 아니다. 혹 도둑질을 하고도 종신토록 부유하게 사는 자도
있다"[31]는 사실이 성호에게는 더 큰 문제였다. 심지어 수령이나 아전들
은 "뱃속에 착취하려는 마음이 가득 차 있으나 다만 힘이 부족하여
침탈하지 못하는 것이요, 조금이라도 권력만 있게 되면 침탈을 감행한
다"[32]는 것이다. 성호는 당시 백성을 다스리는 수령들은 공공연히
제멋대로 백성들로부터 재물을 착취하는 현상이 살인 강도보다 더
심하다고 하였다. 그리하여 이를 다스릴 수 있는 법의 시행이 늦으면
늦을수록 백성이 도탄에 빠져 나중에는 수습할 대책이 없어지게 된다
고 경고하였다.[33] 법의 개정을 주장하는 그의 변법(變法) 목적도 대부분
도탄에 빠진 백성을 구하려는 데에 있었던 것이다.

● 나라에서 봉급을 받는 공직자가 탐학하여 백성들로부터 재
물을 갈취하거나 국고를 절취하였을 때 처벌하는 법이야 예나

---

31) 『성호사설』 권16, 인사문, 君子存心.
32) 『성호사설』 권14, 인사문, 胥徒名號.
33) 『성호사설』 권11, 인사문, 贓吏.

지금이나 존재한다. 그런데 이를테면 지금도 국민의 주머니를
갈취하는 공무원이 심심찮게 나타나고, 장부조작이나 거짓회계
로 헤아리기 어려운 액수의 국고를 빼내다 적발되는 사례를 이
따금 보게 된다. 세무공무원이 납세자로부터 온갖 수단으로 갈
취하고, 경찰공무원이 조사대상의 영업소로부터 상납을 받아
온 사실이 종종 드러난다. 심지어 어린이를 가르치는 교육자가
학부형으로부터 어린이를 볼모(?)로 금전적 피해를 입히는 행위
도 예외는 아니다. 이러한 것들이 예로부터 내려오는 미풍양속
이 아니라면 관계 당국은 엄한 법적용을 해서라도 막아야 하지
않겠는가? 모든 비리와 부패는 공직사회에서 출발하기 때문에
공직사회를 엄하게 정화하지 않고는 사회 전체가 부패한다는
것이 필자의 생각이다. 이는 역사적 사실이 증명해 주는 교훈이
다.

(3) 관직사회가 비대하고 노쇠하였다

너무 많은 관리

성호는 관리의 녹봉이 적은 원인 중 하나로 관리가 너무 많다는
사실을 들었다. 다시 말해 일은 적고 녹봉을 먹는 관리는 많기 때문에
관리의 수를 줄이고 일을 합친다면 녹봉은 자연히 많아진다는 것이다.
그런데 앞서도 보았듯이, 그는 관청에서 일이 늘어나는 것은 대부분
관리들을 위한 것이요 백성을 위한 것이 아니라는 지적을 하였다.[34]
따라서 관리의 증원은 결국 그 폐단이 백성들에게 돌아오게 된다.

성호는 기본적으로 작은 관청을 선호하였다. 그가 "백성의 숫자는
증가되지도 않았는데 백성을 다스리는 관리가 점차 많아진 것은 그
뜻이 찬탈하려는 데 있는 것"[35]이라고까지 극단적으로 지적하고 있다.

---

34) 『성호사설』 권14, 인사문, 小官俸薄.

그는 우리나라의 규모와 관료의 수에 대해,

> 지금 나라는 작으면서 관원은 많다. 벼슬하는 사람이 당연히 적
> 어야 하는데 지금은 관직 수는 적고 관원은 많다.
>
> (『성호선생문집』 권30, 「잡저」, 論用人)

라 하였다. 즉, 나라의 크기가 작으니 관리의 수도 적어야 하는데 실제로
는 관리의 수가 너무 많다는 것이다. 그만큼 쓸데없는 관직과 관리가
많다는 이야기다. 예를 들어 당시 서울 관아의 조직 실태에 대한 그의
견해를 들어 보자.

> 지금 서울의 각 관청에는 쓸데없는 관리는 말할 것도 없고 서리
> 의 번잡스러움은 정원이 없으며, 다만 유익하지 못한 일만 일으
> 켜 이들을 마음대로 부리고 승진과 출척이 일정하지 못하니, 저
> 사람들 역시 관청 일에 마음쓸 겨를이 없고 오직 틈과 세(勢)를
> 보아 백성을 괴롭힐 계획을 한다. 이와 같이 하지 않으면 저들
> 역시 살아갈 수 없기 때문이다.
>
> (『성호사설』 권14, 胥徒名號)

각 관아는 정원 외의 관리와 서리를 두고 있으며, 이들은 공무에는
힘쓰지 않고 틈을 보아 백성만 괴롭힌다고 하였다. 쓸데 없이 많은
이들 관리는 결국 국고를 고갈시키는 것은 말할 것도 없고, 나아가
백성을 괴롭히는 원천이 되었다. 그는 백성을 괴롭히는 폐단을 없애려
면 우선 세력이 강하고 중한 자를 줄이는 것보다 나은 방책이 없다고
하였는데,36) 이는 곧 지배계층인 관리를 줄이는 것이다. 그러나 가장

---

35) 『성호사설』 권14, 인사문, 胥徒名號.

좋은 방법은 "선발은 적게 하고 정선에 힘쓰는 것"[選少而務精]37)이라 하였다.

이와 관련하여 성호의 다음 말은 참으로 시사하는 바가 크다. "천하에 관직을 얻는 데 급급한 자는 대개 사리사욕을 채우려는 자들이니, 한결같은 뜻으로 공정하고 청렴하여 오로지 백성의 후생만을 힘쓰는 자가 몇 사람이나 될까?"38)

> ● 작은 정부라는 것이 꼭 인원감축만을 의미하는 것은 아닐지라도 주된 방법은 공무원의 수를 줄이는 것일 수밖에 없다. 필자의 소견으로는 절대적인 숫자의 감축도 중요하겠으나 감축 내용의 질적 고려가 더욱 중요하다고 여겨진다. 이를테면 하위직보다는 고위직의 감축을 강화해야 할 것이며, 대민창구 요원보다는 한가한 직종을 줄여야 하고, 행정조직의 기업경영식 도입과 함께 이루어져야 할 것이다. 그런데 세기말 물의를 일으키며 감축하였던 공무원을 정부에서 2002년 다시 대폭 증원할 계획을 발표하였으니 무슨 연고인지 알다가도 모를 일이다. 그럴 만한 부득이한 사정이 있었던 것인가?

노쇠하여도 물러나지 않는 관리

성호는 연로(年老), 병, 무능 등 공직을 감당하지 못할 처지가 되면 물러날 줄 아는 관리가 필요함을 강조하였다.39)

옛날에는 관리가 나이 70에 달하면 '치사'(致仕)라 하여 물러나는 것이 미풍적 관례였지만 꼭 그러하였던 것은 아니고 70이 넘은 현직

---

36) 『성호사설』 권14, 인사문, 胥徒名號.
37) 『성호사설』 권7, 인사문, 科薦合一.
38) 위와 같은 조.
39) 『성호사설』, 권16, 인사문, 致仕求去.

130

관리도 적지 않았다. 이럴 경우 관직사회의 노쇠현상이 일어나고 업무의 비능률이 뒤따를 수밖에 없다. 성호는 관직사회의 이러한 노쇠현상에 불만이 컸다. 노쇠하여 이미 업무수행 능력이 떨어지고 재능과 기력이 다했는데도 물러나지 않고 자리를 지키면서 국고만 허비한다고 보았기 때문이다.[40] 성호가 보기에 관리들 가운데 윗자리에 있으면서 놀고 먹는 사람은 국 백성들을 빈곤하게 만드는 원인이 되었다.[41] 성호는 이들이 벼슬에서 물러나도 생계가 보장되어 있음에도 불구하고 그만두지 않는 염치없는 자들이라 하였고,[42] 이욕 때문에 떠나지 못한다고 비난하였다.[43] 더 나아가 치사의 나이인 70이 되지 않았다 하더라도 병이나 업무수행 능력부족, 그 밖의 원인으로 공무를 감당할 수 없는 형편에 놓인 관리는 강제로라도 물러나게 해야 한다고 주장하였다.

그리하여 업무능력이 모자란 자는 해마다 일정한 인원을 적발하여 벼슬에서 물러가게 하고, 사안이 큰 경우에는 항변 기회를 주면서 스스로 물러가게 해야 한다는 의견을 제시하였다. 그렇게 해서라도 관직사회의 쇠락한 풍속에 경종을 울려야 한다는 것이다. 만일 그렇게 하지 않는다면 조정의 벼슬아치들이 대부분 이욕이나 탐내는 염치없는 무리들인데 하루 밥 세 끼 먹기에도 바쁜 백성들을 어떻게 구할 수 있겠느냐고 성호는 반문하였다.[44]

그는 될 수 있으면 관리 스스로 물러날 것을 권하였다. 이를테면 70이 되지 않았다 하더라도 법적 제재나 국가의 정책적 퇴출을 받기전

---

40) 『성호사설』 권7, 인사문, 黨論.
41) 『성호사설』 권16, 인사문, 民貧.
42) 『성호사설』 권10, 인사문, 致仕.
43) 『성호사설』 권27, 경사문, 七十致仕.
44) 『성호사설』 권16, 인사문, 致仕求去.

에 스스로 알아서 물러나야 한다는 것이다. 앞서 보았듯이 치사의 나이에 도달한 자는 말할 것도 없고, 질병이 있거나 지혜와 능력이 미치지 못하는 자, 벼슬을 하면서도 뚜렷한 공적이 없는 자 등은 마땅히 물러나야 한다고 주장하였다.[45] 스스로 직위를 버리고 물러나는 것이 이치에 합당하다고 판단할 때에는 벼슬이 없었던 것처럼 여기고 물러 날 것을 권장하였다.[46]

● 스스로 물러날 줄 아는 공직자 정신이 필요하지 않을까? 물론 법이 정한 정년이 있고 공무원도 국민이기에 국민으로서 누려야할 기본권이 있다. 그러나 공직은 사조직이나 사기업과는 다르다. 국민의 삶이 그들의 직무와 직결되어 있다. 특히 봉사정신이 요구되는 직종이 공직이다.

국회의원이나 그 밖의 선거직 공무원은 나이가 많다고 누가 왈가왈부할 수는 없는 노릇이다. 그러나 우리의 정치사회에서 볼 수 있듯이, 나라와 정치발전의 저해 요소가 되고 있는 일부 부패한 정치인들은 부디 현장에서 스스로 물러나야 하지 않을까? 이들은 망국적 병과 같은 파당을 일으키고 국론을 분열시키고 국민들의 판단을 흐려놓기도 한다. 국민들이 물러났으면 하고 원하는 사실을 모르거나 모르는 척하는 그런 양심과 능력으로 무엇을 어쩌자는 것인지?

정년이 높은 특정 공무원이나 비리의 소지가 많은 국가 재정 투자기관의 임원직 역시 예외가 아니다. 자신의 능력에 비해 받는 급여가 많다고 생각은 아니하는지? 더 나은 능력을 지닌 후진들에게 물려줄 정의감은 없는지? 국가에 수십 년 동안 헌신적으로 봉직했다고 판단하여 이제는 국가로부터 보호를 받아야

---

45)『성호사설』권7, 인사문, 黨論.

46)『성호사설』권21, 경사문, 魯兩生. 성호의 이 주장은『論語』先進篇의 "大臣者 以道事君 不可則止"를 인용한 것이다.

할 권리가 당연히 있다는 시대착오적인 착각에 빠져 있는 것은 아닌지? 진실로 국가와 국민을 위해 헌신하기를 원하는지 스스로를 점검해 보아야 하지 않을까?

제3절 바람직한 관리

앞에서 살펴보았듯이, 성호는 당시 관직사회의 암담한 실태를 여러 측면에서 관찰하고 지적하였다. 관리의 재덕 부족, 흐트러진 복무태도, 비대하고 노쇠한 조직 등을 들었는데, 특히 관리의 근무에 문제가 많음을 들추었다. 무사안일과 직무유기, 보신주의, 기강해이와 각종 불법·탈법 행위로 빚어지는 탐학은 모두 백성들의 생활고와 직결되어 있기 때문에 시급한 시정을 주장하였다. 그리하여 그는 "나라를 다스리는 데 있어 무엇이 인재를 구하는 일보다 앞서겠는가?"[47]라 하였듯이, 인재등용의 중요성을 힘주어 말하였다. 그렇다면 그는 어떤 인재가 필요하다고 주장하였을까.

(1) 탐욕이 없고 재능이 있는 자

성호는 나름대로의 인재선발 기준을 다음과 같이 말하였다.

국가에서 신하를 구할 때에는 탐욕스럽지 않은 것을 우선으로 삼고 재주가 있는 것을 그 다음으로 삼는다. 재주없는 자가 끼치는 해는 일을 제대로 거행하지 못하는 데 그치지만, 탐욕스런

---

47) 『성호사설』권24, 경사문, 擧爾所知.

사람은 다만 자기에게 이로운 것만 엿보고 차지하려 하기 때문에 나라와 백성을 잊어버린다. 백성을 이롭게 하는 것이 바로 나라를 이롭게 하는 것인데 전적으로 자기만 이롭게 한다면 나라가 망해도 돌보지 않을 것이다.

탐함에는 명예를 탐하는 것, 벼슬을 탐하는 것, 재물을 탐하는 것이 있는데, 명예를 탐하는 자는 염치가 있으니 오히려 얻기 어렵고, 재물을 탐하는 자의 천하고 비열함은 사람들이 버려야 할 자임을 안다. 오로지 벼슬을 탐하는 자는 막을 수가 없다. 권세와 지위를 얻으면 명예와 재물은 동시에 생기기 때문에 목숨을 걸고 벼슬을 구하려다가 죽음에 이르러도 후회하지 않는다.

(『성호사설』 권10, 인사문, 崔震瞻)

인재를 등용할 때에는 탐욕스럽지 않으면서 재능이 있는 자를 써야 한다는 것이다. 그러나 재능보다는 탐욕의 유무를 먼저 점검해 보아야 한다는 것이 성호의 견해다. 그만큼 관리의 탐욕이 국가와 국민에게 끼치는 해독이 크다는 이야기라 하겠다. 그 가운데에서도 재물과 벼슬을 탐하는 자를 특히 경계하였다. 아무리 재능이 뛰어나도 관리로서의 덕망이나 올바른 행실을 갖추지 못하면 그 재능은 뛰어나지 못함만 못한 것으로 여겼던 것이다. 이를테면 "사람이 충신중후(忠信重厚)하지 못하고 지능만 높으면 마치 이리와 승냥이 같아 가까이할 수 없다. 그러므로 마음이 혹 어질지 못하면 오로지 재주만 많아 나라를 해치기가 더욱 심하지 않을까 두려운 것"[48]이라고 하였다. 그가 농사의 어려움을 아는 자 가운데에서 재능과 덕망이 있는 자를 가려 공경(公卿)으로 임명해야 한다고 하였던 것[49]도 이러한 뜻과 무관치 않다고 하겠다.

---

48) 『성호사설』 권24, 경사문, 擧爾所知.
49) 『성호사설』 권10, 인사문, 薦拔畎畝.

요컨대 성호는 재능과 도덕을 동시에 갖춘 인재를 가장 바람직스럽게 여겼으나, 이러한 인재를 구하는 것이 실로 말과 같이 쉬운 일인가?

● 공직자로서 지녀야 할 도덕성 문제는 앞으로 해결해야 할 중요한 과제라 하겠다. 뛰어난 재능에 청렴도를 갖추는 일은 특히 고등고시를 통하여 임용되는 고급 공직자들에게 더 요구된다는 사실은 재론의 여지가 없다. 이들이 고급공직에 임용되어 뛰어난 재능으로 탐학을 자행한다면 국가에 끼치는 해독이 그만큼 더 크다고 판단되기 때문이다.

재능있는 자를 널리 구하라

성호는 벼슬이란 것이 위로는 임금을 받들고 아래로는 백성을 돕기 위해 있기 때문에 무능한 자가 벼슬을 하여 나랏일을 맡으면 나라가 그 폐해를 받는다고 하였다. 무능한 자는 정사를 그르칠 뿐아니라 무능한 자가 쓰이게 되면 유능한 자는 오히려 숨어버린다는 것이다.[50] 정치를 함에 있어서도 "한 사람의 어진 것만으로는 불가능하고 반드시 재능과 지혜있는 사람을 널리 구하여 더불어 함께 다스려야 한다"[51]고 하였다.

그런데 현실은 그렇지 못하다는 것이 성호의 우려다. "재기(才器)의 태어남은 귀천의 구별이 없는 것인데, 지금은 전적으로 문벌만 숭상하여 이에 소원한 자는 백 명에 한 명도 진출하지 못한다."[52] 재능이 아무리 뛰어나도 신분이 낮은 자가 관리로 발탁된다는 것은 현실적으로 찾아보기 힘든 일이었다. 따라서 탁월한 재능을 지닌 자가 한미한

---

50) 『성호사설』 권8, 인사문, 父因子貴.
51) 『성호사설』 권22, 경사문, 驕吝.
52) 『성호선생문집』 권30, 잡저, 論用人.

가문 출신이라면 역시 직·간접적으로 제한을 받기 마련이었다. 그리하여 실학자와 같은 지식인들은 문벌숭상이 인재등용의 저해요소라는 사실을 들어 문벌타파를 주장하였지만, 이는 쉽사리 고쳐지지 않는 고질병이었다.

어떤 능력을 지닌 자가 재능있는 인재인가 하는 것은 논자에 따라 다를 수 있다. 성호는 조선시대의 주된 등용수단인 과거시험을 비판의 주된 표적으로 삼았다. 지금까지의 과거시험 방법으로는 인재의 재능을 시험할 수 없다는 것이다. 특히 글짓기로 선발하는 방법은 재능을 측정할 수 없다고 하였다.

> 나는 후세의 사과(詞科 : 시부로 보는 과거시험)라 하는 것 역시 이른바 '창으로 기장[黍]을 찧는다는 것'으로서 용도에 필요한 것이 아니라 생각한다. 맛없는 참외는 배를 채울 수 있고, 그림의 떡도 오히려 진짜 떡과 유사하지만, 창은 기장을 찧는 물건이 아니니 온 세상의 창을 모두 모아 기장을 찧는다 하여 가능할까? 참외를 사려면 의당 달고 향기나는 것을 취하고, 배고픔을 채우려면 떡을 구하며, 기장을 찧으려면 의당 절구공이와 절구를 구해야 하거늘 반대로 이것을 버리고 저것을 취하는 것은 무슨 까닭인가?
>
> (『성호사설』 권19, 경사문, 金鏡策)

글짓기로 인재를 선발하는 것은 창끝으로 기장을 찧는 것과 같다는 것이다. 기장을 절구에 넣어 절구공이로 찧는 것이 정상적인 방법이라면, 창끝으로 기장을 찧는 것은 매우 비효율적인 방법임에 틀림없다. 그가 "지금 글짓기로 선비를 뽑아 다스리는 일을 맡기는데, 무슨 실력이 있어 도움이 되겠는가?"[53]라 하였다든가, "국가에서 전적으로 문예로만 선비를 뽑는 것은 이미 본무(本務)를 잃은 것이다"[54]라 한 것을 보면 글짓기에 의한 선발을 매우 못마땅하게 본 것이라 하겠다. 요컨대 글짓기로 그 사람이 지닌 재능을 측정할 수 없다는 것이다.

그렇다면 성호가 생각한 재능은 무엇이었을까? 이는 다름아닌 관리로서 지녀야 할 업무 추진능력이었다. 그가 독서하는 선비들이 글만 암송하는 것을 지적하여 "자기 몸으로 실제 체험하여 일을 하는 데 발전시킬 것은 생각지 않는다" 하고, 이어 과거공부 하는 자들의 학문을 들어 "실제의 일에 임하여 글과 일을 하나로 합쳐 볼 줄 모른다"[55]고 비판한 데에서 잘 드러난다. 더불어 그는 관리를 정식으로 임명하기 전에 일정 기간 임시직으로 두자는 제안을 하였는데,[56] 이는 현장에서 피임용자의 실질적인 업무능력을 평가해 보자는 의도라 하겠다. 그러나 앞서 보았듯이, 성호는 이러한 관리로서의 재능도 중요시했지만 관리로서 지녀야 할 기본적 소양, 즉 청렴도를 더 높이 샀다.

● 전문적인 이론서 암송을 잘하여 임용된 자가 공직자로서의 자질과 재능, 업무추진 능력이 충분히 검증되었다고 보기는 어렵다 하겠다. 이제는 이러한 경직된 종래의 인재 선발방법을 크게 개선해야 할 때가 아닌가 한다. 특정한 인재 양성을 목적으로 설립한 대학이 늘어나고, 근래 여러 분야에 걸쳐 전문대학원 과정을 두어 이수하게 하는 방법으로 나아가려는 것도 전향적인 방안으로 생각된다.

---

53) 『곽우록』育才.
54) 『곽우록』論科擧之弊
55) 『성호사설』 권16, 인사문, 六經時務.
56) 『성호사설』 권16, 인사문, 先試就眞.

(2) 예·의·염·치를 갖춘 벼슬아치

예·의·염·치(禮義廉恥)를 사유(四維)라 하는데, 나라를 다스리는데 지켜야 할 네 가지 수칙을 말한다. 나라를 다스릴 때 필요한 수칙이니 의당 관리가 지녀야 할 것이다. 예가 끊어지면 기울어지고, 의가 끊어지면 위태롭고, 염이 끊어지면 엎어지고, 치가 끊어지면 멸망한다고 하였다. 예의는 몸과 마음가짐을 말하는 것으로 너무 방자하게 하지 말라는 것이고, 염치는 청렴하고 부끄러워하는 것으로 남에게 해를 끼치지 말라는 것이다. 성호는 예가 없어지면 의가 남을 수 있고, 의를 버릴지라도 염은 있을 수 있으며, 염이 변한다 하더라도 치는 있을 수 있다고 하였다. 끝없이 욕심을 부리면 당장 멸망에 이를 수 있다는 것이다.[57] 만일 관리에게 예의와 염치는 없고 탐욕만 남아 있다면 어찌 될 것인지를 일러준다.

청렴은 나라가 만든다

성호는 관리의 청렴에 대해 다음과 같은 견해를 나타냈다.

옛날 어떤 옥지기(獄吏)가 도둑으로부터 돈을 받고 그 도둑을 놓아준 다음, 가족을 이끌고 도망쳤다. 가사 뇌물을 받지 않았다 하더라도 늙어 죽을 때까지 벼슬을 얻을 수 없으니 뇌물을 받고 도망쳐 부자가 되는 것이 낫다고 생각하였기 때문일 것이다. 만약 직책을 지키는 것이 뇌물을 받는 것보다 더 유리하였다면 반드시 돈을 물리치고 법을 따랐을 것이다. 지금 과거를 거치지 않고 벼슬하는 자가 청렴하지 않은 것은 실은 국가가 그렇게 만든 것이다.

---

57) 『성호사설』 권23, 경사문, 四維.

138

한 마디로 관리의 청렴은 나라가 만든다고 하였다. 위의 예문에 있듯이, 옥리는 생계가 보장되지 않는 옥지기로 일생 동안 고생하기보다는 차라리 생계를 유지할 만한 뇌물을 챙겨 달아나는 것이 낫다고 판단하였다는 것이다. 또한 옛날에는 음사(蔭仕)로 벼슬길에 들어선 경우, 과거를 통한 사람보다 승진이 불리하였던 것이 사실이다. 거기에 녹봉도 만족스럽지 못하니 관리들에게 청렴을 강권할 수도 없었다. 그리하여 성호는 지위가 낮은 청백리를 가려서 녹봉을 더 주는 등 혜택을 주어야 한다고 하였다.[58]

요컨대 관리들에게 청렴만 강권할 것이 아니라 관리들이 청렴해도 충분히 생계를 유지할 수 있는 보수체계가 이루어져야 한다는 주장이다. 앞서 보았듯이 과다한 관리의 수를 줄이는 것도 성호가 제안한 방법 중 하나다.

● 오늘날도 이따금 공직자가 공금을 횡령하거나 유용하다가 발각되어 징계 혹은 재판에 회부된 경우를 볼 수 있다. 과연 이들이 생계유지가 어려울 정도로 생활고에 시달려 어쩔 수 없이 이러한 불법행위를 저질렀을까? 오늘날은 생계가 곤란할 정도로 급여 수준이 적기 때문에 공무원들에게 청렴을 요구할 수 없다는 주장은 더 이상 설득력이 없다고 생각된다. 그렇다고 볼 때, 청렴도에 크게 위배되는 공무원의 불법행위에 대해서는 강력하게 법적용을 해야 마땅하지 않을까? 물론 공직자의 보수가 모두 생계유지에 흡족한 것은 아니다. 특히 하위직의 경우 사기업의 보수에 비하면 그에 크게 미치지 못한 직종이 있다.

---

58) 『성호사설』권7, 인사문, 廉吏.

우산없는 집은 어떻게 견딜까?

"우산없는 집은 어떻게 견딜까?"

이 말은 조선 초기 정승을 지낸 문정공(文貞公) 유관(柳寬)이 장마비가 오랫동안 계속되어 사는 집 지붕에 비가 주룩주룩 새자, 손수 우산을 잡고 비를 가리면서 부인에게 한 말이다. 세상 사람들은 유관의 이 일화를 들어 한편으로는 그의 청렴을 칭찬하고, 또 한편으로는 그가 세상 물정을 너무 모른다고 비웃기도 하였다 한다. 성호는 유관이 우산없는 사람들을 걱정한 것은 온 천하의 백성을 생각하는 뜻에서 나왔다고 평가하였다. 그리고 "비가 주룩주룩 새는 집에서 다만 우산없는 집의 괴로움이 더한 것을 생각했을 뿐이라면, 그 자신은 얼마든지 스스로 위로할 수 있으니 공이야말로 그 이름을 돌아보고 그 의를 생각하는 분인지라, 이 얼마나 자수(自守)의 요령을 얻은 것인가?"[59]라 하여 유관을 칭송하였다. 자신의 괴로움으로 남의 곤궁함을 알고 스스로 너그럽게 처신하면서 항상 자신보다 못한 자를 생각하는 것이 벼슬하는 군자에게 필요한 것인데, 유관은 그러한 경지의 위에 있다는 이야기다.

그는 또 중국 송(宋)나라 관리들의 생활 모습을 칭찬하였다. 그 당시에는 모든 관리가 자기 소유의 주택이 없었는데 재상도 셋집에서 살았다고 한다. 그러다가 신종(神宗 : 1068~1085)대부터 재상이 호화로운 집에 살면서부터 먼 지방 인재들이 점차 진출할 수 없게 되었고, 더불어 이 때부터 천하를 잃게 되었다는 것이다.

옛날 어떤 어진 임금이 찢어진 바지도 아꼈다는 예도 들면서, 이는 바지가 아까워서가 아니라 백성들을 보호하려는 모범을 보이기 위함이었다고 하였다. 사치를 막으려면 어진 사람을 구하고 어진 사람을

---

59) 『성호사설』 권12, 인사문, 柳相手傘.

140

구하려면 사사로운 야욕을 막아야 한다는 말도 잊지 않았다.[60)]

성호는 "정치가 밝게 되지 못하는 것은 공정하지 못하기 때문이고, 공정치 못한 것은 청렴치 못하기 때문이며, 청렴하지 못한 것은 검소하지 못하기 때문이고, 검소하지 못한 것은 분수를 편안하게 하지 못하기 때문"[61)]이라고 하였다. 청렴과 검소가 밝은 정치에 얼마나 중요한가를 말해 주고 있다.

● 오늘날 박봉에 시달리며 자신보다 어려운 사람을 남 모르게 돕는 공직자를 매스컴을 통하여 이따금 접한다. 그 때마다 많은 사람들이 그에게 진심으로 존경심을 갖게 될 것이다. 공무원이 사재를 털어 어려운 사람을 돕기란 그리 쉬운 일이 아니다. 조상으로부터 물려받아 지니고 있는 재산이 많다면 몰라도, 풍족치 못한 월급에 가계를 꾸리며 사회복지를 위해 헌신한다는 것은 보통 사람으로는 생각하기 어려운 일이다. 그런데 남을 돕는 공무원 가운데에는 고급 공무원보다 오히려 하급 공무원이 더 많은 것은 무슨 까닭일까? 이러한 헌신이 더욱 요구되는 선거직 공무원, 이를테면 국회의원이나 지방자치단체 장이나 의원에서 오히려 찾아보기 어려운 것은 무슨 까닭일까? 생각해 볼 일이다.

(3) 멸사봉공(滅私奉公)

벼슬에 나아가기를 어렵게 생각하라

성호는 벼슬길에 나아가고 물러가는 것에 대해,

---

60) 『성호사설』 권24, 경사문, 宰臣賃屋.
61) 『성호사설』 권5, 만물문, 鶴沙短簡.

벼슬에 나아가는 것을 어렵게 생각하는 자는 비록 기대에 차질
이 많다 하더라도 필경에는 나라를 위해 목숨을 바칠 사람이고,
벼슬에 나아가기를 쉽게 생각하는 자는 비록 한 시기에 있어 뛰
어난 계책을 잘 꾀한다 하더라도 필경에는 자기만 이롭게 할 사
람이다. 그는 자기와 나라를 비교하여 이로움이 자기에게 없으
면 차마 나라도 버린다.

(『성호사설』 권10, 인사문, 易進之人)

라고 하였다. 즉, 벼슬을 탐내고 쉽게 생각하여 나아가는 자는 결국
자기의 이로움만 생각하고 자기에게 이로움이 없으면 나라도 버린다는
것이다. 반면 벼슬길을 어렵게 생각하는 사람은 일단 벼슬길에 들어서
면 사욕을 버리고 헌신한다는 이야기다. 그렇기 때문에 성호는 인재를
등용할 때 이 점에 유의할 것을 말하였다.

그러므로 나라에서 선비를 취할 때에는 반드시 물러가기를 쉽
게 하고 나아가기를 어렵게 하는 사람 가운데에서 취해야 한다.
나아가기를 어렵게 하는데 나오게 하면 공(公)이요 사(私)가 아
님을 가히 알 수 있고, 한 번 들어가서 나오지 않는 자는 많은
재주와 지혜가 있다 하더라도 결국 사리(私利)의 기계가 되는데,
나라에도 편리하고 자기에게도 이로움이 있으면 힘써 한다. 혹
양쪽 모두 이로움이 없으면 경중을 따져 봐서 반드시 나라를 버
리고 사(私)를 추구한다. 그 사를 위하는 데에는 영리(伶俐)하고
은혜를 저버리는 데에는 팔을 끊어 버리듯 하니, 이러한 무리들
은 평시에는 붙잡아 매어둘 수 있지만 위난시에는 도움을 구할
수 없다. 여기에 어떤 사람이 있는데, 한 사람은 스스로 중매하
여 시집가기를 원하고, 또 한 사람은 종신토록 정조를 지키려
한다면, 아내를 구하는 자는 반드시 정조를 지키는 자를 구할

것이다. 어찌 신하를 택함에 나아가기를 쉽게 하는 자를 취하겠는가?

（『성호사설』 권13, 인사문, 自重之士)

벼슬하기를 어렵게 여기는 인재를 등용해야 한다는 주장이다. 그런 사람이라야 자기 자신을 위한 사리(私利)보다는 공리(公利)를 위하여 헌신하기 때문이다. 반면 벼슬을 탐하는 자는 벼슬자리에 앉으면 재능과 지혜를 동원하여 자신의 이익만 꾀하기 때문에, 특히 국가가 위태한 지경에 처할 때에는 아무런 도움이 되지 못한다는 것이다.

● 벼슬길에 나아가기를 어렵게 생각하는 자가 필경 나라를 위해 헌신할 것이라는 성호의 이야기는 참으로 귀담아 들을 만하다 하겠다. 대통령이 임명하고 국회의 동의를 얻어야 하는 고위직에 지명된 자가 자신의 능력이나 여건이 미치지 못한다는 이유로 고사하는 경우는 아주 드물다. 어떤 때는 부적격한 사유가 드러나 국회의 동의를 얻지 못하는 예를 접하기도 하는데, 지명자는 온갖 변명을 늘어놓는다. 이 때 국민들은 여러 가지로 착잡한 생각을 하게 된다.

● 공직자의 멸사봉공 정신은 고금을 통하여 강조되어 왔다. 이는 업무의 특성이 그렇기도 해서이겠지만 그만큼 공직자들의 봉공 정신에 문제가 있다는 뜻으로도 풀이할 수 있겠다. 고급 두뇌를 요구하는 공무원에 지원하는 사람들은 시험대비를 하면서 자신이 공무원이 되면 멸사봉공의 정신으로 일생을 참된 공무원으로 보내겠다고 다짐할 것이다. 그런 사람들이 어렵게 시험에 합격하여 공무원이 된 뒤의 모습을 보면 공무원으로서의 자질을 의심케 하는 자가 없지 않으니, 분명히 어디엔가 개선해야 할 점이 있는 것은 틀림없다. 성호는 관리의 재능보다 덕성을

중시하여 일정한 기간 임시로 채용을 해 보고 자질을 평가한
후 정식으로 임용하자는 방법을 제시하기도 하였다. 그러나 그
것이 최선책인지는 모르겠다.

현사를 얻어야 나라가 흥한다

재능있는 자가 어진 심성까지 지녔다면 멸사봉공하는 관리로서 더
이상 바랄 것이 있으랴? 그런 인물을 흔히 재덕을 겸비했다는 하는데,
성호가 재능보다 도덕성을 더 중시하였음은 앞서 본 바와 같다. 나라의
흥망 역시 이들에 의해 크게 좌우된다는 것이 성호의 생각이다.

　　진실로 아름다운 도량이 있는 자와 한 시대의 현사(賢士)를 얻
　　어 조정의 위에 모아 놓을 수 있다면 나라는 곧 흥할 것이다.
　　어진 자를 질투하고 막아 천거하지 못하게 한다면 비록 망하지
　　않으려 해도 망하지 않겠는가? 이것이 평천하(平天下)의 중요한
　　도리다.

(『성호사설』 권18, 경사문, 秦誓)

　말할 것도 없이 현사, 즉 어진 선비란 예의염치를 두루 겸비한 사람이
다. 이욕에 눈이 어두운 소인배가 아니라 사욕을 버리고 공리를 위해
헌신하는 사람이니, 이런 사람이 관리가 된다면 나라가 흥하지 않을
수 없다는 성호의 주장이다.

　● 국정의 최고 책임자인 대통령을 보좌하는 주변 인물은 진실
로 재덕을 겸비한 사람들로 구성되어야 한다. 만약 이들이 대통
령의 눈과 귀를 막고 대통령의 정책수행에 필요한 외부 인재의
자문 등을 차단하면서 권력을 농단한다면 나라의 앞길이 어떻

게 되겠는가?

(4) 소신을 굽히지 않는 관리

성호는 바른 말을 잘하는 관리를 바람직스럽게 여겼다. 신하의 바른 말은 결국 나라에 유익하다는 것이다. 혹 신하가 마음 속으로는 명예나 승진과 같은 딴 목적을 품고 임금에게 바른 말을 하거나 극진히 간하는 경우라도, 그 자체는 문제가 있을지라도 바른 말을 함으로써 그 이익이 나라에 돌아가니 결과적으로는 손해될 것이 없다는 논리다.[62)

고려 의종(毅宗)이 환관 정함(鄭諴)에게 권지합문지후(權知閤門祗候) 를 제수하려 했을 때, 대관(臺官)들이 서명에 응하지 않았다. 이에 의종 이 간관들을 모두 좌천시키고 간의(諫議) 이공승(李公升)과 승선(承宣) 이원응(李元膺)을 불러 서명케 하였다. 이공승은 의종의 권을 뿌리치지 못해 결국 서명키로 하였으나 얼마 후 후회하고 서명을 하지 않았다. 화가 난 의종이 벌을 주기로 하고 이공승에게 그 연유를 묻자, 이공승은 "신은 지난날의 잘못을 깨달았습니다"라고 대답하였다. 성호는 이공 승의 이 말을 듣고 "그 일로 늠름하게 굽히지 않았으니 이는 신하로서 마땅히 본받을 만하다"[63)라고 평하였다.

또한 성호는 어진 신하는 모름지기 임금이 임금다운 일을 하지 않고 사치와 탐욕에 빠져 나라를 위태로움에 빠뜨릴 때, 임금의 허물을 바로잡는다고 하였다.[64) 그리고 어진 신하가 등용되면 임금이 크게 두려워하고, 두려워하면 감히 행동을 방자하게 하지 못하니 임금의

---

62) 『성호사설』 권17, 인사문, 直言利國.

63) 『성호사설』 권24, 경사문, 李公升.

64) 『성호사설』 권24, 경사문, 臣下不匡.

덕이 닦이고 정치가 밝아진다는 것이다.[65]

　　● 소신을 굽히지 않는 공직자, 바른말 하는 공직자가 국익을
위해서 필요하다는 것은 부인할 수 없는 사실이다. 그러나 상하
조직의 공직사회에서 이러한 공직자를 기대하는 것도 또한 어
려운 것이 현실이다. 상급자는 하급자에게 순종을 요구하고 하
급자는 자신의 장래를 생각하여 가능하면 상급자의 눈밖에 나
지 않으려 한다. 잘만 하면 상급자의 눈에 들어 승진이 빨라지거
나 출세길이 보장되기도 한다. 문제는 현직에 불성실하면서 승
진이나 출세욕에만 눈이 어두운 자들이 활동할 수 있는 공간이
너무 넓다는 점이다. 소신을 굽히지 않고 꿋꿋이 일하는 공무원,
바른말 하는 공무원이 대우받는 공직사회가 되어야 민중으로부
터 신뢰받는 정부가 될 것이다.

제4절 어떻게 개선해 나아갈 것인가?

(1) 작은 정부를 지향하라

우선 성호는 관직과 관원의 수에 대하여 다음과 같은 견해를 제시하
였다.

이미 10분의 1세를 받는데도 용도가 부족한 것은 실로 일없는
관원이 많은 것이 아니라면 경비의 낭비가 많아서거나, 세금의
누락이 많아서이기 때문이다. 지금 국토는 좁고 고을은 많으며
일은 간소한데 관원은 많으니 이 모두 줄여야 할 것이다.

---

65) 『성호사설』 권26, 경사문, 立賢無方.

146

(『성호사설』권11, 인사문, 什一賦)

　우리나라는 땅은 좁은데 다스려야 할 고을의 수는 적정한 수를 넘고, 관리가 해야 할 일이 그리 많지 않은데 관리의 수는 지나치게 많다는 것이 성호의 판단이다.[66] 요컨대 관직의 수와 관리의 수를 모두 줄여야 한다는 것이다.

말이 마르는 까닭의 비유

　관리의 수와 녹봉의 관계에 대해 성호는 다음과 같이 말하였다.

　　녹봉이 후하지 못한 것은 관원이 많기 때문이다.……[주(周)나라 때부터] 역대로 일은 적고 녹봉을 먹는 관원은 많았다. 만약 사람을 줄이고 일을 합친다면 녹봉은 마땅히 많아질 것이다. 마치 마부로 하여금 말을 기르게 하는데 혹 말먹이를 덜어낼까 의심하여 다시 감독을 두니 말이 더욱 파리해진 것과 같다. 이는 관원이 많아 얻은 손해라 할 것이다.

(『성호사설』권14, 인사문, 小官俸薄)

　관청에서 하는 일은 그대로이거나 적은데 관리의 수는 오히려 늘어나니 녹봉이 줄지 않을 수 없다. 중복되는 일을 합치고 간소화하여 필요한 인원을 줄이면 한 사람에게 돌아가는 녹봉은 자연히 많아지니 관리의 수를 줄이고 일의 능률을 올리자는 주장이다. 마부와 말의 양육에 대한 그의 비유는 참 흥미롭다. 말을 기르는데 마부 한 사람으로도 족한데 혹여 마부가 말의 먹이를 제대로 주지않을까 의심하여 마부

---

66) 『성호선생문집』권30, 잡저, 論用人條에서도 유사한 내용을 다루고 있다.

를 감시할 감독 한 사람을 더 두었더니 오히려 말이 마르더라는 이 이야기는, 쓸데없는 인원 증원으로 인한 비효율과 재정 낭비가 얼마나 큰가를 알려준다 하겠다.

성호는 관리들에게 지급되는 녹봉이 너무 적다고 하였는데,[67] 특히 성호가 염두에 둔 대상은 향리들이었다. 중인계층인 이들 향리들도 가족이 있고 국가에서 부과하는 각종 부역을 져야 하는 사람들이다. 그러나 이들에게는 국가에서 생계를 마련해 주는 제도가 없었기 때문에, 대민업무를 도맡아 하는 이들과 백성들 사이에서 뇌물과 같은 비리나 농간이 어쩔 수 없이 일어나기 마련이었다. 그러니 이들에게 청렴을 요구한다는 것이 어쩌면 모순이 아닐 수 없었다. 성호의 생각으로는 쓸데없는 관직을 만들어 재정을 낭비하여 놀고 먹는 관리를 늘리기보다는 이들의 생계를 마련해 주는 쪽이 일의 능률도 올릴 수 있고 부패를 방지하여 백성의 고난도 덜 수 있는 방법이었다.

● 얼마 전 공직사회에서 퇴직한 고급 공무원 가운데 일부가 뚜렷한 전문성도 없이 정치적 권력의 끈을 타고 국가 투자기관에 자리를 옮겨 엄청난 기금을 운용하면서 은밀한 비리를 조장하거나 국고를 축내는 현실은 국민을 화나게 한 일이 있다. 과감하게 정리하지 않으면 국민의 저항을 막을 수 없을 것이다. 이는 작은 정부를 지향하는 정부의 취지에도 역행하는 것이다.

일을 만들면 일이 생긴다

앞에서 보았듯이, 성호는 관청에서 없어도 될 일을 공연히 만든다고 생각하였다.

---

67) 『성호선생문집』 권30, 「잡저」, 論括田.

내가 매양 보건대, 관가의 일이 번잡스러운 것은 백성을 위한 것이 아니고, 8~9할은 관리 스스로 소란을 피우는 것이다. 고로 "일을 만들면 일이 생기고[生事事生], 일을 덜면 일이 없다"는 말이 지극한 의론이라 하겠다.

(『성호사설』 권14, 인사문, 小官俸薄)

관청의 업무가 바쁘게 움직이지만 이것은 모두 관리 자신들을 위한 일이요 백성들을 위한 일이 아니라는 것이다. 이는 곧 관리 자신들을 위하여 스스로 일자리를 만든다는 의미라 하겠다. 일은 적고 녹봉을 먹는 관원이 많으니 당연히 관원을 줄여야 하겠으나, 오히려 필요하지 않은 일을 만들어 관원수만 늘려 놓으니 부족한 녹봉을 채우려는 관리의 탐학이 만연하고, 그에 따라 백성들만 고달픔에 시달린다는 이야기다.

> ● 작은 정부를 추구하는 현 시점에서 "일을 만들면 일이 생기고 일을 덜면 일이 없다"는 성호의 충고 또한 시사하는 바가 크다. 정부 당국자가 깊이 되새겨 보아야 하지 않을까 생각된다. 공직사회도 기업 경영의 조직 원리를 도입하여 비능률적인 조직은 과감하게 해체하고 생산적이고 능률적인 조직을 운영할 것을 거듭 촉구한다.

관리의 수를 줄이라

그는 관리의 수를 줄여야 하는 이유에 대해 다시 다음과 같이 부연 설명하였다.

우리나라는 본시 땅이 좁고 관리는 많다고 한다. 땅이 좁으면

재물이 일어나지 않고 관리가 많으면 토색질이 성행하니 백성
은 더욱 곤궁해진다.

(『성호사설』 권14, 인사문, 罷冗官)

  좁은 땅덩어리에 관리가 많으면 이들의 토색질 때문에 백성들이
곤궁에 빠진다는 이야기다. 거기에다 정부에서 사람을 쓰는 방법에도
문제가 있다고 지적하였다. 즉 사람을 위해 관직을 늘리는 잘못[爲人擇
官之失]을 범하고 있다는 것이다. 이들은 한 번 벼슬길에 오르기만
하면 벼락부자를 꿈꾸며 백성들을 괴롭힌다.[68)]
  성호는 관리의 수를 줄이는 것이 곧 백성을 편안하게 하는 길이라고
주장하였다. 백성을 편안하게 하기 위해서는 침탈을 없애야 하는데,
침탈하는 자 가운데 힘과 세력이 가장 센 자가 관리이니, 결국 침탈을
없애려면 힘과 세력이 강한 자를 줄이는 길밖에 없다는 것이다. 관리의
수를 줄이는 것이 백성을 편안하게 하는 지름길인 셈이다. 그는 당시
관직을 구하려는 자들이 대부분 자신의 이로움만 챙기려는 무리들로
서, 이들 가운데 실로 공정하고 청렴하여 백성들의 후생을 위해 힘쓰는
자가 몇 사람이나 될까 반문하였다. 특히 수령이나 아전은 백성을
착취하려는 마음이 뱃속에 가득차 있어, 권력이 조금 더 강해지면
백성들을 거침없이 침탈할 것이라 하면서, 이러한 상황에서 결코 관리
의 수를 늘려서는 안 된다고 주장하였다. 그는 후세 들어 백성의 수는
증가하지 않는데 관리의 수만 증가하는 것은 그 뜻이 백성을 침탈하려
는 데 있기 때문이라고 극단적으로 비판하였다.[69)] 성호의 표현이 지나
친 감도 없지 않지만 주목할 만한 의견임에는 틀림없다.

---

68) 『성호사설』 권14, 인사문, 罷冗官.
69) 『성호사설』 권14, 인사문, 胥徒名號.

그렇다면 관리의 수를 줄이기 위해 그는 어떤 방법을 주장하였을까. 첫째가 결원을 보충하지 않는 것이었다. 정수 외의 관리는 모두 퇴출시키는 것이 마땅하나 너무 급하게 시행하면 좋지 않은 결과를 초래할 가능성이 있기 때문이다. 둘째로 관직을 재조정하여 통폐합하는 것이다. 중앙관서는 두세 곳을 통합하여 하나로 운영하고 나머지는 혁파하며, 간관(諫官)은 모두 없애고 다른 직으로 겸직할 것을 주장하였다. 지방 관서는 3~4현을 하나로 합치고 큰 고을은 50리를 기준으로 삼되 이 기준을 넘는 곳은 다른 고을에 할양하는 방법을 제시하였다. 이러한 방법으로 불필요한 관원을 모두 없앤다면 관리의 녹봉도 후해질 것이고 백성들 역시 관리의 착취나 과다한 세금징수로부터 벗어날 수 있다고 보았다.[70]

● 그동안 자주 거론되어 오던 이른바 '작은정부'란 것도 공무원의 다소 여부에 크게 좌우된다고 보아도 될 것이다. 그렇다면 작은 정부를 지향하면서 얼마나 많은 공무원을 줄여 나갔을까? 적절한 조직의 통폐합을 병행하고 지위고하의 균형을 유지하면서 능률적인 감원조치를 하였던가? 있어야 할 대민창구를 없애는 등 하위직의 자리만 줄이는 일은 없었던가? 오히려 사람을 위해 자리를 만드는 일은 없었던가? 혹 공무원을 감원한다 하면서 정부 투자기관의 임원으로 자리만 옮기는 편법은 쓰지 않았던가?

극히 일부이기를 바라지만 무위도식하는 공무원이 여전히 있는 것이 사실이고, 뇌물로 부를 축적하는 공무원이 있는 것 역시 숨길 수 없는 사실이다. 또한 국민들 위에 안주하면서 국민의 권리를 짓밟는 공무원이 있다는 것도 사실이다. 정책운용자는 이 점을 명심해야 할 것이다.

---

70) 『성호사설』 권14, 인사문, 罷冗官.

소수 인원을 정선한다

성호는 과거제도의 존재와 시행방법에 대단히 부정적이었다. 우선 과도한 인원 선발에 문제가 있다고 보았다. 당시 3년마다 시행되는 식년시(式年試) 외에도 10여 가지의 각종 과거시험을 통해 100여 명의 합격자가 배출되고 있지만, 문제는 이들을 모두 등용시키지 못하고 있다는 점이다. 그러다 보니 서로 싸울 수밖에 없게 되고 그 와중에 패가 갈리는 것은 당연하다고 하였다. 당파싸움의 원인 역시 잦은 과거시험을 통하여 너무 많은 합격자를 뽑은 데에서 비롯되었다고 보았다. 따라서 그는 기왕의 과거를 계속 존치하려면 시험횟수를 줄여야 한다는 견해를 폈다.[71]

한편 국가에서는 경사가 있을 때마다 과거를 실시하는데, 과거와 경사 사이에 무슨 관계가 있느냐고 반문하였다. 과거시험에 합격하는 사람보다 낙방하여 눈물 흘리는 자가 훨씬 많은데 어찌 경사가 되느냐는 것이다. 그나마도 합격한 자는 대부분 귀하고 세력있는 집안 자제들뿐이니, 이러한 현상을 성호는 "마치 대들보를 가운데 세우지 않고 집이 기울지 않기를 바라는 것과 같다"고 비유하였다.[72]

요컨대 성호가 제시한 해결책의 핵심은 역시 "선발은 적게 하고 정선에 힘쓰는 것"이었다.[73]

● "선발은 적게 하고 정선은 힘쓴다"는 성호의 관리 선발 원칙이 오늘날 시행되고 있는 각종 공무원 임용에도 예외가 아니라 생각된다. 그러나 법조인 자격시험인 사법시험처럼, 국민의 권익 보호와 관련이 깊은 경우에는 오히려 선발 인원을 늘려야

---

71) 『성호사설』 권7, 인사문, 科薦合一.

72) 『성호사설』 권11, 인사문, 蕩平.

73) 『성호사설』 권7, 인사문, 과천합일, "其要 莫如選少 而務精也".

하지 않을까?

고령의 벼슬아치를 퇴출시킨다

앞서 보았듯이, 성호는 나이 70이면 벼슬에서 물러나는 치사(致仕)의 관례가 지켜져야 한다고 강조하였다. 그것은 70세가 넘어도 벼슬에 집착하는 자가 있었기 때문이다.[74] 다시 한 번 치사에 대한 성호의 의견을 들어 보자.

> 경(經)에 이르기를 "나이 70이면 벼슬에서 물러난다" 하였으니 이는 늙으면 일을 감당할 수 없기 때문이다. 몸이 늙어 녹봉만 많으면 한 일도 없이 국록만 먹는 꼴이 되므로, 벼슬이라는 것이 가난을 위한 것이 아니고 나라를 위한 것이니, 이미 나라에 무익하다면 어찌 물러가지 않을 수 있겠는가?
> ……비단 사람들이 각기 이러한 뜻을 가질 뿐 아니라, 대신과 근신들이 여러 관리들이 하는 일을 헤아려 한 일이 없는 자를 해마다 몇 사람씩 적발하여 벼슬에서 물러나게 하고, 혹 나라의 치란(治亂)에 관계되는 일에 항론(抗論)하여도 받아들여지지 않을 경우에는 치사를 요구하여 물러가게 할 것이다. 이와 같이 하면 쇠퇴한 풍속을 일깨움이 클 것이다.
> 그렇지 않으면 조정에 가득한 벼슬아치들은 도도하게도 탐욕스럽고 염치없는 무리들이니 도탄에 빠진 백성들을 장차 어떻게 구하겠는가?
>
> (『성호사설』 권16, 인사문, 致仕求去)

나이가 많아 공무를 감당할 수 없는데도 불구하고 벼슬자리에서

---

74) 『성호사설』 권10, 인사문, 致仕.

물러나지 않고 국고만 축내는 염치없는 벼슬아치들을 겨냥한 비판이다. 벼슬이 개인의 가난을 해결하기 위해 있는 것이 아니고 나라를 위해 존재하는 것이니 나라에 보탬이 없으면 마땅히 물러가야 한다는 원리다. 그리하여 70이 넘어도 그만두지 않는 벼슬아치는 염치없는 사람이기 때문에 강제로라도 물러나게 해야 한다고 주장하였다.[75] 자신의 이익만 탐하는 염치없는 벼슬아치를 물러나게 하는 것도 결국 도탄에 빠진 백성들을 구제하는 길이라고 생각하였던 것이다. 그러나 성호가 생각한 가장 바람직한 모습은 스스로 물러날 줄 아는 미덕이었다.

● 근래 특정 공무원의 정년을 올리려다 국민의 따가운 여론에 몰려 법안을 철회한 모 정당 정치인들의 진정한 속셈이 과연 무엇인지 궁금하다. 정치가는 정책을 추진할 때 그것이 진실로 국가와 국민을 위한 일인지 되씹어보아야 할 것이다.

공무원의 보수를 대기업 사원 수준으로 조정하고 나아가 정년도 점진적으로 상향 조정하려는 정부의 정책이 바람직하다고 여겨지지만 여기에는 국민경제를 감안한 투명성이 절대 요구되고, 나아가 사기업의 노동구조와 임금추이에 맞추어 이루어져야 할 것이다.

(2) 선발방법을 개선하라

부정행위가 판치는 과거시험장

과거의 폐단이 얼마나 컸던가는 조선후기 저명한 실학자들이 과거의 폐지 내지 개선을 절실하게 요구하였던 사실에서 잘 알 수 있다. 성호

---

75) 『성호사설』 권10, 인사문, 致仕.

이익도 그들 가운데 한 사람이다. 그 자신 역시 과거시험에서 낙방해 본 경험을 가졌던 성호는 과거시험장의 실태를 다음과 같이 지적하였다. 시골 선비가 문장은 제대로 하지 못하면서 글쓰기만 익혔다가 과장에 나가 다른 사람과 시문으로 내기를 하는가 하면, 과장이 글을 팔고 사는 시장거리가 되어 이따금 무식한 사람까지 합격하는 경우가 있다. 게닥 과장에는 아무나 들어오기 때문에 남의 글로 덕을 보는 사람이 있게 마련인데, 과장에서 스스로 글을 지어 내는 선비는 열에 하나도 안 된다는 것이다.76) 혼란한 과장에서 사람이 밟혀 죽고 상하여도 담당 유사는 이를 제어하지 못하는 실정이고, 귀한 집 자제들이 많은 책을 들고 들어가고 그 수행 짐꾼이 수십 명이나 되어도 막지 못한다. 응시자들은 글을 잘 쓰지도 못하고 잘 짓지도 못하면서 오직 재물로만 수단을 부려 남의 솜씨 빌리기만을 능사로 삼는다.77) 이를 어찌할 것인가?

　　　● 오늘날도 이따금 공무원시험에서 문제가 유출되거나 부정행위 때문에 사회적 물의를 일으키는 경우를 볼 수 있는데 한심한 일이 아닐 수 없다. 만일 그런 방법으로 시험에 합격하여 공직자가 되었다면 그 자는 틀림없이 공직사회 부패의 첨병이 될 것이다.

문예시험 중심의 과거를 개선한다

성호는 기왕 실시되고 있는 과거시험은 인재를 선발하는 데는 부적합하다고 보았다. 특히 문예를 중시하는 당시의 과거시험으로는 재능

---

76)『藿憂錄』式年試.
77)『곽우록』科擧之弊.

있는 인재를 뽑아 쓸 수 없다고 하면서, "나라에서 전적으로 문예만 갖고 선비를 뽑는 것은 이미 본무(本務)를 잃은 것"[78]이고, 또 "문장으로 사람을 뽑는 것은 이미 잘못된 방법"[79]이라 하였다.

앞에서 언급하였듯이, 성호는 문예시험을 통해 인재를 선발하는 방법을 두고 창으로 기장을 찧는 것과 같다는 비유를 했었다. 원래 기장이란 절구에 넣고 절구공이로 찧어야 하는 것인데, 창끝으로 기장을 찧으려 하니 아무리 힘들여 찧는들 껍질이 벗겨질 리 없다. 이와 마찬가지 이치로 재능도 제대로 된 방법으로 시험해야 하는데, 글짓기와 같은 시험방법으로는 그 사람의 재능을 알아볼 도리가 없다는 비판이다. 그가 보기에 과거라는 것은, 그저 선비들이 짓기 재능을 자랑하며 요행히 유사(有司)에 뽑히기를 바라는 것이었다.

선비들은 평소 싯귀나 문장을 외우는 공부나 하면서 몸으로 실제 체험하여 실천할 수 있는 일은 생각하지 않기 때문에, 성현의 말을 인용하여 화려한 문장은 만들 줄 알면서도 실제 일에 임해서는 글과 일을 하나로 합쳐 볼 줄 모르며, 과거시험에 임해서는 문예는 잘하는 듯하면서도 실제의 일을 물으면 답변을 하지 못하는 등 시무에 관한 공부는 전혀 도외시한다는 것이다.[80] 한 마디로 지행병진(知行竝進)의 공부를 해야 한다는 주장이다. 그리하여 그는 "문예만으로 사람을 구하면 비록 큰 학자와 선비가 거기에서 나온다 하더라도, 과거는 결국 인재를 구하는 방법이 아니다"라고 못박아 말하였다.[81]

그러나 수백 년 동안 지속되어 온 과거제도를 하루아침에 폐지하고

---

78)『곽우록』論科擧之弊, "盖國家 專以文藝取士 已失本務".
79)『성호사설』권8, 인사문, 律賦.
80)『성호사설』권16, 인사문, 六經時務.
81)『곽우록』貢擧私議.

156

새로운 방법을 도입하기란 사실상 어렵다는 것을 성호도 잘 알고 있었다.[82] 그리하여 기왕의 과거를 존속시키되 개선된 방안을 제시하였는데, 그 특징을 요약해 보면 다음과 같다. 몇 년 동안 3~5과목씩 나누어 시험을 보되 암송보다는 문리(文理)와 의취(意趣)를 시험하고 마지막 해에는 대책을 묻는 책문(策問)시험을 부과한다.[83] 그는 이러한 시험을 5년에 걸쳐서 실시하자고 하였는데, 부정 방지와 선발의 엄격성을 중시한 대안이라 하겠다.

● 수년에 걸쳐 그 사람의 능력을 다양한 내용으로 평가하여 등용하자는 성호의 의견이 반드시 옳은지는 모르겠다. 그러나 단시간 내에 당락이 결정되는 지금의 고등고시 같은 시험방법에 개선의 여지가 있다는 것은 분명하다.

어진 인재의 천거를 늘린다

성호는 과거를 통한 인재 선발보다는 어진 인재를 천거하여 쓰는 방법을 보다 적극적으로 활용할 것을 권장하였다.

3년마다 경대부(卿大夫) 이상에게 각각 한 사람씩 추천하게 하는데 귀천을 막론하고 오직 어진 사람만 취하도록 한다. 주군(州郡)에서도 역시 각각 한 사람씩을 추천토록 하는데 꼭 경계를 정할 것이 아니라 도내(道內)를 통털어 뽑도록 한다. 이조에서는 합쳐서 문적을 만들되 천거를 많이(여러 번) 받은 사람을 보아서 윗등급에 놓는다. 문적을 살피되 주의하며 거꾸로 됨이 없도록 한다.

---

82) 『성호사설』 권12, 인사문, 試圍.

83) 『곽우록』, 貢擧私議.

천거한 사람이 어진 사람 한 명을 얻었으면 포상하고 두 명을 얻었으면 자급(資級)을 올린다. 잘못 천거된 사람이 한 명이면 관직을 삭탈하고, 두 명이면 자급을 박탈한다.

(『곽우록』 選擧私議)

중앙이나 지방의 현직 관리가 어진 인재를 의무적으로 천거토록 하고 이조에서는 천거된 자의 목록을 작성하여 선발해 쓰자는 것이다. 이 방법은 엄격한 규제가 따른다. 하나는 귀천을 묻지 않고 어진 자를 추천하는 것이고, 또 하나는 추천자의 책임이다. 즉 천거된 자가 혹 범법을 하는 등 결격사유가 발생하면 천거한 자도 동시에 책임추궁을 받는 것이다. 성호의 이러한 천거방법 또한 "선거(選擧)는 마땅히 덕행을 앞세우고 문예를 다음으로 해야 한다"[84]는 그의 용인(用人) 원칙이 적용되었다. 더불어 천거에는 사사로움이 따라서는 안 된다고 하였다.[85]

그가 과거보다 천거를 중하게 생각한 것은 천거가 인재의 품행을 잘 알 수 있는 방법이기 때문이다.[86] 과거는 단시간 내에 써낸 답안으로 당락을 정하기 때문에 응시자가 관리로서의 재능이나 덕행을 갖추고 있는지 판단하기 어렵다는 단점이 있다. 그러나 천거는 천거를 받은 자의 높은 학문뿐 아니라 행동적인 면, 특히 백성을 다스리는 데 필수요건인 덕행이 여러 사람에게 이미 드러나 평가받고 있다는 장점이 있다는 것이다.

● 오늘날과 같이 정보통신이 발달된 사회에는 발탁되어 쓰이

---

84) 『성호집』 권30, 잡저, 論用人.
85) 『성호사설』 권12, 인사문, 避嫌.
86) 『성호사설』 권10, 인사문, 東坡論科試.

158

는 자의 신원이나 능력이 여러 사람들에게 이미 공개되어 검증받았거나 또는 검증될 수 있기 때문에 오히려 옛날보다 용이하게 인재를 구하여 쓸 수 있는 장점이 있다. 그러나 재덕을 겸비한 사람을 구하기란 그리 쉬운 일이 아닐 뿐더러, 실력보다는 각종 연(緣)이 크게 작용할 우려가 없지 않아 이 또한 부정의 소지가 적지 않다는 것을 유념해야 할 것이다.

써 본 뒤에 임용한다

성호는 "사람의 착하고 악한 것, 어질고 불초한 것을 오직 그 모습을 보거나 말하는 것을 듣는 것만으로 어떻게 구별하겠는가. 반드시 일을 맡겨 시험해 본 다음에라야 알 수 있다"[87]라고 하였다. 실제 일을 맡아 보게 하면 그 사람의 성격이 드러난다는 것이다. 성호의 다음 견해를 참고하여 보자.

> 만일 실제의 재능을 시험하려 한다면 직관(職官)을 버리고 어찌한다는 것인가? 그러나 시험을 본 뒤 벼슬하는 것이니, 시험은 곧 직책인 것이다. 의당 옛 방법을 점차 회복하여 모든 대소 관직에 먼저 임시직을 주어 그 호칭을 달리하고, 녹봉을 감하며 기간을 한정하여 그 실적이 드러남을 기다렸다가 실제 관직에 나아가게 할 것이다. 그렇지 못한 자(실적이 없는 자)는 그 호칭을 삭제하고 품질을 삭탈하여 관리가 될 수 없도록 해야 할 것이다.
>
> (『성호사설』 권16, 인사문, 先試就眞)

시험이 곧 직책을 얻는 것이라 하더라도 곧장 임용하는 것은 안

---

87) 『성호사설』 권16, 인사문, 先試就眞.

된다는 견해다. 일정한 기간 임시직으로 써 보고 적정 수준의 실적이 드러나면 실제의 관직에 임용해야 한다는 것이다. 짧은 시간의 시험으로 재능을 완전하게 가리지 못하는 단점을 현장에서의 업무능력 평가를 통하여 보충하자는 취지라 하겠다. 그리고 임용을 하였더라도 승진과 퇴출을 계속하되, 우수한 자는 계속 승진시키고 능하지 못하여 승진될 수 없는 자는 그 직위에서 도태시킬 것을 주장하였다.[88]

인재는 얼마든지 있다는 것이 성호의 생각이었다. "있는데 못 찾는다"는 것이다. 따라서 변변찮고 못난 자들을 부리면서 담장에 얼굴을 가리고는 "세상에 인재가 없다"고 뇌까리는 것은 인재를 쓰지 않으려는 속임수에 지나지 않는다고 하였다.[89]

⬤ 인재가 얼마든지 있는데 못 찾으면서 인재가 없다고 하는 것은 인재를 쓰지 않으려는 속임수에 지나지 않는다는 성호의 의견 또한 고금을 통하여 시사하는 바가 크다. 특히 오늘날 대통령을 포함하여 정당정치의 정치인이나 그 리더들이 귀담아 들어야 할 교훈이 아닐까 한다.

문벌·지벌을 멀리한다

성호는 당시 문벌에 따른 인재등용의 실상을 다음과 같이 지적하였다. 인재를 쓸 때에는 할아버지의 벼슬을 아버지의 벼슬만 못하게 여기고, 대부(大夫)의 자식을 경(卿)의 자식만 못하게 여긴다 하였다. 또한 가까운 조상 가운데 벼슬한 사람이 없거나, 친족에 고을 아전이 있거나, 어머니와 할머니의 친정이 이름있는 문벌이 아니거나, 먼 조상

---

88) 『성호사설』 권13, 인사문, 權知權管.
89) 『성호사설』 권7, 인사문, 養才.

160

가운데 벼슬에서 쫓겨난 사람이 있거나, 몸소 농삿일을 하거나, 가난하여 동냥질을 하거나, 평안도 지방과 같은 서북지방이나 개성 사람은 물리치고, 몸가짐이나 재능은 논하지도 않는다는 것이다.[90]

임용자를 심사하는 사헌부의 대관들까지도 임용자의 재주나 덕은 거들떠보지도 않고 문벌이나 지체만 따지고 있다 하면서, 성호는 "깨끗한 조정과 높은 지위가 모두 벌열 자제를 위해 설치되었단 말인가?"[91] 하고 개탄하였다.

특히 조선정부가 전 왕조 고려의 도읍지였던 개성을 포함하여 서북지방 사람을 차별대우하는 것에 대해 잘못하는 처사임을 지적하고, "서북지방 사람들의 원망이 쌓인 것도 당연한 형세"[92]라고 평가하였다.

> 저 고려의 절개를 지킨 신하들이 과연 무슨 죄를 지었기에 그 자손들을 금고하여 300년이 지나도록 풀어 주지 않는단 말인가? 그 바깥도 또한 단군과 기자의 옛 터인데 그 사람들 보기를 말갈 땅 사람 보듯 하니 이 또한 무슨 까닭인가? 이 모두 벌열을 숭상하는 잘못인 것이다.
> ……나라에서 서북지방의 인심을 잃은 지 오래되었다. 오늘의 계책으로는 그 지방을 벼슬할 수 있는 고장으로 바꾸는 것밖에 없다.
>
> (『성호사설』 권8, 인사문, 尙閥)

조선 개국 이후 개성을 비롯하여 서북지방 사람들이 정부로부터

---

90) 『성호사설』 권8, 인사문, 尙閥.

91) 『성호사설』 권12, 인사문, 不尙族姓.

92) 『성호사설』 권11, 인사문, 西北武士.

불이익을 받아 왔다는 사실은 잘 알려져 있다. 성호는 소속 왕조에 대한 절개를 지키려는 신하가 무슨 죄가 있으며 더욱이 그 후손들에게까지 금고하여 등용하지 않는 것은 납득이 가지 않는다는 견해를 나타냈다. 이것이 모두 벌열을 숭상하는 나쁜 풍속 때문이라 하면서 이제라도 그 지역 사람들에게 벼슬길을 열어 주고, 그 지방에도 다른 지방처럼 벼슬자리를 만들어 주민들을 등용하자는 견해를 제시하면서, "지금의 급선무는 서북지방의 인재를 선발하여 적재적소에 등용하는 데 있다"[93]고 하였다. 그는 "문(文)을 숭상하는 자는 창성하고 무(武)를 숭상하는 자는 강성하며, 문벌을 숭상하는 자는 망하는 것이니 그 이치가 당연하다"[94]고 하였다.

또한 "어진이를 세우되 가림이 없어야 한다"(立賢無方)고 하였다. 어진 인재를 선발하는데 차별을 두지 말아야 한다는 의미다. 그러면 원거리에 사는 어진 사람도 등용될 수 있고, 임금도 엄한 경계를 하게 되어 감히 방자한 행동을 하지 못하며, 덕을 닦아 정치가 밝아진다고 하였다.[95]

> ● 어떤 배경에서 비롯되었든 간에 정부에서 직·간접적으로 지역 차별 차원에서 정책이나 인사행정을 편다면, 이는 정부 스스로 국론 분열을 자초하는 것이라 하겠다. 지금도 선거 때만 되면 일부 정치인들이 표를 의식하여 특정 지역을 거론하며 국론 분열을 선동하는 행위를 서슴지 않고, 집권당이 특정 지역 인사를 주요 요직에 집중적으로 배치하여 국민들의 마음을 편치 않게 하고 있다. 조선시대 정부에서 서북인사들을 차별대우

---

93) 『성호사설』 권11, 인사문, 西北武士.

94) 『성호사설』 권7, 인사문, 尙閥.

95) 『성호사설』 권26, 경사문, 立賢無方.

한 것이나, 어느 당색이 집권하느냐에 따라 등용되는 지역인사
가 크게 달라지던 것과 무엇이 다른가? 현대판 문벌이나 지벌이
정부 인사에 작용되는 것은 아닌지 국민들은 철저하게 지켜볼
일이다.

관직은 남고 인재는 부족한 인사정책

성호는 관직에 결원이 생길 경우 그 보충에 신중을 기해야 한다는
의견을 제시하였다. 결원이 생기면 시일이 걸리더라도 적합한 인재를
기다려 써야 하고, 혹 그렇지 못한 사람을 쓰게 되면 기강이나 질서만
어지럽히고 근심만 끼치게 된다는 것이다.

> 악한 사람으로 보충하면 나무를 깎아 자리에 앉히는 것만 같지
> 못하다. 이것이 오히려 녹을 낭비하지 않고 백성을 괴롭히지 않
> 는다. 결원으로 갖추어지지 않은 것을 걱정하여 호랑이에게 고
> 을을 맡길 수 있는가? 장차 사람들을 씹어 삼키고 말 것이다.
>
> (『성호사설』 권24, 경사문, 官有餘人不足)

좀 과장된 표현으로 보이나, 그 자리에 적합한 사람이 임용되어야지
그렇지 않으면 없는 것만 같지 못하여 국록만 축내고 그로 말미암아
백성이 괴롭힘을 당한다는 이야기다. 그는 본시 관원의 수가 적은
것이 원칙이라 하였고, 적은 수로 할 수만 있다면 많은 수가 필요하지
않다고 주장하였다.

후대로 올수록 점차 기구가 많아지면서 더불어 관리도 늘어났는데,
그에 따라면 대개는 관청에서 스스로 일을 만들어 내고 그 모든 것이
꼭 있어야 하는 일도 아니라고 하였다.

그는 꼭 써야 할 인재에 대해 거듭 다음과 같이 비유하였다.

비유하자면 말을 기르는 데에 반드시 마구와 목장이 있어야 하고, 꼴과 콩도 있어야 하며, 굴레와 재갈, 고삐도 모두 없어서는 안 된다. 고로 말을 기를 줄 아는 사람에게 맡기면 말이 살찌고 일을 판별할 수 있으나, 만일 먹이 공급이 되지 않을까를 의심하여 물건마다 지키는 사람을 둔다면 지키는 사람이 많을수록 말은 더욱 마르고 일은 더욱 어지러워진다. 이것은 모두 올바른 사람을 얻지 못한 때문이다. 하물며 후세에는 관직은 점점 많아지고 사람은 착하지 못한데, 나날이 처음 관직을 설치한 뜻과 어긋나고 백성들은 학정에 시달리니 나라가 파탄하게 된다.

(『성호사설』 권24, 경사문, 官有餘人不足)

예를 들어 경주마 한 필을 기르는데 뛰어난 마부 한 사람이면 족할 것을 혹 마부가 말먹이를 잘 주지 않을까 혹 빼돌리지는 않을까 의심하여 인부를 늘리면 늘릴수록 말은 더욱 마른다고 했다. 관직도 그 직에 필요한 최소의 사람으로 족한 것이지, 인원을 늘린다고 잘 되는 것이 아니라는 주장이다. 그러나 추세는 후세로 올수록 관직과 관원이 더욱 늘어나 백성은 백성대로 관리로부터 시달리고, 국가는 재정파탄에 빠진다는 우려를 나타냈다.

성호는 "사람은 남고 벼슬자리가 부족하면 사람을 위하여 벼슬자리를 만들게 되니 장차 망할 형세임을 알 수 있다"[96]라고 하였다. '벼슬자리는 남고 사람은 부족'한 관직사회, 즉 인재가 없어 벼슬자리가 비어 있을지언정 부적합한 사람은 쓰지 말아야 한다는 것이 성호의 주장이었다.

---

96) 『성호사설』 권24, 경사문, 官有餘人不足, "凡觀國之術 見其人有餘 而官不足 則知其爲人擇官 而將亡之勢也".

● 요즈음도 이따금 정부에서 이른바 '위인설관'(爲人設官)이 암암리에 이루어지고 있다는 사실이 매스컴에 등장하여 많은 국민들의 눈살을 찌푸리게 한다. 그럴 만한 특별한 배경이 있는지는 모르겠으나, '벼슬 자리는 남고 사람이 부족한 관직사회'를 강조하는 성호의 주장이 무색하기만 한다.

(3) 실적에 따라 승진시켜라

성호는 옛날에는 벼슬을 먼저 준 뒤에 녹을 주고, 능하지 아니하면 녹을 받지도 못하였으며, 만일 죄가 있으면 출척하고 공을 세우지 못하면 승진도 되지 못했다고 하면서, 당시 관직사회의 실태를 다음과 같이 비판하였다.

오늘의 세상은 대개 아첨 잘하여 출세하고 하는일 없이 승진하여 높은 자리에 앉아 많은 녹을 먹어도 방해될 것 없으니 나라가 어찌 잘 다스려지겠는가?

(『성호사설』 권13, 인사문, 陞黜)

하는일 없이 아첨 잘하여 높은 자리에 오르고 쓸데없이 국록만 축내고 있는데도 거칠 것이 없다는 것이다. 그는 공직사회의 승진이란 엄격한 실적 위주로 이루어져야 한다고 보았다.

참찬(參贊)으로서 실적이 없으면 감히 찬성(贊成)으로 승진할 수 없고, 찬성으로서 실적이 없으면 감히 삼공으로 승진할 수 없다. 실적이 없어 체임된 자는 뒤에 다시 그 자리로 돌아올 수 없다. 그 보도광구(輔導匡捄)의 자취는 각각 적어 두어 그것을 근거로 사실을 삼는다. 또 육조(六曹)나 경조(京兆)의 장관 역시

먼저 보좌하는 것을 전례와 같이 시험하되 보좌로서 실적이 없
는 자는 감히 장관의 자리에 승진하지 못하게 한다.

(『성호사설』 권13, 인사문, 陞黜)

아래 직급에서 위 직급으로의 승진은 반드시 실적에 따를 것이며,
실적이 없어 퇴출된 자는 그 자리에 결코 다시 복직시켜서는 안 된다는
것이다. 그런데 우리나라에는 승진은 있되 강등이 없어 그 폐단이
크다고 하였다.[97] 그는 또 인사고과에서 열등한 평가(下考)를 받은
자는 5년 동안 임용하지 말 것을 제안하였다.[98] 관리로서 부적합한
자는 계속 퇴출시켜야 한다는 지론에서 나온 것이라 하겠다. 또한
관리가 조그마한 노고를 하는 것은 관리의 직분으로 당연한 것인데
그것을 빙자하여 상을 주고 지위를 올려주는 일은 지나치다는 견해도
나타냈다.[99]

● 관직사회에서 상벌로 기강을 확립하고 사기를 진작시키는
일은 통상적인 방법이라 하겠다. 그러나 상의 지나친 남발은 오
히려 역효과를 낼 수 있다. 더욱이 연례 행사처럼 무슨 행사만
있으면 무더기로 주는 상이나 그것도 돌아가며 주는 상이라면
무슨 의미가 있겠는가? 나아가 그렇게 받은 상을 승진에 필요한
점수 보태기에 활용하니, 부끄러운 줄도 모르고 상을 받으려 기
를 쓸 것은 뻔한 것이 아니겠는가? 성호의 주장과 같이 관리가
행한 노고는 그가 녹을 받은 대가로서 당연한 의무라고 한다면
너무 인색하고 짧은 생각일까? 아무 사고 없이 수십년 동안의
공직생활을 마감하였다 하여 훈장을 남발하는 일도 이제는 그

---

97) 『성호사설』 권8, 인사문, 賞罰.
98) 『성호사설』 권8, 인사문, 殿最賞罰.
99) 『성호사설』 권8, 인사문, 小勞陞秩.

166

쳐야 할 것이다. 좀더 적극적으로 국민을 위하여 봉사하고 헌신한 인물을 발굴하여 시상을 한다면 국민의 입장에서 보아도 얼마나 아름다운 일이겠는가?

(4) 공직기강을 확립하라

성호는 수령이 발령을 받고 임지로 떠나기 전에 '수령칠사'(守令七事)를 외우고 떠나지만, 임지에 가서는 이를 염두에 두지도 않을 뿐더러 상급기관의 인사고과에서도 이를 도외시한다면서 당시 공직사회의 기강이 매우 해이되어 있다고 보았다.[100] 공직사회의 기강 해이는 여러 모습으로 드러난다. 국가에 대해서는 공금횡령이나 무사안일 등으로, 국민에 대해서는 뇌물수수, 탐학 등으로 나타나며 불법·탈법이 관리들에 의해 자행된다. 성호가 가장 두려워한 것은 이러한 기강해이로 인한 피해가 결국 무고한 백성들에게 돌아가는 것이었다. 그러면 그는 기강해이를 척결하기 위하여 어떤 의견을 제시하였을까?

보신주의를 징계하라

> 비록 현저한 잘못이나 나쁜 짓을 저지르지는 않았더라도, 구차스럽게 녹이나 먹고 자기 몸만 보존하며 하는일 없는 자는 징계하여야 할 것이다.
>
> (『성호서설』 권10, 인사문, **擧主連坐**)

'구차스럽게 녹이나 먹고 자기 몸만 보존하며 하는 일 없는 자'(苟祿容身 無所施爲)는 고금을 막론하고 어느 공직사회에나 있을 수 있다.

---

100) 『성호사설』 권8, 인사문, 七事.

오늘날로 본다면 이른바 무사안일, 복지부동, 직무유기하는 공무원이 여기에 해당된다 하겠다. 이러한 자들을 엄히 징계해야 한다는 것이 성호의 주장이다. 그러나 성호는 징계권을 쥐고 있는 상급기관의 관리들조차 부패되어 있거나 이들과 한 부류인데다 국민들만 수탈 대상이 되어 고난을 받는다고 판단하고 있었기 때문에 이들을 더욱 엄한 법으로 다스릴 것을 주장하였다.

성호가 오죽하면 관직을 구하는 사람들 대부분이 사리사욕을 채우려는 사람들이라 하고, 공정하고 청렴한 마음으로 백성들의 후생에 힘쓰는 자가 과연 몇이나 되겠느냐고 하였으며, 수령이나 아전들의 뱃속에는 착취하려는 마음만 가득하다고 지적하였겠는가?[101]

> ● 일부 공직자의 무사안일과 복지부동은 우리 공직사회의 고질적인 병폐라 해도 과언이 아닐 것이다. 이들 때문에 공직사회 전체가 국민들로부터 불신을 받고 있다. 그런데 더 큰 문제는 이들이 사회적으로 용납되고 그 자리를 계속 부지할 수 있다는 데 있지 않을까? 그 근본 원인이 어디에 있는가, 왜 근절되지 못하는가는 공직사회에 근무하고 있는 공직자가 잘 알 것이고, 더불어 그에 대한 처방 역시 그들이 더 잘 알고 있을 것이다. 매년 되풀이되는 정부의 기강확립에 대한 큰 소리도 이제는 귀가 따가울 지경이다.

엄법으로 다스리라

옛날에는 군주나 관리의 포악한 정치를 만나면 죽음도 면치 못하는 경우가 있었던 모양이다. 성호는 포악한 정사를 금할 것을 급선무로 삼아야 한다 하였고, 폭정을 금하려면 우선 뇌물이나 백성의 재물을

---

101)『성호사설』권14, 인사문, 胥徒名號.

탐하는 행위를 규제하는 법부터 엄하게 적용해야 한다고 주장하였다.102) 그러나 한 번 수령이 되면 사는 집이 화려하고 많은 논밭을 소유하는데, 어쩌다가 어사에게 적발되어 아침에 탄핵의 장계가 조정에 올려지면 무슨 수를 써서라도 저녁에는 버젓이 벼슬자리를 지키고 있다는 것이다. 아무도 탐장(貪贓)의 죄를 받은 자가 없으니 도저히 믿어지지 않는다는 것이 성호의 생각이다.103) 그리고 혹 관리가 범법으로 형벌을 받는 경우가 있다 하더라도 소원한 미관말직에게만 해당된다는 것이다.104)

그가 "오늘날 장리(贓吏)의 법이 엄중하여 그 자손의 벼슬길이 막히게까지 하였지만 이는 한갓 법일 따름"이라 하였듯이, 아무리 중죄를 저지른 관리를 다스리는 엄한 법이 있다 하더라도, 현재 관직사회에서는 다만 법으로 있을 뿐이라는 것이 성호의 판단이다. 법망을 벗어난 자가 너무 많다는 것이다.105) 따라서 엄한 법을 적용하여 처벌해 줄 것을 주장하였다.

그러나 성호가 이처럼 관직사회의 기강확립을 위하여 엄법의 적용을 강조하였지만, 그것이 근본적 해결책이 될 수 없다는 것은 성호 자신도 잘 알고 있었다.

　● 탐학하여 백성들의 재산을 갈취한 죄를 지은 관리는 있되 벌을 받은 죄인이 없고, 있어도 소원한 미관말직뿐이라는 성호의 지적 역시 시사하는 바가 크다 할 것이다. 혹 국민의 주머니를 갈취하는 범죄를 엄하게 다스리는 성문법이 엄연히 존재하

---

102) 『성호사설』 권14, 인사문, 流民還集.
103) 『성호사설』 권11, 인사문, 贓吏.
104) 『성호사설』 권8, 인사문, 賞罰.
105) 『성호사설』 권11, 인사문, 廉貪.

되 한갓 법으로만 있는 사법사회라면, 오늘날 사회도 조선 후기 삼정의 문란이 자행되던 시대와 다를 바 없게 된다는 사실을 명심해야 할 것이다.

등용과 퇴출을 엄격하게 하라

옛날 춘추시대 곽(郭)나라 임금은 착한 사람을 착하게만 여기고 악한 사람을 악하게만 여기다가 끝내 나라가 망함을 면치 못했다 한다. 성호는 이 이야기에서 나라가 망한 까닭에 대하여,

착한 이를 착하게만 생각하였지 등용치 않았고, 악한 이를 악하 게만 여겼지 제거하지 않았기 때문이다. 다만 좋아하고 미워할 줄은 알면서 등용하고 제거하는 실천이 없으면 역시 나라가 망 할 지경에 도움이 되지 않는다.

(『성호사설』 권21, 경사문, 緇衣巷伯)

고 하였다. 인재를 등용할 때에는 재덕을 겸비한 자를 쓰되 적극적으로 나서서 등용할 것이며, 관리로 임용된 뒤에는 포악한 정치로 백성을 괴롭히고 국고를 횡령하는 등 나라를 좀먹는 장리(贓吏)와 같은 관리는 과감하게 퇴출해야 한다는 주장이다.

● 공직사회에서 공무원은 사기업과는 달리 공무원법에 저촉되 지 않는 한 특별한 이유없이 퇴직당하는 일은 거의 없는 것 같 다. 그렇기 때문에 무사안일과 복지부동하면서도 부지하고 직 무를 유기하면서도 웬만하면 선처가 용납되기 쉽다. 징계가 가 하여진다 하여도 징계권을 갖고 있는 자들이 같은 직종의 상하 관계에 있는 경우가 많으니 엄한 징벌이 가해지기는 어렵다고 보아야 할 것이다. 빈번하게 기강확립을 외쳐도 제대로 이루어

지지 않는 까닭이 여기에 있는지도 모르겠다. '악한 이를 악하
게만 여겼지 제거할 줄 모른다'는 성호의 말을 되새겨본다.

제 3장
귀머거리가 된 임금님

제1절 임금은 누구인가?

백성없는 임금은 있을 수 없다

성호는 나라·임금·백성의 관계를 다음과 같이 말하였다.

> 나라가 나라 되는 소이(所以)는 임금이 있고 백성이 있기 때문
> 이다. 임금과 백성은 모두 사람이다. 그렇지만 혹 백성은 있되
> 임금은 없을 수 있으나 백성 없는 임금은 있을 수 없다. 그런즉
> 임금의 도(道)는 백성을 얻는 것이 으뜸이다.
>
> (『성호사설』 권19, 경사문, 得民得人)

나라는 임금과 백성으로 이루어지는데 임금없는 백성은 있을 수
있으나 백성없는 임금은 있을 수 없다 하였다. 이는 "백성이 있은
다음에 임금이 있고,……후세의 임금은 백성을 얻어 임금이 되었다"[1]
는 의미와 같다 하겠다. 따라서 나라가 존재하려면 임금은 반드시
백성을 얻어야 하기 때문에, 성호는 "사람을 얻는 근본은 덕(德)에
귀착된다"[2]고 하여 왕도정치(王道政治)가 그 첫째 길임을 말하고, "임
금의 직분은 백성을 기르는 것을 우선으로 삼아야 한다"[3]고 하였다.
임금은 백성을 위하여 반드시 덕정(德政)을 베풀어야 한다는 것이다.
또한 그는 "아랫사람들은 임금의 지체이므로 지체에 질병이 없은 연후
에 임금 또한 병이 없게 된다"[4]고 하였다.

---

1) 『곽우록』 권1, 治民, "夫有民然後有君".

2) 『성호사설』 권19, 경사문, 得民得人, "其有人之本　則歸乎德".

3) 『성호사설』 권27, 경사문, 勸農, "夫君之職　以養民爲先".

4) 『성호사설』 권13, 인사문, 以身喩國, "群下者　人主之支體　支體無疾　然後人
　主亦無疾".

　요컨대 임금은 가장 높은 위치에 있지만 백성이라는 존재를 전제로 하기 때문에 백성을 위한 정치를 해야 하는 것이다. 이러한 군주와 백성의 관계에서 그는 군주의 정치를 민본중심의 정치로 이끌어야 함을 강조하기에 이르렀다. 예컨대,

　천하의 공정함을 얻으려 한다면 모름지기 민중으로부터 구해야 한다.

(『성호사설』 권17, 인사문, 直言利國)

라고 말한 데에서 짐작할 수 있다. 이는 곧 민중이 요구하고 있는 것이 무엇인가를 군주가 알아야 한다는 것으로서, 민심의 향배와 여론을 매우 중시하였음을 보여주는 대목이다. 그가 조선 개국 이후 해야 할 일을 가장 잘 알고 있었던 사람이라고 칭찬한 율곡(栗谷) 이이(李珥 : 1536~1584)의 개혁논의 가운데 공론(公論) 정치, 즉 여론정치에 큰 영향을 받은 듯싶다. 율곡이 말하기를 공론은 나라의 원기(元氣)로서 백성들로부터 나오는 것인데 이 공론이 없으면 나라가 망한다고 하였다.[5]

> ● 오늘날은 여론조사기관이 보다 전문화되고 조사방법도 보다 고도화 되어 그 정확도는 놀라울 정도다. 국가기관 역시 국민여론의 청취가 수월해졌다. 이는 매우 바람직한 현상이다. 하지만 정작 여론을 청취해야 할 관계 부서에서 이를 외면해 버린다거나 무시해 버린다면 이 또한 큰 문제라 아니할 수 없다. 정책을 수행하는 자는 백성들로부터 나오는 여론이 나라의 원기라는 율곡 선생의 말에 귀를 기울여야 할 것이다.

---

5)『栗谷全書』 권7, 疏箚, 代白參贊(仁傑)疏.

백성없는 임금은 필부에 불과하다

성호는 임금과 백성의 긴밀한 관계를 다시 다음과 같이 강조하였다.

> 무릇 임금은 마음을 다하여 백성을 다스리고 백성은 힘을 다하
> 여 임금을 섬기는 것이다. 양쪽이 서로 보답하여 부모가 자식을
> 기르고 자식이 부모에게 효도하는 것과 같으니 하나라도 없으
> 면 안 된다. 임금으로서 백성이 없으면 역시 필부(匹夫)인데 필
> 부의 양육도 보답이 없으면 오히려 부끄러운 일이니 하물며 백
> 성의 양육에 있어서랴?
>
> (『성호사설』 권14, 인사문, 一年兩秋)

임금과 백성의 관계를 부모와 자식 사이에 맺어지는 효(孝)관계로
보고, 백성이 없는 임금은 일개 필부에 지나지 않는다고 하였다. 임금은
백성에게 왕도정치를 베풀고 백성은 충효로써 보답하는 관계가 이루어
져야 한다는 것이다. 그리하여 그는 "임금은 항상 필부의 마음으로
마음을 삼고 백성들 역시 임금의 마음으로 마음을 삼아 은혜로 보답한
다면 부끄러움이 없을 것이다"[6]라 하였다. 또한 임금이 어떤 연유로
백성들로부터 배반을 당한다면 임금도 결국 일개 필부에 지나지 않게
되는데, 궁중에서 편히 지내던 몸으로 백성인 필부와 대적할 수 없다는
것이다. 백성이 임금을 배반하면 신하가 따라서 배반하고 끝내는 친척
까지 배반하는 법[7]이라 하면서 결국 백성없는 임금은 있을 수 없음을
강조하였다.

이렇게 임금과 백성은 베풀고 보답하는 관계로 맺어져 있는데, "나라

---

6) 『성호사설』 권14, 인사문, 一年兩秋, "爲人上者 常以匹夫之心爲心 億兆亦
   將以君心爲心 兩相報惠而無愧矣".
7) 『성호사설』 권23, 경사문, 獻吉疏.

가 잘 다스려지고 혼란스러워짐은 임금의 마음 하나에 달려 있고"[8] 또 "임금은 백성의 살림을 마련하여 풍족한 생활을 하도록 해야 한다"[9]고 함으로써, 임금의 통치 여하에 따라 국가의 치란(治亂)과 백성의 삶이 결정된다고 보았던 것이다. 백성의 입장에서 보면 임금이 어떻게 통치하느냐에 따라 편고(便苦)가 달라진다는 이야기라 하겠다.

그러나 성호는 백성을 위한 임금의 정치가 쉽지 않다는 것을 다음과 같이 나타냈다.

> 임금이 되어 높은 지위를 차지하고 온갖 기쁨을 누리면서 백성들을 굶주리고 곤경에 빠뜨리는 것이 옳은 일인가? 진실로 고르게 하지 아니하면 인자한 아비도 능히 자식을 설복시킬 수 없는 일인데 하물며 뭇 백성에게 있어서랴?
>
> (『성호사설』 권21, 경사문, 鳲鳩詩)

백성의 곤궁이 임금에게 책임이 있지만, 백성을 위한 임금의 고른 통치가 지극히 어렵다는 사실 또한 함축하고 있다.

● 임금은 항상 필부의 마음을 지녀야 하고, 나라의 치란이 임금의 마음 하나에 달렸다는 성호의 임금관은 오늘날 최고 통치자에게도 교훈이 될 만하다 하겠다.

---

8) 『곽우록』 권1, 經筵, "國之治亂 繫於人主之一心".

9) 『곽우록』 권1, 國用, "明主 制民之産 俾有足用".

제2절 백성이 보이지 않는 임금

임금은 가장 높은 권좌에 있는 최고 통치자다. 임금이 어떻게 정치를 하느냐에 따라 백성이 편안한가의 여부가 결정되기 때문에, 백성들은 임금이 자신들의 실정을 잘 살펴 바른 정치를 해 주길 바랄 뿐이었다. 그러나 임금은 보통 궁궐 깊숙한 곳에서 신하들의 눈과 입을 빌려 백성들의 편고(便苦)를 살핀다. 따라서 임금이나 측근의 신하나 어느 한 쪽이라도 바른 눈과 입을 갖지 않는다면 그 피해는 결국 백성들에게 돌아가기 마련이다. 때문에 성호는 "임금이 편안한 곳에 있으면서 어떻게 백성의 질고를 헤아릴 수 있으랴?"[10] 하고 우려를 나타냈다.

> ● 성호의 이러한 우려가 오늘날 우리나라 최고 통치자에게도 예외는 아니라 생각된다. 대통령이 관저에 편안히 기거하면서 국민의 소리에 귀를 기울이지 않고 가까운 측근의 감언(甘言)에만 의지한다면 백성의 질고를 헤아리지 못할 것이다.

귀머거리와 소경이 된 임금

듣지 못하는 것을 귀머거리라 하고 보지 못하는 것을 소경이라 하는데 이는 하늘이 내린 형벌(天刑)이다. 보아도 보지 못하고 들어도 듣지 못한다면 귀머거리나 소경과 무엇이 다르겠는가? 이와 같은 자를 사람들은 귀머거리·소경이라고 하나 스스로 깨닫지 못하니 그 병통이 심한 것이다. 비록 보고 들으려 하여도 형체와 소리가 막히고 멀어서 그 총명함을 쓸 수 없는 것은

---

10) 『성호사설』 권7, 인사문, 稼穡絺綌, "況人主居宴安之地 臆度民隱也乎".

무슨 까닭인가? 내 마음이 그렇게 만든 것이다.

……옛날에 심한 귀머거리와 소경이 있었는데 걸(桀)과 주(紂)가 바로 이 사람이다. 처음에는 용봉(龍逢)과 비간(比干)이 있었으나 오히려 이들이 간하는 것을 보거나 들어도 못 본 체 못 들은 체하다가, 끝내 군자가 멀리 떠나고 소인이 눈과 귀를 가리자 비록 태산이 무너지고 우뢰 소리가 진동하여도 그 스스로 깨닫지 못하였다. 후세 나라를 망친 임금들은 소걸(小桀)·소주(小紂)에 불과하지만 대신(大臣)들은 은총만을 바라며 기꺼이 말하려 하지 않고, 소신(小臣)들은 위엄을 두려워하여 감히 말하려 하지 않는다. 비록 나라를 잃지 않으려 하나 그럴 수 있었겠는가?

(『성호사설』 권10, 인사문, 諫職)

신체적으로 귀머거리나 소경이 아니면서 귀머거리나 소경 정치를 한 임금이 나라를 망쳤다는 이야기다. 즉 중국 하(夏)나라의 걸(桀)왕과 은(殷)나라 주(紂)왕의 예를 들면서, 충신이 간하는 말을 왕이 듣지 않으니 군자들이 가까이 하지 않고, 오히려 소인배 정치인들이 주변에서 왕의 눈과 귀를 가려 나라가 망하지 않을 수 없었다는 것이다.

성호는 "사람이 병이 들려면 반드시 고기 맛도 달지 않고, 나라가 장차 망할려면 반드시 충성으로 간하는 말이 받아들여지지 않는다"[11]고 하였다. 왕이 귀머거리와 소경의 정치를 하여 신하가 충간을 하여도 못 본 체, 들어도 못 들은 체하기 때문이다. 그렇기 때문에 임금과 신하 사이에는 진정한 언로가 뚫려 있어 충간과 신뢰가 통해야 한다.

임금과 신하 사이의 언로에 대한 성호의 다음과 같은 말은 시사하는

---

11) 『성호사설』 권11, 인사문, 忠臣殺身, "人之將疾 必不甘魚肉之味 國之將敗 必不納忠諫之言".

180

바가 크다 하겠다.

> 임금이 있어도 신하가 없으면 눈을 감고 태산(泰山)을 보지 못
> 하며, 귀를 막고 우뢰 소리를 듣지 못하는 것과 같다. 신하는 있
> 는데 임금이 없다면 조용히 듣고 열심히 보아도 혼미하여 깨닫
> 지 못하는 것과 같다. 이와 같은 경우 눈이 반드시 끝내 가리워
> 지고 귀도 반드시 끝내 막힐 뿐이다. 정치에 있어 간사한 좀은
> 훈척(勳戚)과 같은 것이 없다.
>
> (『성호사설』 권23, 경사문, 四目四聰勳戚)

충간하는 신하가 있어야 하고 이를 보고 듣는 임금의 바른 눈과
귀가 있어야 한다는 뜻이다. 이러한 그의 견해에는 당대의 정치 현실을
암시하는 그의 우려가 섞여 있는데, 특히 임금과 친척 되는 사람들의
정치적 농단을 경계하였다.

나아가 성호는 조선 왕조에서 시행하고 있는 언관(言官)제도에 문제
가 있음을 지적하였다. 사간원(司諫院)의 언관제도로 말미암아 도리어
임금에게 올리는 언로가 막혀 있다고 보았기 때문이다. 즉 임금께
충언을 올리고자 하는 신하가 있어도 사간원 언관의 권한을 침해할까
두려워 감히 말을 하지 못한다는 것이다.[12] 성호가 볼 때, 쓸데없는
기관을 설치하여 오히려 없는 것만 같지 못하였다.

> ● "정치에 있어 간사한 좀은 훈척과 같은 것이 없다"는 성호의
> 지적은 예나 지금이나 바뀔 수 없는 철칙인 것 같다. 대통령의
> 친인척이 대통령을 등에 업고 직 · 간접적으로 정권에 간여하
> 거나 이권을 챙기고, 대통령의 자녀 신분을 이용하여 권력을 휘

---

12) 『성호사설』 권10, 인사문, 諫職 ; 같은 책 권11, 인사문, 納群言.

두름으로써 국정을 혼란에 빠뜨리고 국가 위신을 추락시키는 일이 정권이 바뀔 때마다 반복되는 것을 보고 국민들은 기가 막혀 넋을 잃고 만다. 대통령은 과연 눈이 안 보이고 귀가 들리지 않았을까?

● 오늘날에는 정보통신이 발달하였기 때문에 외부 출입이 잦지 않은 국가 원수도 마음만 먹으면 얻고자 하는 정보를 얼마든지 얻을 수 있다. 그렇다 하더라도 단순한 언로 계통이나 한정된 인맥에 의지해서는 안 될 것이다. 다양한 방법을 통하여 정보를 수집하는 한편, 아무리 어렵더라도 몸소 현지를 자주 방문하는 역동적인 통치자가 되어야 할 것이다. 구중궁궐의 임금이 되어서는 안 될 것이다.

임금이 사치하면 나라가 망한다

성호는 부(富)와 사치, 그리고 교만의 관계를 이렇게 말하였다. 부하면 자연히 사치하게 되고, 사치하면 자연히 교만하게 되는 것이니, 교만과 사치는 명망을 훼손시키고 나라를 멸망케 하므로, 재물만 있고 덕이 없으면 차라리 재물은 없는 것만 못하다.[13] 성호가 특히 걱정한 것은 사치였다. 그러나 백성들의 사치와 검소는 위에서 하기에 달렸다는 것이 성호의 판단이었다.[14]

성호는 또 나라의 흥망과 임금의 사치를 다음과 같이 말하였다.

① 예나 지금이나 임금의 흥망은 검소함과 사치함으로써 거울 삼지 않는 것이 없다.

(『성호사설』 권17, 인사문, 奢儉)

---

13) 『성호사설』 권16, 인사문, 勤儉.

14) 『성호사설』 권25, 경사문, 漢文不識治, "民俗之侈儉 由於上行".

② 나라를 세우고 정치를 시작할 때에는 반드시 먼저 자신을 박하게 하고 백성을 우대한다. 고로 뒷날 임금이 패망하는 것은 대개 사치가 점차 더하여 옛 제도를 돌아보지 않은 까닭이다.

(『성호사설』 권25, 경사문, 薄賦輕刑)

나라가 흥할 즈음에는 임금이 검소하고 망할 즈음에는 임금이 사치한 생활을 한다는 것이다. 다시 말하면 임금이 사치하면 나라가 망하고 임금이 검소하면 나라가 흥한다는 이야기다. 이럴 경우 임금은 자신을 박하게 하여 백성을 우대한다는 것이다. 앞서 보았듯이 임금 스스로 필부의 마음과 자세로 통치를 한다는 이야기라 하겠다. 그러면 임금은 어떻게 자신을 박하게 하여 백성을 우대하는가? 용도를 줄이고 검약하여 비용을 절약하는 것이다. 그는 "전쟁중이나 기근이 든 때라 할지라도 능히 백성을 보존하는 정사를 할 수 있는 것은 한 마디로 절약과 검약 뿐"[15]이라 하였다.

재물이란 백성들에게서 나오는 것이요, 임금이 날로 쓰는 물건이 모두 백성의 고혈이 아닌 것이 없으니 임금이 사치하면 백성이 해독을 입지 않을 수 없다 하고, 임금이 타는 수레를 도금하거나 칠을 하여 아름답게 꾸미는 것도 결국은 백성에게 피해가 돌아가는 것이니, 임금이 사치하여 나라가 망하지 않을 수 없다는 것이 다.[16] 또 위로는 임금이 진실로 사치를 하지 않고 아래로는 신하가 탐학을 하지 않는다면 나라와 백성의 살림이 넉넉하게 된다고 하였다.[17]

그러나 어느 임금도 처음에는 사치를 금하는 정치를 하지만, 나중에

---

15) 『성호사설』 권27, 경사문, 窮經, "於師旅饑饉之際 能辦保民之政者 一言而蔽之 曰節儉而已矣".

16) 『성호사설』 권22, 경사문, 四君.

17) 『성호사설』 권22, 경사문, 富民.

는 마음이 해이해지고 법령도 무너진다는 사실을 경고하였다.18)

● 성호의 주장이 평범하고 상식적인 것으로 보이지만, 근래 동남아를 비롯하여 세계 여러 국가의 원수 주변에서 찾아볼 수 있었던 치부나 사치를 타산지석(他山之石)으로 삼아야 할 것이다. 통치자의 사치 범위에는 통치자 본인뿐만이 아니고 부인이나 자녀를 포함하여 그들이 거주하는 모든 지역을 포괄하기 때문에, 대통령이 임기 동안 관저에서 체면치레로 보이는 검소함은 진실을 드러낸 것으로 볼 수 없다. 자녀의 분에 넘치는 사치도 대통령의 사치와 다름없다.

백성들의 사치와 검소가 위에서 하기에 달렸다는 성호의 말은 고금을 막론하고 유념해야 할 주장이라 하겠다. 골프장 정치에 길들여진 정치인들은 귀담아 들어야 하지 않을까?

찢어진 바지를 아낀 임금

그리하여 성호는 백성을 편하게 하려면 임금 자신부터 사치를 억제해야 한다고 하였다.

옛날 어진 임금은 찢어진 바지도 역시 아꼈다. 바지가 아까운 것이 아니고 백성을 보호하려는 본보기로 삼았을 뿐이다. 한(韓)나라가 어찌 일어나지 않을 수 있었겠는가? 실로 백성의 편안함을 구한다면 먼저 사치를 억제해야 한다. 사치를 억제하려면 어진 사람을 구해야 하고 어진 사람을 구하려면 사사로움을 막아야 한다.

(『성호사설』 권24, 경사문, 宰臣賃屋)

---

18) 『성호사설』 권6, 만물문, 薄絹.

184

옛날 중국 한(韓)나라의 어진 임금이 백성을 보호하려는 본보기로 찢어진 바지를 아껴 신하로 하여금 보관하게 하였다는 고사다. 성호는 임금이 진실로 백성을 편안하게 하려는 마음이 있다면 자신이 먼저 검소하고 절약해야 하며 그것을 실천하기 위해서는 사사로움을 버리고 어진 신하를 등용해야 한다는 점을 덧붙였다. 그는 검소함의 본보기가 될 만한 옛 임금으로 중국 전한(前漢)의 문제(文帝 : B.C. 179~157)를 들었다.[19]

그러면 성호 자신은 얼마나 검소하였으며 절제하는 생활을 하였던 가? 그가 밝힌 자신의 평소 식습관과 밥상을 소개해 보기로 한다.

지금 서민으로서 빈궁한 자가 반찬없이 오직 밥을 먹는데, 아무 데서나 캐 온 씀바귀 나물 같은 것도 그 맛이 엿처럼 단 것은 기름진 고기를 바라는 마음조차 끊었기 때문이다. 나는 가난하 게 사는 것에 익숙하여 밥상에 고기가 드물게 오르지만 역시 싫 어하지는 않는다. 채소밭 한 이랑을 잘 가꾸어 손수 호박을 심 고 그것이 누렇게 익기를 기다려 갈무리 했다가 겨울에 삶아 국 을 끓여 밥을 말아 먹는데, 그 맛이 몹시 달아 곰국이나 양즙이 지닌 맛을 다시 알지 못하게 한다.
콩도 누렇거나 붉은 색이 나며 겉이 연한 것이 있는데, 쌀에 5 분의 1 정도를 섞어 밥을 지으면 그 맛 또한 감미로워 모여서 먹으면 다른 찬이 없어도 밥 한 사발을 쉽게 먹는다.

(『성호사설』 권25, 경사문, 菫茶如飴)

어려운 경제적 여건 때문에 성호의 식습관이 매우 검소한 것을 엿볼 수 있는데, 그런 가운데에서도 규모있는 절제생활을 경영하고 있음에

---

19)『성호사설』 권23, 경사문, 財貴黃金 ; 권25, 경사문, 漢文不識治.

새삼 놀라지 않을 수 없다.

그는 또 집안 조카들이 살고 있던 충청도 예산 섬곡장(剡谷庄)에서 기근을 헤쳐 나가려는 모임으로 삼두회(三豆會)를 만들기도 하였다. 삼두란 누런 콩을 삶아 쑨 콩죽, 역시 콩을 물에 담가 길러 만든 콩나물, 그리고 콩장을 말하는데 모두 콩으로 만든 음식이다. 흉년을 슬기롭게 넘기고 절제하는 방법으로 조직하여 실천하려 하였던 것인데, 1년에 한 번씩 집안 식구들이 모이는 날에는 이를 만들어 먹기로 했다고 한다.[20]

● 성호의 삼두회가 얼마나 지속되었는지는 모르겠으나 어려운 살림을 헤쳐 나가려는 그의 창조적 지혜와 절제 정신은 본받을 만하다 할 것이다.

어진이를 멀리하는 임금

군주가 어진 인재를 구하여 백성을 다스려야 한다는 것을 성호는 누차 강조하였다.

성왕(聖王)의 정치는 먼저 완악한 무리와 참소의 말을 제거한 연후에 교화의 정치를 가히 펼 수 있는 것이다. 완악한 무리를 제거하지 않으면 법이 무너지고, 참소하는 말을 없애지 않으면 어진 자가 용납될 수 없는 것이니, 비록 요·순 같은 임금이 위 에 있더라도 이 두 가지는 어쩔 도리가 없다.

(『성호사설』 권16, 인사문, 求賢治民)

군주를 둘러싸고 있는 소인배들과 이들이 만들어 내는 참소 때문에

---

20) 『성호사설』 권16, 인사문, 三豆會 ;『少眉山房藏』 권1, 詩, 三豆會詩.

186

교화정치는 고사하고 어진 인재가 등용될 틈이 없다는 이야기다. 그러면 임금은 이러한 무리들을 왜 제거하지 못할까? 성호는 임금이 지혜롭지 못하기 때문이라고 하였다. 아첨하는 자가 먼저 좌우에서 임금이 무엇을 좋아하는가를 알아 내어 그대로 유도하고 임금이 싫어하는 것을 알아 내어 그대로 비위를 맞추기 때문이라는 것이다.[21]

앞서 본 바와 같이 그는 천하가 다스려지지 않는 것은 백성이 곤궁하기 때문이고, 백성이 곤궁한 것은 관리가 탐학하기 때문이며, 관리가 탐학하는 것은 결국 임금이 어진이를 구하지 않기 때문이라 하였다. 소인배 무리는 임금의 마음을 어지럽히고 총명을 가리는데다가, 임금은 아예 어진이를 얻으려는 정성도 없다는 것이다.[22]

그리하여,

오로지 임금이 믿고 따르는 것은 가까이 있는 신하들의 아첨하는 말에 불과하여 나랏일이 그 때문에 날로 그릇된다면 어찌 괴이하고 또한 민망스럽지 않겠는가?

(『성호사설』 권20, 경사문, 雨無正)

라 하였듯이, 성호는 임금 곁에서 아첨이나 떨고 혼란을 일으키는 근습(近習) 때문에 임금이 나랏일을 그르치고 있다는 것을 걱정하였다. 요컨대 임금을 가까이하는 소인배 무리를 제거하고 어진 인재를 등용해야 한다는 것이다.

● 대통령의 측근 혹은 이른바 여당 총재의 '가신'이라는 사람들이 대통령의 통치행위에 직·간접적으로 간여하면서 물의

---

21) 『성호사설』 권23, 경사문, 君臣相求.
22) 『성호사설』 권16, 인사문, 求賢治民.

를 일으키고, 따라서 국민들의 따가운 눈총을 받고 있는 근래의
정치적 사건 역시 옛날 임금이 소인배 무리를 옆에 두고 거짓
충간을 듣는 것과 무엇이 다른가? 지혜로운 대통령이라면 꾀많
은 아첨꾼보다는 대통령의 잘못된 통치행위를 지적하는 올곧고
참된 두뇌를 옆에 두어야 할 것이다. 실로 참된 귀와 참된 입이
절실하다 하겠다.

백성의 도탄을 외면하는 임금

백성들이 사방으로 흩어지고 남아 있는 사람들마저 굶주림과 추위에
시달려 살아갈 마음이 시들어 가는 실정인데, 이러한 실정을 깊은
대궐에 있는 임금에게 알리려 해도 그 방법이 없고, 설사 알려도 임금은
예삿일로 듣고 넘겨버린다는 사실에 대해, 성호는 "명맥이 끊어지려
하는데 오히려 고혈을 짜내 조석에 달린 목숨을 돌보지 않는 것"[23]과
같다고 하였다.

다시 소개하지만, 성호는 백성의 도탄을 구하는 일을 나무를 심고
가꾸는 것에 비유하였다. 나무를 심고 가뭄이 들면 나뭇잎이 마르기
전에 그 뿌리에 물을 주어야 죽지 않고 살아난다.[24] 가지와 잎이 마른
뒤에는 서강(西江)의 물을 모두 퍼다 주어도 아무 효과를 볼 수 없듯
이,[25] 백성이 도탄에 빠지기 전에 신속하게 구할 방도를 강구해야
한다는 이야기다.

그리고 백성이 임금을 따르지 않는 것은 진실한 덕과 행동이 없기
때문이고, 백성들이 못 살겠다고 원망하는 것도 나뭇잎이 병든 것과
같은 이치라 하였다. 임금이 자기 편한 것만 생각하고 백성을 돌보지

---

23) 『성호사설』 권16, 인사문, 種樹漑根.
24) 『성호사설』 권16, 인사문, 種樹漑根.
25) 『성호사설』 권6, 만물문, 敏樹.

않다가 나중에 백성들이 반란을 일으키게 되면 비록 온갖 혜택을 준다
하더라도 아무 소용이 없다.[26] 임금이 백성에게 어떤 존재이며 백성을
위하여 어떻게 해야 할 것인가를 생각하게 하는 대목이다. 더불어
임금의 잘못된 정치에 대한 백성들의 물리적 저항을 성호가 인정하고
있다는 사실도 주목된다.

● 정권이 바뀌면 국민들은 새로운 정권과 그 정권을 이끄는
대통령에게 큰 기대를 걸게 마련이다. 그러다가 그 정권의 정치
가 국민들의 기대에 미치지 못하면 국민들은 그 정권을 불신하
고 나아가 저항하게 된다. 민심을 잃은 정권은 국민들이 왜 등을
돌리는가를 분석하여 현명하게 대처해야 할 것이다. 그러나 성
호가 말했듯이, 나뭇잎이 마른 뒤에 서강의 물을 다 퍼다 주어도
나무를 살리지 못하는 결과를 초래해서는 안될 것이다.

제3절 소망스런 임금

그러면 성호는 어떤 임금을 바람직스럽게 생각하였을까? 앞서 그가
지적하였듯이 백성의 요구가 무엇인가를 귀담아 듣고 도탄에서 구해
주려는 임금, 사생활이 문란하지 않고 사치하지 않은 검소한 임금,
어진이를 가까이 하여 국정을 바로잡는 데 힘을 쏟는 임금 등을 생각하
였을 것이다. 여기에서는 임금이 백성을 어떻게 대할 것인가, 관직사회
를 어떻게 이끌어 나갈 것인가와 관련하여 살펴보기로 한다.

---

26) 『성호사설』 권6, 만물문, 敏樹.

（1）백성의 임금

말을 잘 다루는 마부

번거롭지만, 임금이 정치 잘하는 것[善政]을 마부가 말을 잘 다루는 것에 비유한 내용을 다시 한번 인용해 보기로 하자.

나라를 잘 다스리는 자는 반드시 마부가 말을 다루는 것에 비유한다. 고로 말을 잘 다루는 사람이 말[馬]을 잊지 않는 것은 잘 다스리는 사람이 백성을 잊지 않는 것과 같다.
……내가 일찍이 말타기를 시험해 보았는데, 안장을 살피지 않다가 혹 말 가죽이 터지고 살이 뚫어지며, 꼴과 콩이 부족하여 혹 병들거나 굶어 땀이 흐르고, 물건 싣는 방법이 서툴러 혹 힘이 약하여 쓰러진다. 말이 말을 할 수 없기 때문에 사람이 오히려 소리를 지르며 화를 내고 채찍을 들어 친다. 만일 동물이 호소할 데가 있고 사람이 그 정상을 살펴 그 군색함을 따라 구제한다면 어찌 일이 낭패될 우려가 있겠는가?
곤경을 당하여 호소하려 해도 계제가 없고 벗어나려 해도 그럴 수 없으니, 열 가지 억울한 일과 아홉 가지 민망한 일이 가슴을 채우고 창자에 넘쳐도 참고 배설하지 못한다. 그 마음을 미루어 생각해 볼 때 어찌 측은하지 않은가? 그런데 눈앞에 보이는 일도 오히려 이와 같이 밝지 못한데, 하물며 잔폐한 백성으로서 구렁텅이에 빠진 생명이 죽음의 처지에 임박하였는데도 궁궐은 명해(溟海)처럼 깊고 당폐(堂陛)는 연해(埏垓)처럼 멀어 유사(有司)는 고하지 않으니, 그 죄가 어찌 마부가 그 방법을 잃은 것과 같을 뿐이겠는가? 그러므로 어진 정사는 반드시 백성과 친한 것[親民]으로부터 시작해야 한다.

(『성호사설』 권13, 인사문, 以御喩治)

190

능숙한 마부가 말을 애정으로 잘 이끌고 다루어야 말이 고생을 하지 않고 일을 할 수 있듯이, 어진 정사를 베풀려는 임금은 먼저 백성과 가까이 하여 친해지도록 노력해야 한다는 것이다. 백성들이 곤궁의 구렁텅이에 빠져 있는데도 근시(近侍)는 실상을 전하지 않고 임금 또한 알려고 하지 않는 것은 서툴고 못된 마부와 다를 바 없다는 견해다. 그는 또 "밝은 임금은 세상을 다스림에 있어 한 사람의 필부라도 자리를 얻지 못한 자가 있으면 마치 자기가 그를 도랑에 밀어넣은 것처럼 여긴다"27)고 하였다. 백성을 이렇게 생각하는 임금의 정치가 이루어져야 한다는 바램이 들어 있다.

더불어 고금을 막론하고 백성들에게는 억울한 사연이 있어 임금이나 최고 통치자가 이를 직접 해결하여 주기를 바라는 경우가 있다. 임금이 행차할 때 꽹과리를 쳐서 임금이 알아 듣고 처리해 주는 방법이 있는가 하면[擊錚], 신문고나 상소를 하는 방법도 있다. 그러나 어떤 방법을 쓰든 임금에게 전달되지 않으면 백성들의 원통한 사연은 용이하게 풀어지지 않는 경우가 있다. 거기에 관리의 횡포나 부정부패가 끼여들게 되면 사연은 더욱 복잡해지고, 이미 왕정의 기강도 해이해져 정식 절차에 따른 송사로는 해결을 기대하기 어렵다는 것이 성호의 우려였다. 따라서 성호는 임금이 백성들의 억울한 사정을 알 수 있도록 최선의 방법을 강구해야 한다고 주장하였다.28)

● 주권재민의 민주정치에서 국가 원수가 국민의 실상을 외면하고 국민들이 요구하는 바를 알려고 하지 않는다면 그 국가나 국민의 앞날이 어둡다는 것은 불을 보듯 뻔하다. 대통령의 측근

---

27) 『성호사설』 권7, 인사문, 衰季思亂, "明王御世 一夫不得其所 若己推而納諸 溝中".

28) 『성호사설』 권4, 만물문, 甌函.

들은 대통령에게 정확한 여론을 전달하고 명석한 판단으로 자문하여 대통령을 귀먹고 눈먼 황제로 만들어서는 안 될 것이다. "한 사람의 필부라도 자리를 얻지 못하는 자가 있으면 마치 자기가 그를 도랑에 밀어넣은 것처럼" 정치를 하고, 한 사람의 국민이라도 생계를 꾸릴 일자리가 없다면 이를 대통령 스스로의 책임이라고 여기는 정치를 편다면 국민들로부터 추앙받는 통치자가 될 것이다.

임금의 일희일노(一喜一怒)

성호는 임금의 작은 표정과 생각이 백성에게 어떤 영향을 주는가를 임금 스스로 세심하게 배려해야 한다는 견해를 나타냈다.

> 임금은 숭고한 위치에 있으므로 그의 성음(聲音)과 안색은 아랫사람들이 엿보지 않을 수 없다. 그러므로 한 번 기뻐하고 한 번 화냄에 따라 아랫사람들 얼굴이 펴지고 참담함이 달려 있다. ……임금이 물건을 사용할 때 모름지기 만들기 어렵다는 것과 천하에 손발이 얼어 터져도 추위를 막지 못하는 사람이 있다는 것을 생각한다면, 반드시 백성들을 구제하는 바가 있을 것이다.
> (『성호사설』 권27, 경사문, 愛一袴)

임금은 가장 높은 위치에 있다. 따라서 임금이 무심코 웃거나 화를 내도 백성들은 그에 따라 크게 기뻐하거나 참담한 표정을 짓게 되니, 기뻐하고 화내는 일에도 신중을 기해야 한다는 것이다. 또 일상적으로 쓰는 물건도 만든 사람의 어려움을 알고, 궁궐에서 편안하게 지낼 때 백성들 가운데에는 손발이 얼어 터지도록 추워도 그 추위를 막지 못할 정도로 가난한 사람이 있다는 것을 생각하며 정치를 한다면,

백성을 위한 정치가 이루어지지 않을 수 없다는 견해다. 임금이란 항상 필부의 마음으로 정치를 해야 한다는 것이 성호의 주장이었음은 앞서 본 바와 같다.

> ● 한 나라의 대통령이 그가 대통령에 당선되기 위하여 추운 겨울이 되면 연례적으로 어려운 사람을 찾듯, 불우하고 어려운 국민을 생각하는 정치를 한다면 참다운 복지정책에 좀더 가까이 접근하지 않을까? 모든 정치인이나 고급 공무원도 마찬가지라 하겠다.
>
> 일시적이거나 형식적인 위로나 행사, 체면치레에 그치는 편민(便民) 혹은 위민(爲民) 행정은 결코 바람직스럽지 않다. 추운 겨울 손발이 얼어 터져도 추위를 막지 못하는 사람이 있다는 것을 잊지 않고 정치를 한다면 어느 국민이 따르지 않겠는가?

민심의 향방을 아는 임금

성호는 또 임금은 민심의 향방을 잘 알아야 한다고 하였다.

> 천하는 민심의 향배(向背)에 얽혀 있는 것이며, 개인의 지혜로 혼자 판단할 수 없다는 것을 알았으니, 한(漢)나라 고조(高祖)의 견식이 또한 이와 같았다. 임금이 된 자는 마땅히 깊이 연구하고 생각해 보아야 할 것이다.
>
> (『성호사설』 권20, 경사문, 漢祖力量)

임금이 아무리 뛰어난 지혜를 내었다 해도 뭇 백성들이 요구하는 바와 다르다면 임금은 마땅히 그에 따라야 한다는 것이다. 특히 그는 백성의 뜻을 따르느냐 어기느냐에 따라 왕정의 성패가 달려 있다고 보았다.

아. 천하는 중기(重器)요 제왕(帝王)은 큰 업(業)이다. 예로부터 지금까지 공력(功力)을 번거롭게 하지 아니하고 (천하를) 얻는 자는 오직 청원(靑猿) 한 사람뿐이다. 백성을 순(順)하게 하는 자는 창성하고 백성을 거스르는 자는 망한다는 것을 비로소 알았으니, 순하게 하는 길은 역시 오직 세금과 형벌을 가볍게 하는 것 뿐이다.

(『성호사설』 권25, 경사문, 薄賦輕刑)

백성을 순하게 한다는 것은 임금이 백성의 뜻을 따라 어루만져 주는 정치를 함으로써 백성이 임금의 뜻을 따르는 것이니, 곧 임금과 백성이 시혜(施惠)관계로 서로 따른다는 것을 뜻한다. 성호가 군주의 일방적인 독단정치에 반대하고 있음을 알 수 있다.

● 오늘날은 전문 연구기관에서 국민의 여론을 조사 분석한 결과를 신문이나 방송을 통하여 발표한다. 국가 원수나 그를 보좌하는 막료들도 그 여론의 내용을 보고 정책 수행에 참고할 것이다. 물론 그 여론이 얼마나 신뢰할 수 있는가의 의문점이 없지는 않지만, 그렇다 하더라도 민심의 방향은 가늠할 수 있을 것인데, 여론조사와 그 후 정책수행의 진행을 보면 의문을 자아내게 하는 경우가 적지않다. 예를 들면 다수 국민의 여론을 무시하고 특정 이익집단의 편에 서서 정책을 추진하는 경우가 종종 있다. 율곡 선생은 "공론(公論)은 나라의 원기(元氣)"라 하면서, "공론이 조정에 있으면 그 나라는 다스려지고 민간에 있으면 그 나라는 혼란에 빠진다"[29]라고 하였다. 공론 즉 여론이 정부에 받아들여져 정책에 반영되면 정치가 잘되고, 정부로부터 외면당하여 민간에 그대로 떠돌면 나라는 혼란스러워진다는 뜻이다. 정

---

29) 『栗谷全書』 권7, 疏箚, 代白參贊(仁傑)疏, "公論者 有國之元氣也 公論在於朝廷 則其國治 公論在於閭巷 則其國亂".

194

책 수행자는 깊이 새겨두어야 할 것이다.

모범을 보이는 임금

앞서 보았듯이, 성호는 옛날 어진 임금이 백성을 보호하려는 본보기로 찢어진 바지를 아껴 신하에게 보관케 하였다는 고사를 들어, 임금이 백성을 편안케 하려는 마음이 있다면 먼저 임금 자신이 사치를 억제하고 검소한 생활을 하는 모범을 보여야 한다는 견해를 나타낸 바 있다.[30] 특히 그는 권문세족과 같은 부귀한 자들의 사치 폐단을 막기 위해서는,

> 오직 임금이 몸소 검소함을 보이면서, 먼저 부귀한 자의 사치 풍습을 금하고 정해진 제도 외에는 한결같이 죄를 준 연후라야 기대할 수 있을 것이다.
>
> (『성호사설』 권10, 인사문, **慕效富貴**)

라 하였다. 역시 임금이 먼저 검소한 생활의 모범을 보여야 한다는 것이니, 임금의 정치가 백성에게 신의를 보이는 본보기라 하겠다.[31] 나아가 백성들이 부지런하고 검소하지 않으면 살림이 넉넉치 못하게 될 뿐 아니라 재산을 모을 수 없으니, 임금을 비롯하여 귀척근신(貴近)이 앞장서서 모범을 보여야 한다고 하였다. 그렇지 않으면 "어리석은 백성의 풍습을 바로잡을 날이 없다"[32]는 것이다.

이 모두 "임금이 나아가는 곳에 백성이 따르는 것이 마치 물이 아래로 흐르는 것과 같아서 막을 수 없다"[33]는 성호의 군주관에서 비롯되었다

---

30) 『성호사설』 권24, 경사문, 宰臣賃屋.
31) 『성호사설』 권16, 인사문, 利祿先死亡.
32) 『성호사설』 권10, 인사문, 民生遠慮.
33) 『성호사설』 권11, 인사문, 民志趣向, "上之所造 民志趣向 如水歸下 不可以

고 볼 수 있다.

    ● 그러나 임금의 모범이 아무리 뛰어난들 백성들의 굶주림과 추위에 떠는 고통에 이르겠는가? 그렇기 때문에 백성들에게는 임금이 실천한다는 검소한 생활이란 것도 상징적으로 들릴 수밖에 없고, 임금 또한 백성들의 실정을 제대로 알지 못하면서 강요할 수도 있는 것이다. 그렇게 되면 자연히 임금의 모범은 백성들에게 설득력을 잃게 되고 백성들은 임금을 등지게 된다. 한때 어느 국가 원수가 특정 음식을 자주 즐기면서 국민들에게 자신의 식생활 모범을 보인 적이 있었다. 그렇지만, 국민들이 그를 국민을 이해하는 검소한 대통령이라 하여 따르려 하였던가. 검소함도 그의 평소 생활에서 자연스럽게 나타나는 것일 때 국민들로부터 신뢰를 얻을 수 있는 것이다.

신의를 지키는 임금

19세기까지만 하여도 전국에 걸쳐 호랑이의 피해가 컸다. 그러나 관청에서는 별다른 대책을 세우지 못하였고 민가의 인명이나 가축에 대한 피해는 늘어만 갔다. 마을에는 도둑지키는 개까지도 자취를 감추게 되었다. 이에 정부에서는 포상금을 내걸고 호랑이를 잡아오는 자에게 상금을 주니 처음에는 상당한 효과가 있었다. 그런데 점차 잡혀온 호랑이는 많은데 상금이 줄어들자 다시 포획 숫자가 줄어들면서 호랑이가 기승을 부리게 되었다.

더욱이 각 고을 관아에서 호랑이를 잡지 못할 경우에는 그 대가로 정부에 속포(贖布)를 내게 하자, 중앙 관청에서는 오히려 베로 받는 것(속포)을 선호하는 형편이었으니 호랑이가 더욱 창궐하리라는 것은

遏矣".

뻔하였다. 이따금 호랑이를 잡아 관에 바쳐도 호피는 관청에서 빼앗고 대가로 주는 상금은 턱없이 적으니 누가 목숨을 바쳐 호랑이를 잡으려 하겠는가!

성호는 정부가 당초 약속한 상금을 계속 주었다면 호환이 그렇게까지 크지는 않았을 것이라고 보았다. 즉 백성들에게 신의를 보이면서 백성의 마음을 움직일 만큼 상을 충분히 주었다면 호랑이 머리를 움켜쥐고 호랑이 수염까지 뽑아올 자도 나왔을 것이라는 주장이다. 결국 신의를 지키지 않는 정치가 호랑이의 화를 더욱 크게 만들었던 것이다.34)

다른 예로, 그는 옛날 초(楚)나라 회(懷)왕이 여러 장수들을 모아 놓고, "먼저 진(秦)나라를 격파하고 함양(咸陽)에 들어가는 자를 왕으로 삼으리라"한 약속을 하였는데 위엄이나 부리고 권력이나 휘두르는 항우(項羽)가 이 일을 이루자 약속을 지켰다고 평하였다.35)

> ● 정부에 대한 불신은 행정수반인 대통령을 불신하는 것이나 다름없다. 정책이 조변석개로 달라지고 그것도 일부 이익집단이나 단체에게 유리하고 다수 국민에게는 상대적으로 피해를 주는 것이라면 큰 문제가 아닐 수 없다. 옛날 대동법은 완전한 실시까지 100년이라는 시일이 걸렸다. 하루 아침에 결정·시행하여 좋은 결과를 가져올 수만 있다면 그보다 더 좋을 수 있을까마는 여기에는 많은 위험이 따르게 마련이다. 신중한 정책 결정으로 신의를 잃지 말아야 할 일이다.
> 근래 수해를 당한 지역의 피해복구를 정부가 약속하고서도 결국 지키지 못하여 이듬해 또다시 같은 홍수피해를 입자, 흙범

---

34) 『성호사설』 권15, 인사문, 捕虎.
35) 『성호사설』 권23, 경사문, 懷王後主.

벅이가 된 얼굴로 눈물을 닦으며 "정부를 믿지 못하겠다"며 목
이 메이는 주름진 얼굴들의 하소연 역시 신의의 배반에 대한
원망이 아니고 무엇이겠는가?

(2) 신하를 잘 다루는 임금

성호는 "신하가 충성하는 것은 임금의 밝음에 달려 있고, 나라를
보존하는 요령은 모두 사람을 잘 쓰는가와 백성을 넉넉하게 하는가에
달려 있다"[36]고 하였다. 임금이 현명하면 신하가 충성을 하고, 현명한
관리를 써서 백성을 잘 살게 하면 그 나라는 잘 되어 간다는 것이니,
현명한 임금과 그를 보좌하는 현명한 관리가 나라를 잘 다스리는 요건
인 셈이다. 그러면 성호가 생각한 신하를 잘 쓰는 임금이란 어떤 임금일
까?

어진 자를 등용하라

성호는 "나라가 흥하는 것은 반드시 어진 자를 쓰는 데 말미암고,
망하는 것은 반드시 불초한 자를 쓰는 데 말미암는 것"[37]이라고 하였
다. 어진 인재의 등용을 강조한 말이라 하겠다.

촉한(蜀漢)의 둘째 임금 후주(後主, 유비의 아들)는 제갈량으로부터
협박을 당하였지만 오히려 그에게 모든 책임을 맡겼다는 사실을 들어
다음과 같이 말하였다.

(임금이) 법을 믿으면 신하가 직책에 힘쓰고 현명한 자를 쓰면

---

36) 『성호사설』 권27, 경사문, 悼公一人, "臣忠由於君明……凡有國之要 都在用
人與優民".

37) 『성호사설』 권10, 인사문, 人法相維, "興必由用賢 亡必由用不肖".

198

일이 잘 이루어진다. 밝지 못하고 이와 같이 될 수 있겠는가? 역대로 임금 된 자는 부끄러운 바를 알아야 할 것이다.

(『성호사설』 권23, 경사문, 懷王後主)

어진 사람 쓰기를 후주와 같이 한다면 어진이가 지혜를 발휘하니 일이 제대로 이루어진다는 이야기다. 그는 또 "정치를 논함에 있어 어진이를 숭상할 것을 요체로 삼는다"[38]고 하였다.

> ● 오늘날 계속되는 정치혼란이 어쩌면 진실로 국민을 위하는 지혜로운 어진 인재를 대통령이 가려 쓰지 못하는 데에 큰 원인이 있는 것은 아닌지 생각해 볼 문제다. 아무리 지혜가 번뜩여도 이목구비(耳目口鼻)에나 밝은 소인이라면 그로부터 무슨 성과를 거두기 바라겠는가?

염소를 기르려면 호랑이와 늑대를 없애야 한다

그렇다면 어떻게 어진이를 쓴단 말인가? 성호가 주목한 방법을 소개해 보기로 한다. 그는 선에 나아가고 악을 제거하는 것[進善去惡] 가운데 악을 제거하는 일이 급하다고 하였다. 이를테면 어떻게 심어도 잘 자라는 버드나무를 열 사람이 심는데 한 사람이 뽑아 버리면 살지 못한다. 이에 그 한 사람을 조치해야 하는데, 인재등용도 이와 마찬가지라고 보았다.

군자가 진출하지 못하는 것은 참소하는 자와 간사한 자가 방해하기 때문이다. 양을 기르면서 호랑이와 이리를 없애지 않고, 병아리를 기르면서 고양이와 쥐를 막지 못한다면 하루아침에

---

38) 『성호사설』 권13, 인사문, 北驛南鵠

모두 상할 것이다.

(『성호사설』 권26, 경사문, 去惡最急)

임금의 측근에 간사한 무리가 있어 현명한 인재의 등용을 막고 있다는 것이다. 이러한 무리를 성호는 양을 잡아먹는 호랑이나 이리, 병아리를 잡아먹는 고양이나 쥐로 비유하였다. 호랑이와 이리, 고양이와 쥐를 없애야 양과 병아리를 기를 수 있듯이, 임금 측근의 "간사한 무리를 제거하면 어진이들이 저절로 진출"할 수 있다는 것이다. 반면 간사한 측근들을 제거하지 않으면 이들이 더욱 방종하여 결국에는 나라까지 망하게 한다고 경계하였다.[39]

그리하여 어진이를 쓰되 차별을 두지 않으면 사방의 어진이가 모여들고, 이들이 임금의 정치를 극진하게 보좌하여 임금 또한 방자한 행동을 못함으로써 임금의 덕이 닦이는 동시에 정치가 밝아진다고 하였다.[40]

> ● 정당을 이끄는 책임자에게는 자연히 그에게 더 가깝고 덜 가까운 사람이 있게 마련이다. 만일 정당의 총재가 대통령에 당선되어 국정을 이끌게 되면 그 측근들이 요직을 차지하고 대통령을 도와 국정에 참여하게 된다. 문제는 이들이 모두 재덕을 겸비한 인재가 아니라는 데 있다. 성호가 지적하였듯이, 대통령을 보좌한다는 구실 아래 국정을 농단하면서 나라를 혼란에 빠뜨리는 호랑이나 이리와 같은 자가 그들 속에 있을 수 있다는 것이다. 양이나 병아리와 같은 다수의 연약한 존재들은 그들의 손아귀에서 생사를 걸고 죽기 살기로 경쟁한다. 대통령은 어느덧 소경 아니면 귀머거리 안방마님이 되어 있다. 이 모두 스스로

---

39) 『성호사설』 권26, 경사문, 去惡最急, "佞遠 則君子自進矣".

40) 『성호사설』 권26, 경사문, 立賢無方.

키운 귀여운 짐승이니 예쁘게만 보일 뿐 숨겨진 날카로운 발톱이 보일 리 없다. 양이나 병아리를 기르려면 호랑이나 이리, 고양이나 쥐 같은 짐승을 제거하지 않으면 안 된다는 성호의 비유를 귀담아 둘 필요가 있을 것이다.

권력이 세습되면 나라가 해를 당한다

성호는 권문세족이 세습하여 대대로 정권을 농단하는 것을 철저히 경계하였다.

> 대개 대대로 정권을 잡으면 권위가 날로 강성하여 나라가 해를 입지 않으면 가문이 재앙을 당하는 것이니, 나라를 소유한 자(임금)는 조심해야 한다. 이른바 '적자'(嫡者)란 것은 가문(家)에서나 쓰는 말이지 나라에서 사람을 쓰는 데에는 해당되지 않는다. 가문은 적자에게 물려줄 수 있으나 나라에서 어찌 신하의 어질고 어리석음을 가리지 않고 무거운 책임을 줄 수 있겠는가. ……만약 공(公)의 아들이 공이 되고 경(卿)의 아들이 경이 되어 임금이 세습하는 것과 같이 한다면, 몇 대가 지나간 뒤에는 권력을 남용하여 (임금을) 핍박하지 않을 자 드물 것이다.
>
> (『성호사설』 권7, 인사문, 世卿)

성호는 "정승의 가문에서 정승이 나고 장군의 가문에서 장군이 난다"는 말이 지닌 쇠망의 뜻을 논하면서, 이렇게 되면 세력이 재덕을 억누르는 형세가 된다고 하였다. 따라서 아버지가 공경이라 하여 아들의 재덕을 가리지 않고 공경 대우를 해서는 안 된다 하고, 신하의 권세를 세습시키면 종국에는 나라가 피해를 입든가 그 집안이 재앙을 당하게 된다는 사실을 경계하였던 것이다.

그는 또 "지위가 높아지면 권세가 무거워지고 권세가 무거워지면 뜻이 교만해지며, 뜻이 교만해지면 악이 쌓이고 악이 쌓이면 천하가 모두 미워하는데 오직 임금만 깨닫지 못할 따름이다. 이에 안으로는 아첨으로 임금을 미혹시키고, 밖으로는 위엄으로 그 권세를 더하여 분수 밖의 일을 도모하는 데에 이른다" 하고, 이어 "임금이 만일 이러한 일을 일찌감치 깨닫는다면 화를 예방하는 일[移薪之功]은 손가락 하나의 힘에 불과할 것"이라 하였다.[41] 이 말은 곧 임금이 높은 지위와 권세를 누리는 신하들의 움직임을 잘 살펴 악의 씨를 미리 제거해야 한다는 것을 나타낸 것이라 하겠다.

　● 권력의 승계에 대한 성호의 경계 또한 시사하는 바가 크다 하겠다. 옛날 권문세족의 권력승계는 성호가 지적하지 않더라도 그로 인하여 나라가 입은 피해가 망국에 이를 정도였다고 평가하여 좋을 것이다. 우리 역사가 명백하게 증명한다. 오늘날은 아버지가 권력을 휘두르는 고관을 지냈다 하여 자식이 당연히 그럴 수는 없다. 그러나 이따금 아버지의 후광으로 다른 사람이 누리지 못하는 권세나 이익을 누려 보려는 바람직하지 못한 사람들이 없지 않은 듯하다. 이를테면 부정한 방법으로 병역을 면제받는다거나 대학 입학을 하는 예를 들 수 있지 않을까 한다. 참으로 시대에 역행하는 처사가 아닐 수 없다.

　오늘날은 대통령이 국민들의 선거를 통해 뽑힌다. 만약 대통령의 아들이 후광을 등에 업고 온갖 권력 농단에 앞장선다면 이는 법이 용서치 않는다. 그럼에도 당사자는 물론이고 그 주변 인물들이 이해관계를 둘러싸고 수많은 부패와 비리를 만들어 내는 근래의 일들을 보면, 귀머거리 임금, 소경 임금, 신의를 잃은 임금이 따로 있는 것이 아니로구나 하는 생각을 갖게 한다.

---

41)『성호사설』권7, 인사문, 權奸自全.

구언을 잘하라

임금이 정책을 수행하면서 아랫사람으로부터 조언을 구하는 것을 구언(求言)이라 한다. 성호는 임금이 정치를 할 때 스스로 자세하게 헤아렸더라도 반드시 대신과 같은 높은 관리로 하여금 보필케 하여 허물을 바로잡게 하고, 더불어 지위가 낮은 여러 하급 관리들부터도 조언을 들어야 한다면서, "진실로 도움이 된다면 나뭇군과 같은 미천한 자라 하여 가릴 것이 있겠는가?"[42] 하였다.

성호는 임금이 구언하는 것을 술과 음식을 즐기는 것에 비유하였다.

> 가령 임금이 구언하기를 마치 주식(酒食)을 즐기듯이 한다면, 사람들 역시 어찌 마음으로 올리지 않겠는가? 그러므로 충고가 이르지 않는 것은 (임금이) 즐겨하지 않기 때문이다.
>
> (『성호사설』 권11, 인사문, **納群**言)

술과 음식은 모든 사람들이 좋아하기 때문에 사람들이 만나면 서로 권하는 것처럼, 임금이 주식을 즐기듯이 구언을 즐긴다면 좋은 말을 임금에게 올리지 않을 사람이 없을 것이니, 임금이 바른 말을 즐겨 듣지않기 때문에 충언을 하지 않는다는 지적이다. 그는 신하들에게 구언을 잘한 임금으로서 조선시대 성종(成宗) 임금을 꼽았다.[43]

> ● 국가 최고 통치자가 정책수행을 하면서 참모들에게 자문을 구하는 것은 오늘날 정치의 통상적 방법이다. 통치자가 평소 식견도 부족하면서 자문하기를 싫어하고 오만을 피우며 독단적으로 정책을 결정한다면 국정 운영에 오류를 범할 가능성은 그만

---

42) 『성호사설』 권11, 인사문, 納群言, "苟其有裨 奚擇乎葛蕘之賤哉".

43) 『성호사설』 권13, 인사문, 賜筆墨.

큼 커질 것이다. 자문하기를 '술과 음식을 즐기듯이' 하라는 성
호의 견해는 참으로 명쾌하다. 대통령의 국정 운영에 참여하는
국무위원이나 고급 공무원 역시 예외가 아닐 것이다.

언로가 막히면 나라가 망한다

성호는 언로의 중요성을 다음과 같이 말하였다.

> 언어라는 것은 귀천과 친소(親疎), 그리고 원근을 소통시켜 주는
> 기혈(氣血)이다. 이것이 가정에서 통하지 않으면 그 가정은 반드
> 시 망하고, 국가에서 통하지 않으면 그 나라는 반드시 망한다.
> 마치 머리가 팔과 다리를 잃은 것과 같으니 어떻게 사람이 되겠
> 는가?

(『성호사설』 권16, 인사문, 章疏虛文)

언어 즉 언로는 귀천이나 친소, 원근의 막힘을 소통시켜 주는 기혈과
같은 것으로, 만약 가정이나 국가에서 언로가 막히면 가정도 국가도
망한다고 하였다. 사람의 모습으로 비유한다면 마치 팔과 다리를 잃은
머리와 같다는 것이다. 특히 임금과 신하 사이의 언로를 매우 중시하였
다.

그는 당시 언관(言官)제도와 승정원에 문제가 많음을 지적하였다.
즉 다른 부서에서는 언로의 주무부서인 사간원의 직무를 간섭할까
두려워 임금께 간하지 못하고, 초야의 선비가 혹 임금께 상소하여도
승정원에서 규례나 시의(時宜)를 트집잡아 막아버린다는 것이다.[44]
그리고 간관(諫官)들은 풍문만 듣고 간쟁하였다가 사실과 다른 결과가
나타나면 풍문이 와전되었다 하면서 자신들의 잘못을 회피한다고 지적

---

44) 『성호집』 권30, 雜著, 論諫官.

하였다. 이에 성호는 사람을 들어 비평할 때에는 반드시 근거를 제시하고, 혹 풍문으로 모함하는 경우에는 무고죄를 적용하여 처벌해야 한다고 하였다.[45)]

기본적으로 성호는 사간원의 간관제도를 폐지하고, 더불어 지나친 규례에 얽매이지 말 것을 주장하였다. 나아가 매월 초하룻날 조회에서 상하를 막론하고 모든 신하들로부터 진언을 받고, 임금은 재상이나 측근 신하들과 함께 진언을 검토하여 수용할 만한 내용은 직접 진언한 사람을 불러 다시 묻되, 일관성있는 답변만 청취할 것을 제안하기도 하였다.[46)]

● 국가 최고 책임자는 가능한 한 언로를 크게 확대하여 다양한 사람들로부터 의견을 청취해야 할 것이다. 측근에 둘러싸여 귀를 막고 있다거나 대문을 굳게 닫아걸고 담장 밖의 일을 전혀 모르거나 모르는 척하여서도 안 된다. 언로가 막히면 나라가 망한다는 성호의 극언이 무엇을 뜻하는지 깊이 생각해 볼 일이다.

충고해 주는 벗이 있으면 명예가 떠나지 않는다

성호는 "아버지에게 잘못을 말해 주는 아들이 있으면 아버지가 불의에 빠지지 않고, 선비에게 잘못을 충고해 주는 벗이 있으면 명예가 떠나지 않는다"[47)]고 하면서, 필부도 이처럼 허물을 고치기에 겨를이 없는데 국가, 즉 임금은 더 말할 것도 없다는 견해를 나타냈다. 그러나 신하가 임금에게 올리는 충고는 현실적으로 어렵다고 하면서, 자칫하

---

45) 『성호사설』 권14, 인사문, 風聞論人.

46) 『성호사설』 권11, 인사문, 納群言.

47) 『성호사설』 권16, 인사문, 揭帖問備, "故父有諍子 則不陷於不義 士有諍友 則不離於令名".

면 임금으로부터 적으면 파면이요 크면 죽음을 면치 못하기 때문에
신하들이 본인에게 돌아오는 손해를 감수하면서 바른 충고를 하기
어렵다고 하였다.

> ● 이 또한 오늘날 최고 통치자가 귀담아 들어야 할 내용이다.
> 윗사람으로서 아랫사람의 충정어린 매운 충고를 고맙게 받아들
> 일 수 있는 도량을 지닌 경영자라면 그 경영자가 이끄는 경영조
> 직은 당연히 성장 발전할 것이다.

신하의 간쟁을 수용하지 못하는 자신을 걱정하라

성호는 "임금이 자신의 잘잘못을 지적해 주는 신하가 없음을 걱정할
것이 아니라, 신하의 간함을 자신이 받아들이지 못하는 것을 걱정해야
한다"48)고 하였다. 사실 신하는 말로써 간하지만 임금은 행동으로
나타내야 하기 때문에, 임금이 받아들이기란 그리 쉽지 않음을 말한
것이다. 간하는 것은 헐뜯는 것에 가까워 듣는 자가 화내기 쉬운 데다,
임금의 허물을 책망하는 데 구언을 기다린다는 것이 참으로 어려울
것이다. 그렇다 하더라도 신하는 임금에게 간해야 한다는 것이 성호의
주장이다.

신하가 간하지 못하는 것은 임금이 받아들이지 않고 오히려 노여움
만 살까 두려워하기 때문이라 하면서,

임금이 간쟁(諫諍)하는 신하가 없음을 걱정하는 것은 마치 땅은
있으되 곡식을 심지 않는 것과 같다. 간쟁에도 어질고 어리석음
에 따라 선한가 아닌가가 있으니 또한 가리지 않을 수 없다.

---

48) 『성호사설』 권14, 인사문, 諍臣七人, "人君　不患無諍臣　而患不能納諫諍
之".

206

이미 받아들일 문을 열어 놓으면 원근을 막론하고 모두 팔뚝을 휘두르며 들어와 흉금을 털어 놓고 말씀을 올릴 텐데 어찌 뛰어난 인재가 나오지 않음을 걱정하는가? 임금이 어진 인재가 없음을 걱정하는 것은 곡식이 있는데 거두어들이지 않는 것과 같다.

『성호사설』 권14, 인사문, 諍臣七人

라 하였다. 한마디로 신하가 임금에게 바른 간쟁을 하지 않는 원인이 임금 자신에게 있다는 이야기다. 그리하여 임금이 간쟁을 받아들일 길을 터놓고 문을 열어 놓으면 어진 인재가 원근에서 모여들어 기탄없이 흉금을 헤치고 바른 말을 임금에게 올린다는 것이다. 어진 인재가 없다고 걱정만 하는 것은 받아들일 태세를 보이지 않는 것과 같은 것이니, 마치 곡식이 있어도 거두어 들이지 않는 것과 같다고 비유하였다.

● 오늘날 우리의 대통령은 바른 말하는 아랫사람의 진언에 귀를 귀울이는지? 혹 대통령은 자신의 무능이나 독선을 저지하는 간언에 화를 내거나 외면한 일은 없었는지? 자신의 측근들에게만 진언의 길을 터놓고 그들이 펼쳐 놓는 미로에서 헤매지는 않는지? 숲속에서 헤매는 나그네가 나뭇군에게, 거친 들에서 헤매는 길손이 나물캐는 아낙에게 길을 묻듯이 자문하는 지혜와 길을 넓혀야 할 것이다. '신하의 간함을 받아들이지 못하는 자신을 걱정'하면서 항상 귀를 활짝 열어 놓기를 기대한다.

그른 것을 그르다고 말하는 자가 없으면 곧 망한다

성호는 옳은 것을 옳다고 말하고 그른 것을 그르다고 말하는 것이 언론인데, 옳은 것을 옳다고 하면 듣는 자가 기뻐하고 그른 것을 그르다고 하면 듣는 자가 기뻐하지 않는 것이 일반 상식이라고 하였다. 그는 또 옳은 것을 옳다고 할 때에는 아첨이 될 수 있고 혹 듣는 자의 사람됨을 그르칠 우려도 있다고 하였다. 따라서,

> 무릇 나라를 살펴보건대, 옳은 것을 옳다고 말하는 자가 그른 것을 그르다고 말하는 자보다 많은 것은 장차 혼란스러울 기미다. 하물며 옳은 것을 옳다고 하는 자는 있고, 그른 것을 그르다고 하는 자가 없으면 머지않아 (그 나라는) 망할 것이다.
>
> (『성호사설』 권16, 인사문, 直言極諫)

라 하였듯이, 신하가 임금의 옳은 정사만 칭찬하고 잘못된 정사를 임금께 고하지 않으면 그 나라는 망할 날이 머지않다는 견해를 나타냈다. 그는 신하들이 직언으로 간하는 것이 명예로운 일임에도 불구하고 그렇게 못하는 것은 혹 솔직하게 간하다가 "죄만 입고 이익은 없을까 두려워하기 때문"[49]이라 하였다. 신하의 바른 말은 결국 나라에 이익이 돌아간다는 것이 성호의 생각이었다.[50]

　● 대통령도 인간이기에 아랫사람이 자신의 정사에 대하여 옳다 혹은 잘했다고 칭찬하면 퍽 흐뭇할 것이다. 그러나 그것이 아첨이 될 수 있다는 사실을 알아야 한다. 혹 대통령이 잘못 판단하여 일을 그르치고 있는 데도 불구하고 책임있는 막료가 제지하지 못하거나 침묵을 지키고 있다면, 대통령은 막료를 잘못 두었다는 이야기가 된다. 더불어 사후에라도 그에게 어떤 조치를 취하지 않는다면 그 대통령에게 더 큰 잘못이 있다 할 것이다. '옳은 것을 옳다고 말하는 자가 그른 것을 그르다고 말하는

---

49) 『성호사설』 권16, 인사문, 直言極諫, "懼罪而無益也".
50) 『성호사설』 권17, 인사문, 直言利國.

208

자보다 많은 것은 장차 혼란스러울 기미'라는 성호의 말을 통치
자는 명심해야 하지 않을까 생각된다.

지위가 낮은 자의 의견을 청취하라

성호는 조정에서 국사를 논할 때 지위가 높은 대관들이 국사를 어지
럽히고 있다고 우려하였다. 지모로 말하자면 아랫사람들이 못할 것이
없지만 세력과 지위에 눌려 의견을 펼 수가 없다는 것이다. 그리하여
임금은 하급자의 의견을 존중할 줄 알아야 한다고 강조하였다.

> 옛날 성종(成宗) 임금 때에는 자주 백공(百工)들을 접하여 만약
> 그 말이 이치에 맞으면 반드시 그것이 낭료(郎僚)에게서 나왔는
> 가의 여부를 묻고, 만약 낭료에게서 나왔으면 그 사람을 나오게
> 하여 다시 물어본 다음, 혹 그를 발탁하여 승진시켰다. 그리하
> 여 재능있는 준걸들이 분연히 일어나고 정치를 도와 나라를 다
> 스리는 공적이 지금까지도 무궁하게 빛난다.
> 대저 나라가 잘 다스려지거나 그렇지 못한 것은 한 사람의 사사
> 로운 것이 아니기 때문에 어린 아이로부터 청문할 수도 있고 꼴
> 군이나 나무꾼에게도 물어볼 수 있는 것이다.
>
> (『성호사설』 권13, 인사문, 議自下起)

그는 앞서 본 바와 같이 조선조 성종 임금이 하급직에 있는 사람들과
자주 접하여 의견을 듣고 그 가운데 재능있는 자를 발탁하여 승진시킨
예를 칭찬하였다. 정치는 사사로운 것이 아니기 때문에 경우에 따라서
는 어린아이나 꼴군, 나무꾼에게도 의견을 물을 수 있다는 것이다.
그만큼 많은 사람들의 의견을 수렴해야 한다는 이야기다.

더 나아가 대신과 같은 관리는 지위가 낮고 명망이 있는 자 십여

사람을 선택하여 상하가 모두 참여하는 회의에서 토론하고 각각 기록하게 한 다음, 대관이 취합하여 임금께 아뢰고 결단해야 임금이 선택할 길이 열린다는 의견도 제시하였다.[51] 대관이 정사를 혼자 결단하여 임금께 올리지 말고 하급 관리들의 의견을 들어 여러 방안을 임금께 제시해야 한다는 이야기다. 임금은 임금대로 하급직의 의견을 청취해야 한다는 주장과 함께 조정의 모든 의견이 아래로부터 위로 모아져야 한다는 견해라 하겠다.

그러나 아랫사람들로부터 의견을 많이 들으려면 임금이 너무 위엄있는 자리가 되어서는 안 된다고 하였다. 임금이 몸을 굽혀 신하들을 유도하여 생각한 바를 말하도록 어진 신하가 임금을 인도해야 한다는 견해도 나타냈다.[52]

> ● 업무는 계획으로부터 실행 검증에 이르기까지 하급 직원들이 실제 맡고 있기 때문에, 고위 공직자는 가능하면 이들과 자주 접촉하면서 직접 의견을 청취하는 일도 잊지 말아야 할 것이다. 권위가 커지면 상급자와 하급자의 거리가 더욱 멀어진다.

임금의 허물을 바로잡지 못하는 신하를 치죄하라

만약 임금이 임금답지 못한 행위를 한다면 신하는 어떻게 해야할까? 성호의 견해를 들어보자.

만약 임금이 덕을 크게 잃어 사치와 방종이 끝이 없다면 재앙이 천하를 덮고 나라가 위태롭게 되어 망하게 될 것이다. 그럼에도 불구하고 이를 바로잡지 않으면 그 죄가 어찌 담을 뚫는 도둑이

---

51) 『성호사설』 권13, 인사문, 議自下起.
52) 『성호사설』 권13, 인사문, 經筵坐講.

나 세금을 거두어들이는 세리에 비하겠는가? 그 죄로 따지면 도둑을 다스리는 형벌(墨刑)에 해당된다.

(『성호사설』 권24, 경사문, 臣下不匡)

신하의 사치가 도를 넘거나 방종하는 임금의 잘못을 알고도 바로잡지 않으면 묵형(墨刑)에 해당되는 벌을 받는다는 것이다. 묵형이란 얼굴에 먹물로써 문신을 하는 것인데 본시 도둑을 다스리는 형벌이었다. 신하가 되어 임금의 잘못을 알고도 바로잡지 않으면 온 천하가 그 해독을 입게 되고, 나라까지 망하게 되기 때문에 그 죄는 도둑에 비할 바가 아니라는 것이다. 소망스런 임금을 만드는 데 신하의 역할이 얼마나 큰가를 알려 주는 대목이라 하겠다.

● 오늘날 대통령의 잘못된 정치나 그릇된 사생활을 사심없이 지적하는 측근이나 고급 공무원이 있다면 그 자리를 보존할 수 있을까? 헤아릴 수 없을 만큼 축재를 하고 권력을 휘두른 통치권자의 꽁무니를 따라다니면서 여전히 충성하는 옛 신하들이 있다면 과연 참된 충신이라 말할 수 있을까? 이들이야말로 옛날 임금의 잘못을 방치한 그릇된 신하와 다를 바가 없을 것이다.

예의 정치를 베풀어라

성호는 『논어』 팔일(八佾)편에 있는 공자와 정공(定公)의 대화 내용을 들어,[53] 임금이 신하를 예로써 부릴 것을 강조하였다.

무릇 예(禮)와 충(忠)이란 것은 누가 그 설(說)을 모르겠으랴마는

---

[53] 『論語』 八佾篇, "定公問 君使臣 臣事君 如之何 孔子對曰 君使臣以禮 臣事君以忠".

다만 실제로 터득하지 못하기 때문에 행하지 못할 뿐이다. 임금의 형세는 존귀하고 신하의 형세는 비천하니, 존귀하면 마음대로 하고 비천하면 두렵기 때문에, 임금이 혹 부끄러운 일이 있어도 부끄럽게 생각하지 않는다 하여 신하가 감히 충성하고 싶지 않다고 말할 수 있겠는가? 이는 성인의 가르침을 기다리지 않더라도 스스로 알 수 있다.

임금이 예로써 하지 않으면 신하는 반드시 수치스럽게 여기고, 수치스럽게 여기면 원망하고 원망하면 충성하려던 마음도 변하게 된다.……예라는 것은 그릇됨과 간사함을 막고 착한 마음을 일으키는 것이다.

(『성호사설』 권24, 경사문, 使臣以禮)

신하의 충성도 임금이 예로써 대하지 않으면 기대하기 어렵다는 이야기다. 임금이 가장 높은 지위에 앉아 온갖 잘못을 저지르면서도 부끄러움을 느끼지 않는다 하여 신하로서 감히 충성을 바치지 못하겠다고 말하기는 어렵지만, 결국 수치와 원망이 쌓여 자연히 충성심도 떠나게 된다. 예의 정치를 베풀어 군신 사이의 선린과 충성관계를 돈독히 하자는 견해라 하겠다.

> ● 이 또한 오늘날의 대통령 중심제 민주정치라 하여 예외가 아니라 하겠다. 대통령이 측근들을 옛날 군주가 신하 부리듯 하지는 않는지? 자기의 무능과 잘못은 아랑곳하지 않거나 감추면서도 측근들에게는 무조건 충성을 강요하지는 않는지? 여당 총재인 대통령이 국회의원 출마에 결정적인 영향을 미치는 오늘의 정당정치 형태에서 이 또한 우려의 소지가 없다고는 할 수 없을 것이다.

제4장
선정은 엄법으로, 개혁은 변법으로

제1절 법은 정치도구다

선정은 엄법으로 이루어진다

성호는 정치와 법의 관계를 다음과 같이 말하였다.

> 나라가 잘 다스려지는가 혼란한가는 헌령(憲令)이 엄한가 이완
> 되었는가에 전적으로 달려 있으니, 법이 행해지지 않으면 비록
> 어진 마음과 좋은 정사가 있다 하더라도 나라에는 도움이 없는
> 것이다.
>
> (『성호사설』 권10, 인사문, 祀官摘奸)

나라가 잘 다스려지려면 법이 엄히 시행되어야 한다는 것이다. 다시
말하면 어진 정사도 엄한 법으로 다스려지지 않으면 잘 다스려질 수
없다는 뜻이다. 여기에 엄한 형법도 포함되어 있음은 물론이다. 이는
"조처하는 일에 믿음이 없고 형벌이 적중하지 않고서 백성을 다스릴
수 있겠는가?"[1]라고 한 표현에서도 잘 드러난다. 성호는 조선 초기에는
정사와 법이 엄하여 나라가 태평하고 백성들이 유족하였다고 평가하였
다.[2]

　　　● 여기에서 성호가 주장하는 엄법은 두렵고 혹독한 법이 아니
　　라 법 준수의 엄격함이다. 그리고 그가 우려했던 것은 유명무실
　　해진 법이 피지배계층을 괴롭힌다는 사실이었다. 혹 지금 이 사
　　회에서 서민층에게는 엄법이 적용되고 특정 계층에게는 유명무

---

1) 『성호사설』 권10, 인사문, 祀官摘奸, "擧措不信　刑罰不中　民其可得以治
　也".
2) 『성호사설』 권14, 인사문, 使价求請.

실하지 않은지 돌아볼 일이다

법은 예에 근본한다

한편 법과 예의 관계에 대하여,

> 법이라는 것은 예(禮)에 근본하고 예를 따라 제도를 정하는데,
> 제도를 위반하면 형벌한다. 이것을 법이라 이른다. 예에 근본하
> 지 않으면 법은 헛된 것이 되고 만다. 예는 명분을 바로잡는 것
> 을 위주로 한다.
>
> (『성호사설』 권10, 인사문, 率禮定名)

라 하였다. 법은 예[3]에 근본하고 제도는 예에 따라 정해지기 때문에 제도를 어기면 형벌을 받게 된다는 것이다. 더불어 "덕과 예가 실로 정치의 근본이 되지만, 정형(政刑) 역시 다스림[治]을 보조하는 도구로서 없어서는 안 될 것"[4]이라 하여, 형벌을 정치를 하는 데 필요한 보조도구로 생각하고 있었다.

사람과 법이 서로 유지되어야 한다

그는 또 중국 원나라 사람 노재(魯齋) 허형(許衡)의 상소문에 있는 "사람을 다스리는 것은 법이요 법을 수호하는 것은 사람이니 사람과

---

3) 성호는 예(禮)라는 것을 천도(天道)를 통달하고 인정을 순하게 하는 큰 구멍[竇]이라 하였다. 신(神)을 섬기고 백성을 다스림에 있어서도 예가 아니면 이루어지지 않기 때문에 나라를 무너뜨리고 가정을 잃고 몸을 망치는 것도 반드시 먼저 예를 버리기 때문이라 하였다(『성호사설』 권26, 경사문, 宗廟會同).

4) 『성호사설』 권26, 경사문, 王覇竝用, "德禮者 固爲治之本 政刑 亦輔治之具 不可闕".

법이 서로 유지되어야 위가 안정되고 아래가 순응하며, 번거롭지 않고 수고롭지 않다"5)는 내용을 소개하고, 인재와 법의 관계를 다음과 같이 나타냈다.

> 법이 없으면 백성을 다스릴 수 없고 어진이가 없으면 법을 시행할 수 없다. 이것이 이른바 "사람과 법이 서로 유지되어야 한다"는 것인데, 하나만 없어도 좋지 않다. 그렇지 않으면 마치 머리빗는 빗이 있고 밥먹는 숟가락이 있어도 손이 없는 것과 같으니 무슨 이익이 있겠는가?
>
> (『성호사설』 권10, 인사문, 人法相維)

사람과 법이 서로 유지되어야 한다는 것(人法相維)으로, 정치는 법에 따라 사람이 하는데 그 법은 어진 사람이 시행해야 한다는 것이다. 성호는 빗과 숟가락이 있어도 그것을 사용할 줄 아는 손이 없으면 쓸모없다는 이야기로 비유하였다. 요컨대 좋은 법과 그 법을 시행하는 어진 사람이 서로 필요하다는 견해다.

◉ 사람과 법이 서로 유지되어야 한다는 성호의 말은 우리에게 많은 것을 생각게 한다. 혹 우리는 법은 있되 없는 것과 같은 사회에서 살고 있는 것은 아닌지? 성호의 말대로 법과 사람이 유지되고 있는 사회에서 살고 있는지 궁금하다.

형은 다스림을 보조하는 도구

그는 여러 법 가운데에서도 형법의 필요성을 다음과 같이 강조하였

---

5) 『성호사설』 권10, 인사문, 人法相維, "治人者 法也 守法者 人也 人法相維 上安下順 不煩不勞".

다.

　○ 형(刑)이란 다스림을 보조하는 도구고, 형법이 밝지 못하면 예교(禮敎)를 행할 수 없다. 비록 어진 마음과 어진 정사가 있다 하여도 또한 무슨 유익함이 있겠는가?……내 생각에 옛날 풍속이 순후한 세상에는 마땅히 관대함을 근본으로 삼았으나, 만약 말세로서 투박(渝薄)한 즈음에는 먼저 법금(法禁)을 세우지 않고는 다시 손을 쓸 수가 없다.

(『성호사설』 권25, 경사문, 寬嚴)

　○ 옛날에는 인심이 순박하여 착한 자는 많고 악한 자는 적어 단지 교화로 인도하여 능히 다스릴 수 있었으나, 말세에 이르러서는 사람들이 그릇됨에 젖어 이미 고질화되었으니 오직 형벌만이 여러 사람을 다스릴 수 있다. 군대를 들어 말하자면 잠깐이라도 형벌을 없애고 전적으로 덕교(德敎)만으로 한다면 어떻게 적을 막을 수 있으리오.

(『성호사설』 권14, 인사문, 實讓)

　형법이 밝지 못하면 예교도 어진 정사도 이루어질 수 없고, 특히 말세와 같이 인심이 혼탁하고 사람들이 악에 젖어 있는 세상에는 엄한 형벌 없이는 다스릴 수가 없다는 것이다. 이 때의 형은 정치를 하는 보조도구라 하였다. 또 "후세에 이르러 백성들이 교화를 잃은 지 오래되어 착한 자가 적고 악한 자가 많은데, 오히려 도덕과 예의의 가르침만 믿고 편안히 앉아 다스려지기를 바라는 것은 밝은 지혜라 할 수 없다"[6]고 한 것도 같은 맥락이라 하겠다.

---

6) 『성호사설』 권15, 인사문, 政刑.

악을 막는 데 형벌보다 좋은 것이 없다

그는 왜 형벌이 필요한가를 다음과 같이 구체적으로 설명하였다.

> 내가 경험해 보니, 어리석은 백성들이 선하거나 악한 일을 행하는 것이 처음부터 그러한 것이 아니고, 우연히 한 가지 일의 득실로 충동을 일으켜 빠지게 되어 잠깐 사이에 천리의 간격에 이르게 된 것이다. 착함으로 인도하여 악함을 그치게 하면 마치 처음 솟는 샘물이나 처음 타오르는 불과 같으니 마침내 천성(天性)과 같은 데에 반드시 이르게 된다.
>
> 그러나 선(善)으로 인도하는 것은 덕례(德禮)만 같은 것이 없고, 악을 그치게 하는 것은 정형(政刑)만 같은 것이 없으니, 이욕의 세계에 깊이 빠져 있는 오늘날 형벌을 늦추라고 하는 것이 어찌 옳겠는가?
>
> ……이로써 형벌을 밝히고 법을 신칙하여 백성으로 하여금 위엄을 두렵게 여기게 하여 죄를 적게 하여야 손을 쓸 수 있는 여지가 있을 것이다.
>
> (『성호사설』 권15, 인사문, 政刑)

그는 백성들이 악한 짓을 하는 것도 일의 득실 때문에 우연히 순간적으로 그렇게 된 것이라 전제하고, 착한 길로 인도하는 방법으로는 덕과 예가 가장 좋지만 악을 막기 위해서는 형벌밖에 없다고 보고 있다. '이욕의 세계에 깊이 빠져 있는' 현실에서는 어쩔수없이 형벌이 필요하고, 더불어 미리 엄한 법으로 형벌을 밝혀 백성들이 법의 위엄을 알아 죄를 짓지 말도록 예방해야 한다는 것이다. 그는 원칙적으로 "사람을 죽인 자는 죽이는 것이 정법(定法)"[7]이라 하였다.

---

7) 『성호사설』 권27, 경사문, 刑書刑鼎, "如殺人者 死定法也".

● 오늘날 사형제도의 존폐를 놓고 각계 각층의 논자들이 다른 주장을 펴고 있는데, 크게는 사형제도가 필요하다는 쪽과 폐지해야 한다는 쪽으로 나누어진다. 인간이 같은 인간을 죽인다는 그 자체에 동의할 사람은 아무도 없을 것이다. 다만 인간사회의 질서유지 문제와 관련하여 그 존폐 이유가 다양하지만 참으로 가늠하기 어렵다 하겠다. 어느 쪽이 옳은가는 누구도 자신있게 말하기 어려울 것이다. 사회질서와 권선징악을 강조하던 조선 유교 도덕사회에서는 이를테면 사람을 죽인 자는 죽여야 한다는 것이 정론으로 받아들여진 것 같다. 그러나 최선의 교화방법을 찾을 수 있다면 사형이라는 극형은 인간사회에서 없어져야 하지 않을까?

법과 이욕은 서로 승제된다

성호는 시골의 뭇 가난한 사람들이 간악한 짓을 하지 못하는 것은 법을 무서워하기 때문이라 하였다. 이들은 가난을 면하기 위하여 온갖 궁리를 해내는 데 이욕을 추구하기 위해서는 무엇이든 못할 것이 없다고 하였다. 그럼에도 그렇게 하지 않는 것은 법이 두려워서라는 것이다.8) 여기에서 성호는 법과 이욕의 관계를 다음과 같이 도출해 낸다.

> 법과 이(利)는 서로 승제(乘除)가 된다. 고로 이가 무거우면 법이 가볍고, 가벼운 것을 버리면 무거운 것은 곱이 되니, 그 세(勢)를 막을 수 없는 것이다. 조금이라도 소홀히 할 수 있겠는가?
>
> (『성호사설』 권8, 인사문, 刑法)

"법과 이가 서로 승제가 된다"고 하였다. 이 말은 한 쪽을 버리면 다른 쪽은 곱절의 효과가 나타난다는 뜻이다. 다시 말하면 사람들이

---

8) 『성호사설』 권8, 인사문, 刑法.

이욕을 앞세워 법을 무시해 버리면 법의 효과는 전혀 없어지는 동시에 무법만큼 이욕에 따른 혼란이 커지게 되고, 반대로 법이 무서워 혼란의 원인이 되는 이욕을 버리면 법의 효과는 이욕을 버린 만큼 이상으로 커진다는 뜻이라 하겠다. 법의 위엄을 강화해야 한다는 성호의 생각이다.

법과 이욕에 관한 그의 다른 비유를 소개한다. 지금 여기에 백금이 있는데 그것을 겁탈한 자에게 묵형(墨刑)에 처한다고 한다면, 묵형이 금보다 무겁기 때문에 경계하여 겁탈하지 않겠지만, 만약 금을 겁탈하여 존귀하게 여긴다면 존귀한 것이 묵형보다 무거워 반드시 과감하게 겁탈할 자가 있을 것이라고 하였다.9)

또한,

> 사람을 죽인 자는 자신도 역시 죽임을 당하므로 차마 살인을 하지 못한다. 만일 살인을 해도 죽이지 않는다면 도시에서 칼날을 휘두르는 일이 그치겠는가? 그러므로 정치를 하는 요체는 위엄이 이(利)보다 무겁고 이를 변화시켜 해(害)가 되게 해야 백성의 뜻이 안정되고 풍속이 개혁될 수 있을 것이다.
>
> (『성호사설』 권8, 인사문, 刑法)

라 하였듯이, 살인자를 죽이지 않으면 칼을 휘둘러 살인이 계속 일어날 수 있는 것처럼, 엄한 형법으로 자신의 이욕만 추구함으로써 야기되는 폐단을 막아야 한다는 견해를 나타냈다. 정치를 하는데 엄법이 필요하다는 것을 강조하는 내용이다.

---

9) 같은책, 같은 조.

● 자유민주주의 국가에서 개인의 이익이나 집단이익을 추구하여 합법적인 행동이나 투쟁을 하는 것은 법으로 정해져 있다. 그러나 그것이 준법정신에 어긋나거나 불법·탈법으로 난무한다면 큰일이 아닐 수 없다. 국민 모두가 지나친 이욕을 앞세워 법을 무시하는 행동으로 치닫는다면 그만큼 사회적 혼란이 커지게 된다는 사실을 알아야 한다. 특히 사회 지도층의 준법이 뭇사람들의 준법정신을 기르는 데 큰 효과를 거둘 것이다. 법을 버리면 그에 따른 혼란이 배가된다는 성호의 지적을 주목하지 않을 수 없다.

덕례와 정형은 서로 안팎

제갈량(諸葛亮)이 후주(後主) 유선(劉禪)에게 나라를 엄하게 다스리도록 주청하는 한편 자신도 재상으로서 엄한 정치를 펴려는 의지를 보였는데, 이를 가리켜 성호는 "사람 다루는 기술을 알았다"고 평가하고 있다. 너무 유약하거나 너무 강한 정치를 해서는 안 된다는 제갈량에 대해 "유약하지 않고 강하지 않은 사이에서 시의(時措)에 맞도록 변통한 사람이다"라고 평하기도 하였다.[10] 여기에서 성호가 말한 엄한 정치란 혹독한 정치가 아닌 법에 따른 정치, 범법자에 대해서는 엄한 법으로 다스리는 정치를 의미한다.

그는 정치의 방법이 마땅히 육경(六經)을 근본으로 삼아야 하지만, 인정을 자세히 살피고 사무를 정확하게 처리하는 데는 한비자(韓非子)나 그 밖의 제자(諸子)들이 주장한 설도 활용해야 한다는 의견을 제시하였다. 사실 성호는 제갈량이 한비자의 형명(刑名) 학설을 따랐던 것을 높이 평가하고 있었다. 여기에서 정치 보조도구로서의 형(刑)을 상기하

---

10) 『성호사설』 권18, 경사문, 孔明喜申韓, "其亦知御人之術也……盖處以不柔不剛之間　變以通之合乎時措者也".

면서 성호의 다음 의견을 주목해 보자.

> 무릇 덕례(德禮)와 정형(政刑)은 서로 안팎을 이루어야 한다. 그
> 렇지 않으면 이른바 "인심(仁心)과 인문(仁聞)이 있지만 사람들
> 이 그 혜택을 입지 못한다"는 것이다. 옛날 나라가 잘 다스려지
> 던 세상에는 군자의 주장이 교육을 위주로 하고 형벌을 천하게
> 여긴 것이 실로 마땅하였지만, 더럽고 혼란한 세상에서는 공명
> (孔明)의 뜻을 역시 따르지 않을 수 없었을 것이다. 오늘날 기강
> 이 무너지고 오상(五常)의 문란함이 극도에 달하였으니, 한비자
> (韓非子)와 제자(諸子)도 반드시 도움이 있을 것이다.
>
> 『성호사설』 권18, 경사문, 孔明喜申韓)

한 마디로 도덕정치를 근본으로 하되 형벌이 따르지 않을 수 없다는
것으로, 덕례와 정형이 서로 안팎으로 균형을 이루어야 한다는 점을
강조하고 있다. 더욱이 성호가 살던 때와 같이 기강이 무너지고 인간으
로서 지녀야 할 오상(仁·義·禮·智·信)이 문란해진 패란(敗亂)적 세
상에는 엄한 형벌이 필요하다는 주장이다. 그리하여 그는 정치에서
형벌이 강조되는 한비자의 학설에 주목하였던 것이고, 한비자를 추종
한 제갈량의 정치방법 역시 높이 평가하였을 것이다.

⬤ 기강과 오상의 문란으로 말하자면 오늘날이 성호가 살던 18
세기에 못하겠는가? 오늘날은 정부에서도 민주화라든가 기본
권 존중이라든가 인간의 존엄성을 내세우면서 가능하면 교화를
앞세우고 무거운 체형을 지양하는 방향으로 나아가고 있다. 당
연하고 바람직한 현상임에 틀림없다. 반면 여기에는 많은 문제
점과 애로가 도사리고 있다. 예컨대 그 바람직한 현상이 오히려
다수의 민중에게 피해를 끼친다면 이는 재고되어야 할 문제가

아닐까? 이를테면 인간의 존엄성을 존중하는 차원에서 한 사람의 사회악범을 사면시켰는데 사면후 많은 사람이 그에 의해 희생되고 수많은 사람이 두려움의 고통 속에서 살아야 한다면, 그 사면이 정당하고 바람직스럽다고 할 수 있을까? 극소수를 위한 기본권 존중이나 인간의 존엄성이 다수를 고통 속에 몰아넣거나 희생을 강요하는 결과를 가져온다면 이는 법의 취지에도 맞다고 볼 수 없을 것이다.

제2절 형벌정책이 바뀌어야 한다

너그러운 정사가 능사는 아니다

성호는 형벌로 혼란을 다스리는 것은 약석(藥石)으로 공양(供養)하는 것과 같고, 덕교(德敎)로 잔혹함을 없애는 것은 양육(粱肉)으로 병을 치료하는 것과 같다고 풀이하면서, "큰 죄인을 죽이지 않고 나라가 다스려졌다는 말을 듣지 못했다"[11]고 하였다. 악질적인 중범죄인은 극형으로 다스려 마땅하다는 견해로서, 일벌백계로 엄벌해야 한다는 성호의 법의식을 들여다볼 수 있다.

그는 당시 치안행정의 느슨함을 들어 다음과 같이 비판하였다.

만약 "나는 차마 죽이지 못하겠다" 하고 (죄인을) 놓아주어, 남의 돈을 훔치고 남의 가축을 겁탈하며, 부형을 모욕하고, 남의 부인을 때리고 해치게 한다면 옳겠는가? 내가 요사이 백성 다스리는 것을 보건대, 강도를 다스리지 않는 것을 능사로 삼는데,

---

11) 『성호사설』 권24, 경사문, 漢文重刑, "罪大不誅 而國治者 未之聞也".

224

반드시 관용에 힘쓴다는 것을 핑계삼는다.

무릇 나라에 도적이 있으면 반드시 군사를 일으켜 잡아 죽이는 것인데, 뭇 백성들은 재산을 잃고 할 일을 못하니 무엇이 이와 다르겠는가? 비록 "(이들도) 본시 같은 우리 백성이다"라 하더라도, 역시 마치 악성 종기가 몸에 생겨 퍼지면서 그 독염이 속으로 들어가면 부득이 살을 째고 부스럼을 제거시켜서 완전히 낫게 하는 것과 같다.

일이란 완급(緩急)이 있는 것이다. 그러나 이를 생각하지 않으니 착하지 못한 자에게는 어진 혜택을 베풀면서 어질고 착한 백성에게는 차마 하지 못할 일을 한다.

(『성호사설』 권24, 경사문, 漢文重刑)

관용의 정치라는 구실로 범죄인을 놓아 줌으로써 오히려 이들이 또 다른 범죄를 저질러 많은 백성들이 피해를 입는다는 점을 지적한 것이다. 성호는 몸에 악성 종기가 생기면 살을 도려내는 아픔을 참고라도 그 종기를 제거하여 완치시켜야 하듯이, 범죄인을 엄벌로 다스려 착한 백성들이 피해를 입지 않도록 해야 한다는 견해를 나타냈다. 관용만이 능사가 아니라는 생각과 당시 형정이 해이되어 있다는 우려를 나타낸 것이라 하겠다.

기강이 극도로 해이되어 있는 당시 상황에 처하여, 엄법이 필요하다는 성호의 다음 견해 또한 비장하다.

그런즉 한결같이 너그럽게 한다는 정사는 목사나 수령이 비난을 피하려는 묘책에 지나지 않고 정사를 좀먹는 관건이 된다. 지금은 기강이 극도로 해이해져 있다. 모름지기 엄격하고 가혹함을 조금 더하여 상하가 서로 두려워하고 꺼려함을 알게 한 다음에 법령과 교화가 가히 설 수 있을 것이다.

(『성호사설』 권24, 경사문, 한문중형)

미관말직에만 가해지는 형벌

성호는 권문세족의 아들이 죄를 범했을 때에는 무죄로 풀려나거나 혹 벌을 받아도 일시 파면되는 데 불과하다고 하면서, "형벌은 단지 소원한 미관말직에 가할 뿐"12)이라 지적하였다. 때문에 온갖 방법을 동원하여 찾아다니는 데에만 뜻을 두어 아침에 관직을 잃었다가도 저녁에 다시 관모(戴弁)를 쓴다는 것이다. 이러한 실태에 대해 성호는,

> 탐학한 자에게 죄를 주지 않으면 집안을 부하게 할 수 있고 권세가에게 뇌물을 줄 수 있다. 집안을 부하게 하니 자기는 편안하고 자손은 음덕을 입으며, 권세가에게 뇌물을 주면 명예를 드날리고 녹봉과 작위가 떨어지지 않으니 청빈한 몸으로 고생을 하면서 은덕을 입지 못하는 것과 어느 것이 나은가? 이는 그 사람만의 죄가 아니라, 곧 시정(時政)이 그렇게 유도하였을 뿐이다.

(『성호사설』 권8, 인사문, 賞罰)

라 하여, 당시 정치가 그렇게 만들었다고 지적하였다. 불법 관리를 벌하지 않음으로써 공직기강이 무너지고 부패하여 깨끗한 공직사회를 기대할 수 없다는 견해다. 여기에는 지위고하를 막론하고 탐학한 관리와 같은 범법자를 색출하여 엄벌에 처하자는 성호의 강한 주장이 함축되어 있다.

성호는 탐관오리의 가혹한 탐장행위가 근절되지 못해 백성들이 유리

---

12) 『성호사설』 권8, 인사문, 賞罰, "其刑罰 只加於疎遠孱官".

226

하는 현상이 벌어지고 있음을 우려하면서, 부정한 방법으로 백성의 재산을 갈취한 관리를 벌하는 법(贓法)을 엄하게 적용할 것을 주장하였다. 그리고 감사나 도사, 어사 등이 수령의 탐학행위를 알면서도 눈감아준 사실이 발견될 경우에는 불법행위를 저지른 자와 동일한 벌을 가해야 한다는 의견을 제시하였다.[13]

● 뇌물수수의 만연으로 말미암아 공직사회가 국민이나 나아가 외국인들로부터 지탄의 대상이 되고 있는 사실은 어제 오늘의 걱정거리가 아니다. 우리나라는 예로부터 공직자를 감독하고 감사하는 기관이 별도로 있고 범법자를 처벌하는 엄한 법규도 있다. 그렇다고 공직자가 국민의 주머니를 탐하는 탐장행위가 그쳤던 적은 없다. 조선 후기 삼정문란의 장본인이 누구였던가. 모두 관리의 부패와 비리에서 비롯되었다는 것은 이미 알려진 사실이다. 현대에 들어서도 공무원의 뇌물수수 행위는 완전히 근절되지 않고 있다. 오히려 갈수록 갈취하는 금액도 커지고 방법도 지능화되어 해당 법을 무색케 한다. 성호가 왜 일벌백계를 주장하면서 엄법을 누차 강조하였는가를 생각게 한다.

그리고 관리의 처벌도 권세없는 미관말직에 있는 자들이 주로 법망에 걸려들어 처벌된다고 하였는데, 오늘날 우리의 현실은 어떠한가? 이따금 뇌물사건이 터져 사회적 물의를 빚을 때면 여론에서는 하급직만 걸려들었다고 쑤군대거나, 혹 고위직이 걸려들면 배경이 없어서 그렇다느니 재수없어 찍혔다느니 뒷말이 많다. 국민들의 법의식에 혼란과 불신을 주어서는 안 될 것이다. 또한 법의 형평 논란은 어제 오늘의 문제가 아니다. 거기에 정치적인 미묘한 관계가 얽히기라도 하면 더욱 알 수 없는 결과를 낳아 국민들의 의혹을 사는 것이 우리의 현실이라는 것도 부인할 수 없지 않은가?

---

13) 『성호사설』 권14, 인사문, 流民還集.

사면이 너무 잦다

성호는 후세 임금들이 백성들의 환심을 사기 위하여 나라에 경사가 있으면 번번히 사면을 내린다고 지적하였다. 사면이 내릴 즈음에는 경쟁적으로 동분서주하면서 혹은 권귀(權貴)와 결탁하여 뇌물을 쓰고, 요행히 사면되면 국가에서는 지은 죄에 대해 다시 징계할 수 없게 된다는 것이다. 이에 대하여 성호는,

> 이는 불초한 소인배에게는 요행이지만 무고한 자에게는 더욱 원통한 일이니 어찌 나라의 경사와 함께한다고 할 수 있겠는가?
>
> (『성호사설』 권14, 인사문, 赦)

라 하였다. 결국 사면이 간사한 무리들이 형벌을 면하려는 수단으로 이용될 뿐, 힘없는 백성들에게는 상대적으로 더욱 억울한 꼴이 된다는 지적이다.

또한,

> 지금 나라에서 사면령이 있을 예정이라면 남몰래 은근히 기뻐하고, 은혜에 감사하는 자는 모두 간사한 짓을 하다 죄를 범하여 형벌이나 죽음에서 교묘하게 벗어나려는 무리들이다. 착한 백성에게 무슨 관계가 있겠는가?
>
> (『성호사설』 권14, 인사문, 赦)

라 하였듯이, 나라에서 사면령이 내릴 때가 되면 죄를 범한 사악한 무리들이 형벌과 죽음을 면하려고 교묘한 술책을 부린다고 하면서, 이는 착한 백성들과는 아무 관계가 없다고 지적하였다. 요컨대 사면이라는 것이 권세있는 지배층을 위한 것이지 어리석고 유약한 백성들과

는 무관한 것이기 때문에 남발해서는 안 된다는 견해라 하겠다.

　　● 이러한 성호의 지적이 18세기 조선 후기 형정의 문제점을 말한 것일진대, 마치 오늘의 현실을 보는 듯한 느낌을 받는 것은 왜일까? 한때 요직에 있던 인물들이 범죄 후 재판을 받고 수형 생활을 하다가 국경일이나 그 밖의 경축일이 되면 형기도 다 마치지 않고 줄줄이 나오는 것을 보고 많은 국민들은 의아스럽게 생각하고 고운 눈길을 보내지 않는데, 국민들의 시선이 잘못된 것일까? 고위층일수록 사면은 신중하고도 엄격히 적용해야 할 것이다.

　　그리고 정권 말기에 가까워올수록 무슨 까닭인지 사면이 잦은 것 같다. 사면을 정치적으로 이용해서는 안 될 것이다. 더불어 잦은 사면은 혜택 못지않게 부작용을 낳는다는 것도 알아야 한다. 법을 준수한 자가 상대적으로 손해를 본다는 의식과 함께 준법에 대한 국민의 신뢰가 무너질 수 있기 때문이다.

예악에 근본하지 못한 형정

　예(禮)는 질서를 말하고 악(樂)은 화합을 말하는데, 예악은 형정의 근본이기 때문에 형정은 질서와 화합으로 이루어져야 한다고 성호는 말하였다. 이를테면 사사로운 생각을 버리고 공평한 정사로 죄지은 도적을 놓아주는 것도 경우에 따라서는 예악에 근본한 알맞은 절차라는 것이다.14) 형정이란 모름지기 이렇게 예악에 근본해야 하고, 그렇지 못하면 온당한 형정을 기할 수 없다는 견해다.

　그렇지 않으면 가벼운 죄도 올려 무겁게 만들고, 무거운 죄도 가볍게 만들 수 있는 것이다. 이것이 이른바 적중치 못한 것[不

---

14) 『성호사설』 권19, 경사문, 禮樂可興.

中]이니 백성들이 어떻게 수족을 놀릴 수 있겠는가? 무릇 사악한 자는 법망을 빠져 나가고 무고한 자가 걸려든 것은 모두 예악이 행해지지 못했기 때문이다.

(『성호사설』 권19, 경사문, 禮樂可興)

예악에 근본한 형정이 이루어지지 않으면 형벌이 적절하게 시행되지 못하여 백성들이 마음놓고 행동할 수 없을 뿐만 아니라, 악질적인 범죄자가 법망을 빠져나가고 무고한 사람들은 오히려 범죄에 걸려든다고 하였다. 그가 평소 엄한 형정을 주장하였지만 이는 어디까지나 질서와 화합이라는 근거에서 이루어져야 하고, 한편 엄한 형정이 백성의 삶에 족쇄가 되어서는 안 된다는 뜻을 나타내고 있다 하겠다.

> ● 법이 두려움의 철창이나 행동을 제약하는 족쇄가 아니라는 인식을 국민들에게 심어줄 필요가 있지 않을까? 법을 두려워하게 만든다고 준법정신이 높아지지는 않을 것이다. 생활 속에서 법이 의식주와 같다는 적극적인 인식을 심어주는 것이 오히려 절실하지 않을까? 경찰서나 검찰청, 법원, 경찰, 판검사 등의 단어만 떠올려도 가슴이 뛰고 부정적인 생각을 갖게 되는 것을 보면, 아무래도 무언가 우리 가슴 속에 법인식이 잘못 깃들여 있다고 생각된다.

혹독한 고문과 거짓 자백

성호는 고문에 의한 자백이 자행되고 있는 점을 우려하였다. 성호의 집에 옛날 형리(刑吏)로 있었던 종이 한 명 있었다. 그 종의 말에 따르면, 자기가 형리로 있을 때, 어느날 어떤 사람이 관아에 찾아와 자기 자식이 남에게 유인되어 산중으로 끌려가 생식기가 잘려 죽었다고 호소하였는데, 그 종이 범인체포 명령을 받고 수일 내에 범인을 잡아들임으로써 이 사건이 종결되었다는 것이다. 이 이야기를 듣고 성호가 그 종에게 체포 과정을 물어 보니, 종이 답하기를 "사람의 생식기는 천연두 치료에 쓰이는데, 이 날 길가에서 오줌을 싸는 자가 그 병을 앓고 있음을 알고 잡아 엄하게 고문하니 과연 불었다"는 것이었다. 성호는 내심 그 천연두 환자가 범인이 아닐 수 있음을 직감하였다. 성호의 판단으로는 공교롭게도 많은 천연두 환자 가운데 그 사람이 잡혀 고문에 못 이겨 거짓 자백한 것이라 생각하였던 것이다.

> 잔혹한 형벌 아래에서 참고 거짓 자백하지 않을 자 드물고, 한 번 이미 자백한 뒤에는 비록 백 번 억울함을 호소하여도 아무 소용이 없다. 세상에 죄수를 심문함이 대저 이와 같은데, 이것이 비록 미미한 일이긴 하여도 인명에 관련된 일이기 때문에, 관청을 위해서라면 신속한 것을 능사로 삼으면서 구별하기 어려운 애매한 일을 살피지 않으니, 이따금 억울한 일이 있을 수 있다.
>
> (『성호사설』 권15, 인사문, 割勢獄)

요컨대 죄수를 심문할 때 잔혹한 형벌을 가하면 거짓 자백을 하지 않을 수 없으니, 관청에서는 일을 신속하게 처리하는 것을 능사로 여기지 말고 잘 살펴 억울한 자가 있어서는 안 된다고 주장하였다.

● 예나 지금이나 고문에 의한 자백은 폐지되어야 할 것으로 지탄과 개혁의 대상이 되고 있으나, 이것이 근절되지 않는 것은 무슨 까닭인가?

제3절 백성을 생각하라

상벌을 분명히 하라

성호는 상벌(賞罰)을 분명히 할 것을 다음과 같이 제시하였다.

> 상이 무겁지 않으면 선(善)을 권장할 수 없고, 형벌이 엄하지 않
> 으면 악(惡)을 징계할 수 없다.……상벌이 분명하면 중인(中人)
> 을 이끌어 군자의 길로 맞아들일 수 있지만, 상벌이 밝지 못하
> 면 중인을 소인(小人)의 무리로 밀어 떨어뜨릴 수 있다.
>
> (『성호사설』 권14, 인사문, 薦賢)

이는 정부에서 상벌정책을 통하여 어진 인재를 구하는 방법을 제시
한 것이다. 즉 관직사회에 상벌을 분명하게 하여 악한 무리를 없앰으로
써 어진 인재가 많도록 하자는 것이다. 그는 혹 상벌이 밝지 못하면
보통 사람인 벼슬아치도 소인배로 추락된다고 경고하였다. 여기에서
그가 주목한 상벌은 후한 상보다는 엄한 형벌이라 하겠다.

> ● 공직사회에는 연례행사처럼 공직자에게 수여하는 많은 상이
> 있다. 공직자의 사기를 진작시킨다는 장점도 있겠으나, 상이 남
> 발되면 상의 의미가 줄어들고 혹 수상을 위한 불미스런 조작이
> 공직사회의 기강만 흐려놓을 수도 있다. 수상 대상자를 선정할
> 때 뚜렷한 공적도 없으면서 연공이나 친분관계에 따른 정실이
> 개입된다면 그 상은 없는 것만 같지 못할 것이다. 상은 상으로서
> 의 값어치가 있고 권위와 효용가치가 있어야 한다. 상벌의 균형
> 을 유지하여 공직사회의 기강을 확립하는 일 또한 생각해 볼
> 일이다.

일벌백계를 보여라

앞에서 소개하였듯이, 명예와 승진을 얻은 청렴한 관리와 약간의 형벌을 받았지만 많은 재물을 얻어 본인은 물론 자손까지 부를 누린 탐학한 관리의 예에서, 성호는 인간의 정서로 보아 후자 쪽을 선호하리라 하였다. 물론 그것이 바람직스럽지 않다는 것을 성호가 어찌 모르겠는가? 그리하여 그는 이러한 잘못된 생각을 막기 위해서는, "만약 탐학한 자를 반드시 삶아 죽이는 형벌에 걸리게 한다면 비록 만금(萬金)이라 하더라도 취하지 않을 것인데, 저 만금은 어디에서 나왔는가? 반드시 많은 사람의 자산을 파산시키고 얻었을 것이다. 하물며 한 사람을 다스리지 않는다면 백 사람이 보고 본받을 것이니 백성들이 소생할 수 있겠는가?"15)라 하였듯이, 일벌백계로 다스릴 것을 강하게 주장하였다. 탐학스런 관리가 얻은 재물은 많은 백성들에게 피해를 주며 빼앗은 것인데, 이 한 사람의 탐관오리를 엄한 형벌로 다스리지 않으면 다른 사람들이 본받게 되어 백성들은 끝내 곤궁에서 헤어나지 못한다는 것이다.

그는 이어, "무릇 뇌물먹은 관리를 반드시 처벌하지 않고, 강도를 반드시 사형시키지 않는 것은 모두 관용을 주장하는 말에서 나온 것인데, 만약 그 제도를 바꾸지 않는다면 잘 다스려지기를 바라기란 요원할 것이다"16)라 주장하면서, 관대함으로 일관한다면 훌륭한 정치를 기대할 수 없다고 하였다. 요컨대 엄한 형벌로 일벌백계를 보여 범죄를 뿌리뽑자는 주장이다. 물론 이 또한 지위고하를 논해서는 안 되는 것이었다.17)

---

15) 『성호사설』 권16, 인사문, 寬猛.

16) 위와 같음.

17) 『성호사설』 권8, 인사문, 賞罰.

범죄자는 원칙적으로 반드시 처벌해야 한다는 것이 성호의 주장이다. 그것은 이들을 처벌하지 않으면 다스려지지 못하고 백성들이 억울한 피해를 입기 때문이다. 성호의 다음 견해를 들어 보자.

> 죄가 있는데도 징계하지 않으면 다스려질 이치가 없다. 무릇 간사한 짓을 하고 죄를 범하는 자는 대부분 힘있고 교활하며 법을 무시하는 무리다. 이들에게 관용을 베풀면 그 해가 반드시 백성들에게 미치기 때문에, 백성들에게 은혜를 베풀려면 반드시 먼저 힘있는 자를 억누르는 데에서 시작되어야 할 것이다.
> 비유컨대 어떤 사람이 아들 열 명을 두었다고 하자. 그 가운데 하나가 탐학하여 형제들에게 잔혹스럽게 한다면, 아비된 자가 그렇지 않도록 꾸짖지 않고 나머지 형제들이 해독을 입도록 내버려 두는 것이 옳겠는가? 후세 사람들이 매양 어질고 후함을 구실삼아 한결같이 형벌을 느슨하게 하는 것은 부모된 도리가 아니다.
>
> (『성호사설』 권21, 경사문, 寬難)

소수의 범죄자를 그냥두면 그 해독이 다수의 백성들에게 돌아오기 때문에 이들을 반드시 엄벌해야 한다는 주장이다. 아들 열 명 가운데 하나가 포악스러워 다른 형제들을 괴롭히고 해롭게 한다면, 부모가 그 아들을 방치할 수 있겠느냐고 성호는 반문하였다. 아홉 명의 선량한 아들을 위해서라도 한 명의 포악한 아들을 벌주어야 한다는 것이다. 물론 그가 표현하지는 않았지만 엄벌과 함께 교화도 염두에 두지 않았을 리 없다.

이러한 논리로 성호는 제갈량이 촉(蜀)의 재상이 되어 엄한 정치를 편 사실을 들어, "때를 알고 엄함을 급선무로 삼아야 한다는 것을

알고 있었던 것인가?"18)라고 높이 평가하였다. 그가 이러한 주장을
편 것은,

> 근세에 강도를 다스림에 있어 많이 놓아주는 것을 능사로 삼으
> 니 이는 도둑을 위하는 계책이지 선량한 백성의 처지를 위하는
> 것이 아니다.
>
> (『성호사설』 권21, 경사문, 寬難)

라 하였듯이, 당시 치안에 대한 조선정부의 관용정책이 잘못이라고
판단하였기 때문이다.

사면은 어리석은 백성에 그쳐라

앞서 보았듯이, 국가에서 사면이 있을 때면 억울한 백성들보다 벼슬
아치와 같은 지배계층의 범죄자들이 온갖 방법을 동원하여 그 혜택을
받으려 한다는 것이다. 이에 대하여 성호는,

> 내 생각으로는 비록 사면이 없을 수는 없을지라도 사면은 어리
> 석은 백성에 그치고, 벼슬아치에게는 미치지 않게 하여 방정한
> 행실을 기르고 기강을 쇄신케 한다면 시정(時政)에 조금이나마
> 도움이 될 것이다.……나라의 경사는 반드시 말세에 많은 것이
> 니, 저 평화로운 시대에 사면이 없었던 것이 어찌 소소한 경사
> 를 없애서 그러하였던가.
>
> (『성호사설』 권14, 인사문, 赦)

라 하였듯이, 사면은 일반 서민에게 혜택을 주고 벼슬아치는 대상에서

---

18) 『성호사설』 권21, 경사문, 寬難, "(諸葛)亦知時識務者乎".

제외해야 한다는 견해를 나타냈다. 공직사회의 청렴과 기강 쇄신의 차원에서 관리에게 지나친 관용을 베풀어서는 안 된다는 생각이라 하겠다. 특히 성호는 나라에서 경사가 있을 때면 사면령을 내려 방면하는 사실에 불만을 나타내고, 말세에 국가에 경사가 많다는 말로 대신하면서, 오히려 평화를 구가하는 시대에는 경사도 적고 사면도 많지 않았다고 하였다.

> ● 사면은 죄를 용서하거나 형벌을 감면해 주는 것을 말한다. 그러나 성호의 주장처럼 사면은 어리석고 힘없는 사람을 중심으로 이루어져야 하고, 정·관·경제계에 종사하여 금·권으로 나라를 혼란에 빠뜨린 '뭇 사람들 위의' 범법자들에게는 가급적 적용되어서는 안 될 것이다.
> 법에 어두운 다수의 국민들일지라도 이따금 정부에서 베푸는 (?) 경범죄 사면에 그리 반갑지 않은 반응을 보이는 진의를 당국자는 정말 모르는 것일까?

고통스러우면 죽음을 생각한다

성호는 고문에 의한 자백은 인정되어서는 안 되며 고문이 없어져야 한다는 인식을 지니고 있었다. 즉 범죄 수사는 투명하게 진행되어야 하는데 그렇지 않으면 혐의를 확실하게 할 수 없고, 신중하지 못하면 경중이 혼동되기 쉽다고 하면서, 다음과 같이 고문의 부당성을 지적하였다.

무릇 사람의 정(情)이란 편안하면 삶을 즐거워하고 고통스러우면 죽음을 생각하는 것인데, 혹독한 고문 아래에서 무엇인들 구하여 얻지 못하리오. 참을성 있고 사나운 자는 실제로 죄가 있

236

으나 죽어도 실토하지 않고, 위약한 자는 심문하면 모두 털어놓는다. 그 승복하고 불복함이 그 사람에게 있는 것이지 허실(虛實)에 달려 있는 것이 아니다.

(『성호사설』 권25, 경사문, 畵鷄流矢)

사람은 혹독한 고문으로 고통스러우면 죽음을 생각하게 되므로, 고문하면 무엇이든지 얻을 수 있다는 것이다. 따라서 고문에 의하여 얻은 것은 사건의 진실 여부가 아니고 그 사람의 인내나 사나움 여부에 달렸기 때문에 신빙성이 없다는 이야기다. 앞서 보았듯이, 그는 혹독한 고문으로 거짓 자백하지 않을 자 거의 없을 것이라 하였다. 더욱이 죄수를 심문하는 일은 사람의 생명과 관련된 일이기 때문에 사건의 신속 처리만을 능사로 생각하지 말고 신중하게 처리하여 억울한 일을 당하지 않게 해야 한다는 견해를 밝힌 바 있다.[19]

● 해방 이후 수사기관의 고문에서 빚어진 각종 의혹사건은 많은 국민의 가슴을 멍들게 하였으나 근절되지 않고 있는 것이 사실이다. 헌법에서 금지되어 있는 고문은 여전히 자행되고 있지만 고문을 당한 사람은 있어도 고문에 참여하였다고 나서는 사람이 없다. 실로 난해한 고등수학 문제보다 풀기 어려운 것이 각종 고문과 관련된 미해결 사건이 아닌가 싶다.

---

19) 『성호사설』 권15, 인사문, 割勢獄.

제4절 오래된 법은 바꾸어야 한다(變法論)

법은 오래되면 폐단이 생긴다

법이 자주 바뀌는 것을 좋아할 사람은 없을 것이다. 그것은 옛날 사람도 마찬가지였던 모양이다. 그러나 부득이하게 법이 바뀌어야 할 형편이라면 현재 시행되고 있는 법은 바뀌어야 마땅할 것이다. 개혁지향성이 강한 성호는 어떠하였던가? 그는 『성호사설』을 통하여 법을 고치는 문제 즉 변법(變法)에 적지않은 관심을 보였다.

먼저 그가 어떤 변법의식을 지니고 있었는가를 다음 견해를 통하여 보기로 하자.

○ 무릇 법이 오래되면 폐단이 생기고 폐단이 오래되면 반드시 멸망하는 것이니, 비록 바꾸지 않으려 한다 하여 되겠는가?

(『성호사설』 권11, 인사문, 鹽鐵論)

○ 법이 오래되면 폐단이 생기고 폐단이 생기면 반드시 변혁이 있는 것은 당연한 이치다.

(『성호사설』 권11, 인사문, 變法)

○ 무릇 법에는 반드시 폐단이 생기는데 폐단이 생기면 반드시 바뀌어야 한다.

(『성호사설』 권20, 경사문, 免役保甲)

○ 법이 오래되면 폐단이 생기지 않는 것이 없고 폐단이 쌓이면 바꾸지 않을수 없는 것이 없다.

(『성호사설』 권23, 경사문, 王安石)

○ 무릇 법의 폐단이 오래되면 당연히 바꾸지 않을 수 없다.

(『성호사설』 권27, 경사문, 王安石)

○ 만들어 놓은 법이 비록 좋다 하더라도 오래되면 폐단이 생
긴다.

(『곽우록』 권2, 論科擧之弊)

표현은 약간씩 다르지만 나타내고자 하는 의도는 같다고 볼 수 있다. 즉 법이 오래되면 반드시 폐단이 생기고 폐단이 생기면 당연히 바꿔야 된다는 내용이다. 또 그는 "법이 오래되면 폐단이 생기고 폐단이 있으면 고치는 것이 자연의 형세"[20]라 하고, "법에 폐단이 생기면 경장(更張)하는 것이 자연의 사세(事勢)"[21]라 하여 법을 고치는 것은 자연스러운 것으로 보았다. 비유하기를 겨울에는 갖옷을 입고 여름에는 베옷을 입어 시절에 따라 그 물건을 갖지 않게 하는 것과 같다고 하였다.[22] 이렇게 볼 때, 성호는 강한 변법론자라 하겠다.

그렇다면 그가 굳이 왜 이런 문제를 들어 거듭 같은 주장을 하고 나섰을까? 일반적으로 사람들은 "법을 고치면 혹시라도 모순이 생겨 실패하기 쉬운데, 옛 법을 지키면 오히려 비켜 나아갈 수 있다"[23]거나, "비록 폐단이 있어도 고치면 반드시 망할 것"[24]이라고 생각하기 때문이라고 보았다. 심지어 국가의 일은 폐단이 있어도 그 고통이 백성에게

---

20) 『곽우록』 권1, 立法, "法久則弊 弊則更 其勢然也"
21) 『성호선생문집』 권30, 「잡저」, 論更張, "法弊而更張 勢也".
22) 『곽우록』 권1, 立法.
23) 『성호사설』 권11, 인사문, 鹽鐵論, "末俗皆言 變法之難 盖變法則或齟齬易
   敗 守常猶可架漏偸過也".
24) 『성호사설』 권12, 인사문, 遵先王, "後人 遂執以爲典章一定 則雖弊 難動變
   則亡必".

돌아가지, 위기가 당장 벼슬아치 자신의 눈앞에 있는 것이 아니기 때문에 관심 밖의 일로 여긴다고 하였다.[25] 기존의 법 아래에서는 많은 폐단이 있음에도 불구하고 현실에 안주하여 이권을 누리는 집권층이 새로운 법 제정에 반대하며 소극적으로 대처한다는 이야기다. 이들은 당장의 안일만 생각한다고 성호는 지적하였다.

> ● 성호는 법이 오래되면 폐단이 생기고 폐단이 생기면 반드시 고쳐야 한다는 것이 자연의 형세라고 하였다. 그러나 현행법으로 소수 기득권을 갖고 있는 계층이나 현재에 안주하는 자들은 법이 고쳐져 바뀌는 것을 원치 않을 것이다. 그렇기 때문에 입법기관에서는 양쪽의 편익을 조정하느라 법개정이 늦어지고 논란이 일게 마련이다. 그러나 법의 개정도 우선 순위가 있을 것이다. 무엇보다 국익과 다수 국민의 편익을 위한 법을 입법기관은 항상 유념해야 한다고 말하고 싶다.

좀 먹은 기둥과 썩은 대들보는 갈아 치워야 한다

성호는 이에 대하여 강한 불만을 나타냈다. 그의 비유를 들어 보자. 오래된 가옥이 세월이 지나 기둥과 대들보가 좀 쓸고 썩어 곧 무너질 염려가 있을 때, 어떤 사람은 "집 수리공에 맡겼다가 잘못되면 아주 못 쓰게 될 것이니 차라리 버텨 가면서 그대로 지내는 것만 같지 못하다"고 말한다. 성호는 그 이야기도 일리가 있지만, 만약 그 집에 가장 존경하고 가장 사랑하는 사람이 산다고 할 때, 언제 무너질지 모르는 이 집에 요행을 바라며 어떻게 편안히 모실 수 있겠느냐고 반문하면서,

차라리 고쳐서 영원한 도모를 하는 것이 좋지 않겠는가? 좀먹은

---

25) 『성호집』 권30, 잡저, 論更張.

240

기둥과 썩은 대들보가 어떻게 의지하며 지탱할 수 있겠는가?

(『성호사설』 권11, 인사문, 變法)

라 하였다. 좀 먹은 기둥과 썩은 대들보를 갈아치워 언제 무너질지 모르는 불안 요소를 제거하자는 의견이다. 그는 "국가의 폐정도 이와 무엇이 다르겠는가?"[26] 하고 반문하며, 폐단이 있는 법은 과감하게 개정해서 써야 한다고 주장하였다.

또 다른 비유를 들어 보자. 법의 폐단 때문에 백성이 도탄에 빠져 있는 데에도 불구하고, 만약 팔짱만 끼고 편히 앉아 백성들의 질병과 고통을 보고도 구제하지 않는다면, 어찌 차마 할 일인가 반문하면서, 성호는,

이것은 마치 산길이 우거져 막히고 들판이 물로 차 있어도 오히려 옛 길만 고수하다가 넘어지고 빠지는 것을 면치 못하는 것과 같다.

(『성호사설』 권12, 인사문, 遵先王)

라고, 비유하였다. 새로운 방법을 찾아야 한다는 견해다. 역시 폐단이 따르는 옛 법을 새로운 법으로 고쳐써야 한다는 주장이다.

● 좀먹은 기둥과 썩은 대들보를 갈아치우기 위해 아무리 훌륭한 계획을 갖고 있다 하더라도 준비과정에서 설계도가 작성되지 못하고 시행과정에서 장애가 많다면 새 집을 짓기는 어려울 것이고 그동안에 무너질지 모른다. 듣건대 많은 개정법이 수개월 혹은 수년 동안 국회에 계류 중에 있다 하니 좀먹은 기둥과

---

26) 『성호집』 권30, 잡저, 論更張, "國之弊政 何異於斯".

썩은 대들보를 갈아치워야 한다는 300년 전의 성호의 비유가
무척이나 새롭게 들린다.

상앙과 왕안석의 변법을 거울 삼아라

성호는 중국 진(秦)나라 재상 상앙(商鞅)과 송(宋)나라 왕안석(王安石)
의 변법시행을 분석하여 장단점을 들어 자신의 변법론을 폈다. 그는
상앙이 진나라가 아직 소국(小國)에 머물고 있을 때 구법을 고쳐 부국강
병을 꾀함으로써 진나라를 일으켰다고 평가하였다. 그러나 상앙은
기존의 법을 무시하며 흥리(興利)를 위주로 하고, 각박함을 급선무로
하였기 때문에 결국 실패로 끝났다는 것이다. 그러나 기존 권세가들은
개혁적인 변법을 싫어하여 반대하였지만, 백성들은 좋아하였기 때문
에 상앙의 변법은 진나라가 천하를 통일하는 데 큰 힘이 되었다고
평가하였다.27)

반면 왕안석의 변법은 이항(李沆)이나 왕증(王曾)과 같은 대신들의
반대도 심했지만, 민심을 얻지 못하고 자기 고집대로 하다가 원망을
사게 되어 결국 중지되고 말았다는 것이다. 옛 법을 고치려는 왕안석의
변법은 공평한 마음에서 나왔지만, 시의(時宜)에 맞지 않고 급진적으로
추진하여 일을 그르쳤을 뿐이라고 하였다.28) 상앙의 변법이 백성들의
호응을 얻은 반면, 왕안석은 관리나 백성 모두로부터 호응을 받지
못하였기 때문에 성공하지 못하였다는 평가라 하겠다.

후대에 들어서는 법 개정의 필요성이 제기되면 왕안석의 변법 실패
를 예로 들면서 반대론자들이 개정에 반대하고 임시미봉책이나 세우려
한다고 지적하였다. 간혹 대담한 사람이 변법을 들고 나오면 모두

---

27) 『성호사설』 권27, 경사문, 商鞅變法.
28) 『성호사설』 권23, 경사문, 王安石.

놀라 마치 "괴물이 나타난 것처럼 의심한다"29)는 것이다. 성호는 변법을 주장하는 사람 가운데에는 큰소리 치다가 실패하는 자도 있지만, 환란구제와 같은 좋은 계책도 있다는 사실을 인식해야 한다고 하였다. 진실로 변법이 필요할 때 여기에 반대하는 낡은 벼슬아치들의 안이한 타성을 겨냥한 비판이다. 변법도 자기 잇속이나 차리려는 벼슬아치보다는 백성이 원하는 방향으로 이루어져야 한다는 성호의 생각을 들여다볼 수 있다.

● 다수 국민이 절실하게 원하는 것이 무엇인가를 알아 책임지고 법을 제정하거나 개정작업을 추진하는 자가 국회의원이고 정부다. 특히 타성에 젖어 바뀌는 것을 싫어하여 법개정을 뒤로 미루거나 덮어 두는 공직자가 있다면 국민을 위한 공공행정에 역행하는 것이라 하겠다. 법 개정의 필요성과 내용을 가장 잘 아는 사람이 역시 관련직에 종사하는 공직자이기 때문에 더욱 그렇다.

시의에 맞게 변법하라

그렇다면 성호는 어떤 변법을 주장하였던가? 그 시대의 요구와 사정에 맞는 변법을 주장하였다. 옛 성왕(聖王)이 남겨준 뜻을 따라 줄이거나 더하여 "시의에 맞추어,"30) 퇴폐한 것은 바꾸고 도탄에 빠진 것은 건져내야 한다는 것이다. 그는 조선시대에 변법을 시기 적절하게 주장한 대표적인 사람으로 율곡(栗谷) 이이(李珥)와 반계(磻溪) 유형원(柳馨遠)을 들었다. 율곡과 반계의 변법론에 대한 그의 평가를 들어 보자.

---

29) 『성호사설』 권11, 인사문, 變法, "若是岐首八臂 非世所有之物".
30) 『성호사설』 권12, 인사문, 遵先王, "與時宜之".

조선 개국 이래 시무(時務)를 알았던 사람을 손꼽아 본다면 오
로지 이율곡과 유반계 두 공이 있다. 율곡이 주장한 것은 태반
이 시행할 만하고, 반계가 주장한 것은 근원을 주밀하게 궁구하
고 일체를 새롭게 하여 왕정(王政)의 시작으로 삼으려 하였으니
그 뜻이 실로 크다.……만약 율곡이나 반계로 하여금 시행하도
록 하였더라면 반드시 볼 만한 것이 있었을 것이다.
오늘날 『반계수록』(磻溪隨錄) 가운데에 있는 여러 훌륭한 논의
를 한 가지도 시행해 본 것이 없으니, 예나 지금이나 뜻있는 선
비의 마음 씀[用心]을 끝내 세상 사람들이 어떻게 할 수 없어서
야 되겠는가.

(『성호사설』 권11, 인사문, 變法)

성호는 시의에 맞춰 해야 할 일을 알고 있던 사람으로서 율곡과
반계가 으뜸이라 하였다. 율곡이 개혁을 건의했을 당시, 반대하는 사람
이 많았지만, 그 후 정부에서 율곡의 의견이 십중팔구 시행되고 있다는
것이다. 율곡의 주장이 묻혀서 버려지지 않고 모두 시행되어야 한다고
성호는 강조하였다. 그리고 반계의 개혁론에 대해서는 율곡의 의견과
합치된다면서, "비록 당세에는 시행을 보지 못하였더라도 뒤에는 반드
시 본받을 자가 있어 영원한 스승이 될 것"[31]이라 평가하였다. 또한
성호는 이처럼 시의에 맞는 변법을 주장한 율곡과 반계에게 시정을
맡겼더라면 보다 괄목할 만한 성과를 낼 수 있었을 것이라며 아쉬움을
표현했다.

● 국민의 생계가 걸려 있는 많은 법안이 정치적인 이유로 통과

---

31) 『성호선생문집』 권30, 「잡저」, 論更張, "雖未克見施當世 後必有來取法者存
而爲師于無窮也".

244

되지 못하고 국회에서 잠자고 있다는 사실에, 국회라는 곳이 도대체 누구를 위해 있으며 무엇하는 곳인지 의심하지 않을 수 없다. 일부 의원들은 정권에 대한 욕심이나 자신과 직결된 이권에는 적극적이면서도 마땅히 매진해야 할 국회의원으로서의 의정활동에는 소극적이라 하여 과언이 아닐 것이다. 정당은 정권쟁취에만 혈안이 되어 있고 소신없는 의원은 거수기에 불과하며 어쩌다가 올곧고 양식있는 말을 내놓으면 질타당하거나 퇴출되기도 한다. 이 시대의 선량들은 당대의 선구적 지식인이었던 율곡이나 반계를 왜 시무를 가장 잘 알았던 사람이라고 칭찬하였는지 곰곰이 생각해 볼 일이다.

크게 고치면 큰 이익을 얻는다

앞서 보았듯이, 성호는 당시 군제개혁의 필요성과 정부의 태도를 들어, 오래된 집의 대들보가 흔들리면 받침대를 대서 떠받칠 생각만 하고, 기둥과 대들보를 바르게 할 생각은 아니하며, 비가 새면 사발 같은 그릇을 받쳐놓을 뿐 이엉으로 덮을 생각은 하지 않는 격이라며 비판하였다.[32] 오로지 미봉책에 매달린다는 것이다. 근본적 개혁을 역설하였던 그는 율곡 같은 사람이 일을 추진했더라면 백성들이 보다 많은 혜택을 입었을 것이라고 하였다.[33] 그가 이러한 아쉬움을 표명한 것은 역시 당시 조정의 변법에 의한 개혁이 지지부진했기 때문일 것이다.

그리하여 그는 "작게 경장하면 작은 이익이 있고, 크게 경장하면 큰 이익이 있다"[34]고 하면서, 놓친 토끼를 찾으려고 나무그늘을 지키는

---

32) 『성호사설』 권23, 경사문, 免役保甲.
33) 『성호선생문집』 권30, 「잡저」, 論更張.
34) 『성호선생문집』 권30, 「잡저」, 論更張, "小更則小益 大更則大益".

꼴이 되어서는 안 된다고 경종을 울렸다.

> ● 개혁이 절실하고 시의 적절한 변법이 요구되는 때에 시기를
> 놓치고 큰 손해를 본 뒤 국민의 원성을 사는 오늘의 정치를 보
> 는 듯하다. 미봉책은 더 큰 화를 자초하거나 재원만 낭비할 수
> 있기 때문에 성호도 이를 매우 두려워하였다.

점진적으로 개혁하라

성호는 또 시의에 맞게 변법이 이루어지더라도 시행 과정에서 급진
적으로 추진되는 것을 바람직스럽게 여기지 않았다. 왕안석의 변법
실패에 대해,

> 변법하는 것이 실로 당연하다 하겠으나 점진적으로 시행하지
> 못하였으니 일을 그르침이 또한 당연하다 하겠다.
>
> (『성호사설』 권23, 경사문, 王安石)

라고 평가한 것이 좋은 예다. 잘못된 구법을 과감하게 경장할 것을
주장한 그였지만, 시행 과정에서는 백성들의 마음을 읽고 많은 사람들
의 원망 대상이 되지 않아야 하고, 특히 추진자가 무리하게 독단적으로
해서는 안 된다고 경계하였다.[35] "점진적으로 개혁해 나아가는 것이
상책"[36]이라 하였다.

> ● 요즈음은 변법이나 개혁의 추진이 조급하게 요구되거나 졸
> 속으로 이루어지는 경우가 많다. 그런 면에서 일이 실패로 돌아

---

35) 『성호사설』 권23, 경사문, 王安石.
36) 『곽우록』 권1, 立法, "是以革之以漸者 上也".

갈 경우 일방적으로 정책수행자에게 그 책임을 돌릴 수만은 없다. 이를테면 시위를 주된 방법으로 사용하는 요즈음 이익집단이나 단체의 요구는 신중하게 고려하고 검토해 볼 여유를 주지 않는다. 하루 아침에 혹은 즉각 해결해 달라는 식의 요구는 당연히 과오를 낳기 마련이다.

운영할 인재가 문제

그러나 아무리 좋은 법과 아름다운 정사라 하더라도 그것을 운영할 사람이 없다면 소기의 효과를 거두기 힘들다는 것이 성호의 견해다.

> 법은 폐단이 없을 수 없는데,……비록 좋은 법과 아름다운 정사일지라도 운영할 사람이 없이 그 법과 정사가 저절로 행해질 이치가 없다. 그러므로 군자는 법을 마련할 때, 그 폐단을 미리 헤아려서 그 장점만을 취하여 단행한다.
>
> （『성호사설』 권10, 인사문, 東坡論科試）

사실 폐단이 많은 구법을 고쳐 신법을 마련하여도 그 신법을 운영할 만한 능력있는 인재가 아니면 시행 과정에서 많은 문제점이 생기고 결국 중도에 그만두는 결과를 빚을 수 있다. 그렇기 때문에 변법 과정에서 미리 뒤에 생길 폐단을 예측하여 조치를 하고, 신법을 원활하게 수행할 수 있는 인재를 적소에 배치해야 한다는 뜻으로 풀이된다.

아무리 좋은 법을 제정하고 개정하여도 법의 시행 과정에서 오히려 탈법이 주된 시행법으로 바뀌고 불법이 판치는 것이 오늘의 현실이다. 준법이라는 좋은 길을 버리고 탈법이라는 길 아닌 길을 이용하여 자신의 이욕만 찾듯이, 새 법을 만들어 놓으면 그 법을 악용하여 오히려 탈법이 판치는 예가 얼마나 많은가?

법을 시행하는 공무원이 철저하게 법을 준수해야 함은 말할 것
도 없지만, 법을 교묘히 악용하고 탈법을 조장하여 모리하는 무
리들을 색출하여 엄법으로 다스려 다수의 선량한 준법자에게
피해가 없도록 해야 할 것이다.

제5장
나라를 다스리는 길과 망국적 붕당

필자가 나라를 다스리는 길[治國之道]과 붕당(朋黨)을 같은 장에 넣은 것은 이에 대한 성호의 견해에서 오늘 우리 정치사회를 꿰뚫어 보는 듯한 느낌을 받았기 때문이다. 물론 조선사회의 붕당과 오늘의 정쟁을 비교한다는 것은 논리적으로 큰 무리가 따른다. 다만 성호가 제시한 나라를 다스리는 길과 조선시대 붕당에 대한 평가를 빌려 오늘의 우리나라 정치사회를 비춰 보고자 할 따름이다. 정치인이나 공직자, 그리고 국민들에게 시사하는 바가 적지않을 것이다.

제1절 나라를 다스리는 길

나라를 어떻게 다스려야 하는가? 성호는 여러 가지 내용으로 나타냈는데 주목되는 내용을 소개해 보기로 한다. 이 장의 성격상 앞서 제시한 내용이 다수 반복되어 등장한다.

백성을 보호하는 것이 상책

성호는 "나라에 화란(禍亂)이 생기는 것은 정해진 때가 있지 아니하니 잠시 편안하고 안정될 때를 맞이하여 어떻게 대비할 것인가?"[1]라고 자문하고 다음과 같이 답하였다.

> 나라를 다스리는 도리는 백성을 보호하는 것이 상책이고, 군사는 그 다음이다. 내치(內治)를 잘 닦고 외적을 물리치는 것이다.

---

1) 『성호사설』 권10, 인사문, 權攝就眞, "禍亂之生 非有期會 當小康姑息之際 將何術而處之哉".

(『성호사설』 권10, 인사문, 權攝就眞)

군사를 양성하는 것보다도 백성을 보호하는 것이 우선이라 하였다. 내치를 잘하여 백성을 보호한 다음, 군사를 동원하여 외적을 물리치는 것이 순서라는 이야기다. 한 마디로 백성을 보호하는 내치가 무엇보다 우선한다는 것이라 하겠다.

잘 다스리는 자는 백성을 잊지 않는다

그러면 어떻게 다스려 백성을 보호할 것인가? 그가 정치인을 마부에 비유한 것을 다시 한 번 인용해 보자.

> 나라를 잘 다스리는 자는 반드시 마부가 말을 부리는 것과 같다. 그러므로 말을 잘 부리는 자가 말[馬]을 잊지 않는 것은 나라를 잘 다스리는 자가 백성을 잊지 않는 것과 같다.
>
> (『성호사설』 권13, 인사문, 以御喩治)

요컨대 말을 잘 부리는 자가 말을 내 몸처럼 아끼며 잘 다루듯이, 좋은 정치를 베푸는 자는 백성을 내 자식처럼 가까이 하며 사랑으로 다스려야 한다는 뜻으로 풀이된다. 그가 "어진 정사는 반드시 백성과 친함으로부터 시작되어야 한다"[2]라고 한 말과 부합된다 하겠다.

민정을 잘 파악하는 것보다 나은 것이 없다

그렇다면 백성과 가까이 하면서 친하게 한다는 것은 어떻게 하는 것일까?

---

2) 『성호사설』 권13, 인사문, 以御喩治, "是以仁政 必自親民始".

정사는 백성을 다스리는 것을 요체로 삼는 것이고, 백성을 다스
리는 것 또한 백성의 실정에 통달한 것보다 나은 것이 없다.

(『성호사설』 권20, 경사문, 誦詩)

백성을 다스리는 데에는 백성의 실정을 잘 파악하여 통달하는 것보
다 나은 것이 없다고 하였다. 여기에는 백성들이 요구하는 것이 무엇인
가를 알아내어 그들의 욕구를 충족시켜 주고 또한 안심하고 살 수
있도록 마련해 주어야 한다는 뜻이 포함되어 있다. 그가 누차 강조한
경제적 곤궁의 해결이 선결 문제임은 말할 것도 없다.

● 예나 지금이나 백성을 가까이 하고 백성의 실정을 잘 파악하
는 것이 통치자가 먼저 해야 할 일이다. 농민의 실정을 모르는
관리들을 빗대어 "염소가 밭을 갈고 쌀을 심으면 싹이 난다" 라
고 한 성호의 말을 정치인이나 공직자는 가슴깊이 새겨두어야
할 것이다.

민정 파악은 근신에 달려 있다

그러나 구중궁궐에 있는 임금이 백성의 실정을 정확하게 파악하기란
쉬운 일이 아니다. 임금이 백성의 실정을 알 수 있는 방법은,

임금이 백성의 고락을 아는 것은 좌우의 근신(近臣)에 달려 있
는데, 좌우가 가리고 숨기면 또한 어떻게 할 수 없는 것이다.

(『성호사설』 권16, 인사문, 求賢治民)

라 하였듯이, 임금과 가장 가까이 있는 신하들을 활용하는 것이다.
그러나 좌우에 있는 근신들이 백성들의 실정을 사실대로 임금에게

알리지 않으면 임금은 어쩔 수 없다고 하였다. 성호가 어진 인재를 임금 가까이 두어야 한다고 강조한 것도 이러한 배경 때문이다. 아무리 반복하여도 "가까운 신하와 너무 친하지 않으면 좌우의 거짓 참소에 빠지지 않고, 멀리 있는 신하를 잊지 않으면 백성들의 질고(疾苦)에 어둡지 않다"[3]라고 한 성호의 말은 참으로 새겨둘 만하다.

● 최고 통치권자인 대통령이 그 지위에 오르기까지는 오랫동안 그와 고락을 같이한 정치인들이 있기 마련이다. 세칭 ××계로 통하는 사람들이 여기에 해당된다고 보아 좋을 것이다. 가까운 신하와 너무 친하면 백성들의 어려움을 잘 모른다는 성호의 말을 기억해 두기 바란다.

다스림에는 어진 인재보다 급한 것이 없다

따라서 나라를 다스림에 있어 먼저 백성을 생각하고, 인재를 확보하는 것이 시급한 일이라는 것이 성호의 생각이다.

무릇 다스림에는 어진 인재보다 급한 것이 없고, 재주는 백성을 다스리는 것보다 긴절한 것이 없다.

(『곽우록』 권1, 育才)

무릇 정사에서 큰 것은 백성을 다스리는 것이고, 백성을 다스리는 데에는 사람(인재)을 얻는 것보다 우선할 것이 없다.

(『곽우록』 권2, 貢擧私議)

---

3) 『성호사설』 권16, 인사문, 求賢治民, "邇不泄 則不渝於左右之讒說 遠不忘 則不蔽於民事之疾苦".

254

정치는 백성을 다스리는 것이 가장 큰 것인데, 그러기 위해서는 인재를 구하는 것이 가장 급하고, 그 인재는 임금을 도와서 백성을 다스리는 재능을 발휘하는 것이 절실하다는 것이다. 아무리 좋은 법과 아름다운 정사라 하더라도 그것을 운영할 사람이 없다면 그 법과 정사가 행해질 수 없다는 것이 성호의 생각이다.[4]

⬤ 여기에서 성호가 말하는 인재는 도덕과 재능을 겸비한 사람이다. 아무리 재능이 뛰어난 사람이라 하더라도 관리로서 지녀야 할 도덕적 양심에 문제가 있는 사람은 인재라고 할 수 없다.

정치는 백성을 가난에서 벗어나게 하는 것이다

성호는 나라의 재물은 하늘에서 내려준 것이 아니라 백성의 힘으로 생산된 것이기 때문에 백성이 부유하면 나라 또한 여유가 있다는 논리를 펴면서,

군자가 백성을 다스리는 것은 백성을 인도하여 가난을 벗어나 부유하게 할 뿐이다.

(『성호사설』 권8, 인사문, 生財)

라 하였다. 여기에서 백성을 인도한다는 말은 백성을 괴롭히거나 해치지 않고 겁탈하지 않으며 삶을 즐기도록 하고, 선을 행하고 악을 못하게 한다는 것이다. 그리하면 백성들은 스스로 자연을 이용하여 제 살길을 찾는데, 지금은 많은 땅을 권세가들이 차지하여 일년 내내 농사를 지어도 소작료나 세금 등을 제하고 나면 4분의 1밖에 차지하지 못하는

---

4) 『성호사설』 권10, 인사문, 東坡論科試.

실정이라 하였다. 그리고 "다 익은 곡식을 참새가 쪼아 먹고 창고의 알곡을 쥐가 먹는 것과 무엇이 다른가?"[5]라 하면서, 관리들의 착취가 마치 원수와 같다고 개탄하였다. 백성을 다스리는 올바른 길과 현실이 너무나 동떨어져 있다는 견해다. 그가 "천하를 다스리는 것은 백성들이 굶지 않고 춥지 않게 하는 데 불과할 따름이다"[6]라 한 것도 같은 맥락이라 하겠다.

성호는 관리가 탐학하면 백성이 곤궁해지고 백성이 곤궁하면 천하가 다스려지지 않기 때문에, 임금은 반드시 어진 인재를 구해 써야 한다고 하였다.[7] 백성의 경제가 관리의 현부(賢否)에 달려 있다는 이야기다.

● 백성이 곤궁하면 천하가 다스려지지 않는다는 성호의 말을 오늘날의 정치인들은 명심해야 할 것이다. 아직도 우리나라에는 어두운 그늘에서 겨우 연명하며 어렵게 사는 사람들이 적지 않다. 무슨 이해관계가 있어야 내키지 않는 발걸음으로 방문하여 이들의 마음을 상하게 하지 말고, 그들이 인간다운 삶을 누릴 수 있도록 법적 제도적 장치를 마련하는 등 근본적인 대책을 세우는 데 심혈을 기울여야 할 것이다.

백성들의 잦은 관청 출입은 잘못된 정치 탓이다

예나 지금이나 민원문제로 관청에 자주 드나드는 것을 즐겨할 사람은 없을 것이다. 성호 역시 백성의 잦은 관청 출입을 문제삼았다.

백성을 다스리는 요체는 백성들이 관부에 드물게 접촉토록 하

---

5) 『성호사설』 권8, 인사문, 生財, "此何異穀熟而雀啄 倉實而鼠吃乎 哀哉".
6) 『성호사설』 권14, 인사문, 小官俸薄, "治天下 不過曰黎民不飢不寒而已矣".
7) 『성호사설』 권16, 인사문, 求賢治民.

는 데 있다.

(『성호사설』 권9, 인사문, 大同)

백성들로 하여금 관청에 적게 접촉하는 것이 백성을 편하게 하는 것이라는 이야기다. 그것은 관청과 백성들이 자주 접촉함으로써 뇌물 수수 같은 비리 요소가 발생할 가능성이 많아지고, 백성들이 자주 관청에 오는 만큼 고통이 따른다고 생각하기 때문이다. 따라서 세금도 납부 횟수를 줄여 내게 하고, 세금납부에 따른 관리와 백성의 접촉도 줄여야 한다는 것이 성호의 주장이었다.

그가 "백성을 다스리는 요점은 서리(胥吏)들이 백성을 괴롭게 굴지 않도록 하는데 있다"[8]라고 한 말도 이와 무관하지 않다. 수령의 정사를 보좌하는 서리들이 백성들과 가장 접촉이 많기 때문이다.

● 성호의 말대로 관청과의 접촉이 잦으면 잦을수록 비리가 만들어질 소지가 높아진다. 이를테면 일정한 허가나 등록을 얻으려 할 때 수십 가지의 서류를 제출하게 하여 민원인이 어쩔 수 없이 빈번하게 관청에 드나들게 하는 행정을 들 수 있다. 물론 법이 그러하기 때문에 어쩔 수 없다고 한다. 거기다가 불친절하고 무능하고 부패한 담당자라도 걸리면 쉽게 될 것도 제동이 걸릴 가능성이 많다. 그러나 적절치 못한 급행료(?)를 주면 이것이 쉽게 처리되는 것이 거짓이 아니라고 한다면, 성호의 지적은 참으로 우리를 부끄럽게 한다.

나그네가 길을 찾는 것처럼 하라

거듭 소개하지만, 성호는 갈림길이 많은 깊고 험한 산속이나 거친

---

8) 『곽우록』 권2, 治郡, "大抵治民其要 在不使胥吏擾民".

들판을 지나가는 나그네는 이미 알고 있는 길도 나무꾼이나 나물캐는 아낙네에게 물어 가야 길을 잃을 염려가 없다고 하였다. 만약 알고 있는 길을 다시 확인을 하지 않고 간다면, 혹 이 길이 가야 할 길이 아니고 다른 길로 접어들었을 경우 큰 낭패를 보게 된다는 것이다.

정치도 이와 마찬가지로 임금 스스로 정확하게 판단하고 대신의 보필을 받아 정책 결정을 하지만, 여러 경로를 통하여 아랫사람들의 의견도 청취하고 반복 검토하여 실수없이 해야 된다는 견해다. 그는 "진실로 보탬이 된다면 미천한 나무꾼이라 하여 가릴 것이 있겠는가?"9)라 하였다.

● 국가의 정책이 결정에서부터 시행에 이르기까지 수없이 재고에 재고를 거듭해야 한다는 것은 말할 것도 없다. 그러나 이따금 정부의 정책이 신중하지 못하고 지나치게 졸속이라는 비난을 받고 있다. 특히 정치적 색채가 짙은 졸속은 큰 문제가 아닐 수 없다. 거기다가 그로 인하여 여러 사람들에게 많은 손실이 가해지거나 국익에 반하였을 경우에는 더욱 그렇다. 한 가정의 문제가 아니고 나라의 안위와 국고의 손실에 직결되는 문제이니 정책수립자는 신중해야 할 것이다. 특히 조변석개식 정책결정으로 다수의 서민이 낭패를 보는 일이 있어서는 안 된다.

제2절 망국적 붕당

(1) 붕당은 왜 생기나?

---

9)『성호사설』권11, 인사문, 納群言, "苟其有裨 奚擇乎葛蕘之賤哉".

굶주린 열 사람과 밥 한 사발

성호는 "붕당(朋黨)은 투쟁에서 생기고 투쟁은 이해에서 생긴다"[10]
고 하였다. 이를테면 굶주린 사람 열 명에게 한 사발의 밥을 함께
먹도록 한다면 그릇을 비우기도 전에 싸움이 일어난다는 것이다. 싸움
의 실마리를 물어 보면 상대방의 말이 공손하지 않았다던가, 성낸
얼굴 빛을 하였다던가 등의 이유를 대지만, 싸움의 근본 원인은 말이나
행동이 아니고 밥이 적은 데 있다고 하였다. 때문에 말을 공손히 한다던
가 겸손한 얼굴 빛을 한다고 하여 일어나지 않을 싸움이 아니라는
것이다.[11] 다른 예로 처와 첩이 한 집 안에서 싸우고, 형제가 한 울
안에서 다투는 것도 결국은 재물이 풍족치 못한 데 까닭이 있는 것이라
하면서, "나라의 붕당도 이와 무엇이 다른가?"[12] 하였다.

그는 또 닭을 치는 것으로 편당을 비유하였다. 여러 마리의 닭이
서로 다투어 가면서 먹이를 구하다가 사람이 사는 방안에 있는 집기를
더럽히면 사람은 쫓기도 하고 두들겨 상처를 입히기도 한다. 그런데
닭도 먹는 것이 이롭고 얻어 맞는 것이 해롭다는 것을 알지만, 얻어
맞는 것은 가볍고 오랫동안 먹는 것이 더 중하기 때문에 아픈 상처를
참으면서도 여전히 먹을 것을 다툰다는 것이다. 아무리 쫓아도 물러가
는 척하다가 되돌아와서 다투는데, 만약 먹을 것을 가볍게 여기고
얻어 맞는 것을 중하게 여긴다면 도망갈 것이라 하면서, 성호는,

이 모두 이해의 득실에 관계된 때문이다. 편당(偏黨)하여 다투는
것도 벼슬과 녹봉 때문이다.

---

10) 『곽우록』 권2, 朋黨論, "朋黨生於爭鬪　爭鬪生於利害".
11) 『곽우록』 권2, 朋黨論.
12) 『곽우록』 권2, 朋黨論, "國之朋黨　何異於是".

라 하였다. 닭이 먹이를 두고 서로 다투는 것이나 사람이 벼슬과 녹봉을 두고 다투는 것이 이해득실 때문이라는 점에서 다를 바 없다는 것이다. 다만 닭과 사람이 다른 점이 있다면, 닭은 먹이다툼이 끝나면 언제 싸웠냐는 듯 사이좋게 지내지만, 사람은 시간이 지나도 감정이 가라앉지 않고 상대방을 죽여 없애 버리려 하면서 뉘우치지 않는다는 것이다.[13]

요컨대 굶주린 열 사람의 밥그릇 싸움, 한 집안의 처첩 싸움, 한 울안의 형제 싸움, 한 마당의 닭 먹이 싸움, 그리고 붕당 혹은 편당도 모두 이해관계에서 나왔으니, 붕당은 서로의 이해가 엇갈리는 데에서 나온 것이다.

● 성호가 설명하는 조선시대의 붕당은 오늘날의 정당과는 다르다. 뚜렷하게 다른 특징은 조선시대 붕당의 핵심 인물들은 대부분 현직 고급 관리이면서 정치인이었지만, 오늘날은 흔히 정무직 공무원을 포함한 정치인으로 통한다는 점이다. 따라서 대부분의 공무원은 여기에 해당되지 않는다. 오늘날 정당이 정치인들에게 잘못 인식되어 그릇되게 운영됨으로써 이러한 망국적 붕당으로 변질되는 일이 절대로 있어서는 안 될 것이다.

관직은 적고 사람은 많다

조선 양반사회에서 양반들이 선호하던 직업은 관리다. 이 관직의 수는 매년 거의 같으나, 관직으로 나아가기를 바라는 양반 인구는 크게 늘어나고 있었다. 거기다가 과거를 통하여 뽑은 급제자 수는

---

13) 『성호사설』 권6, 만물문, 祝鷄知偏黨.

매년 누적되어 가고 있었고, 과거를 거치지 않고 천거나 음사(蔭仕)로
등용되는 관리도 적지 않았다. 따라서 관직에 임명되어야 할 사람의
수가 현재 있는 관직의 수보다 훨씬 많아지게 되니, "이른바 관직은
적은데 써야 할 사람은 많아 처리할 수 없는"14) 지경이 되었다. 이런
상황에서 자리다툼이 일어나게 되고 얻는 자와 잃는 자가 생기니,
그 사이에 갈등과 원망이 있게 마련이라는 견해다.

> 힘이 비슷하면 싸우고 지위가 위태로우면 시기하며 좌우를 살
> 핀다. 이로운 구멍은 하나인데 뚫고 들어오려는 자는 십중팔구
> 니 붕(朋)으로 나뉘고 당(黨)으로 나뉘는 것은 형세(勢)로서 이상
> 할 것도 없다.
>
> (『성호사설』 권7, 인사문, 科薦合一)

즉 한 자리를 놓고 실력이 비슷한 사람들끼리 경쟁을 벌이는 환경이
되고 보니 붕당이 생기는 것은 자연적인 형세라는 것이다.

그는 또 "후세의 붕당으로 빚어진 화[黨禍]는 대개 과거를 자주
설치하여 사람을 많이 뽑은 데에 있다"15) 하고, "오늘날 붕당의 화는
그 근원을 따져보면 벼슬을 하려는 데에서 벗어나지 않는다"16)고
하였듯이, 붕당으로 인한 참화 역시 잦은 과거나 그로 인하여 빚어진
관료사회의 인적 과잉현상에서 찾기도 하였다. 또 한 사람이 벼슬에
나아가면 그에게 우루루 몰려가 덕을 볼 수 있기 때문에 당파로 갈라지
지 않을 수 없다 하면서, 이 모두 과거를 너무 자주 보는 폐단에서
나온 것으로 보았다.

---

14) 『곽우록』 권2, 朋黨論, "所謂官員少 而應調多 無以處也".

15) 『성호사설』 권11, 인사문, 蕩平, "後世黨禍 盖因設科頻 而取人廣也".

16) 『성호사설』 권3, 경사문, 歸鄕, "今世 朋黨之禍 究其源 不外於糜爵".

결국 "유한한 보화로써 무궁한 사람을 대우하려 하기 때문에 싸우는 것이 실로 당연"17)하니, 가장 소망스런 방법으로 "선발은 적게 하고 정선에 힘쓰는 것보다 나은 것이 없다"18)는 결론을 내렸다.

● 오늘날과 같은 정당정치에서는 '관직은 적고 사람이 많아' 원인이 되었다는 붕당 때문에 고민할 필요는 없다. 다만 정권교체기에 말썽이 되는 위인설관(爲人設官)이나 불필요한 조직개편, 각종 연(緣.)을 ㅌ오한 낙하산 인사로 국가기강을 흔들고 국가재정을 낭비하는 일은 없어야 할 것이다.

(2) 붕당이 낳은 것

붕당이 원수를 만든다

성호는 조선 선조(宣祖) 이후, 붕당이 "하나가 나뉘어 둘이 되고 둘이 나뉘어 넷이 되며 또 나뉘어 여덟이 되었다"고 하면서, 붕당이 낳은 실상을 다음과 같이 지적하였다.

대대로 전해지면서 자손들은 원수가 되어 혹 죽이기도 하였다. 같은 조정에 나아가고 같은 마을에서 살면서 늙어 죽을 때까지 서로 왕래하지 않는 일도 있었다. 때문에 길흉사를 서로 물으면 수군수군 지껄이고 혼인을 서로 통하면 떼로 몰려 배척하였다. 심지어 언동이나 의복의 모양을 달리하여 길에서 만나더라도 손가락으로 가리켜 알 수 있다. 이역(異域)이라서 그런가. 풍속이 달라 그런가. 아. 심하도다.

(『곽우록』 권2, 朋黨論)

---

17) 『곽우록』 권, 붕당론, "以有限之貨寶 待無窮之人 其爭鬪也 固宜矣".
18) 『성호사설』 권7, 인사문, 科薦合一, "其要 莫如選少 而務精也".

붕당이 자손에게로 전해지면서 서로 원수가 되고, 같은 조정 같은 마을에 살면서도 평소 서로 왕래는커녕 길흉사에도 접촉이 없으며, 의복 모양까지 서로 달리하여 입는다는 것이다. 성호는 이러한 한심한 모습에 대해 "이역이라서 그런가. 풍속이 달라 그런가" 하면서 안타까워하였다.

성호가 이렇게 붕당에 대해 매우 비판적 태도를 보인 데에는 그만한 배경이 있었다. 성호의 집안은 본시 남인에 속하였는데, 역시 이 붕당의 피해를 벗어나지 못하였다. 그의 아버지 이하진(李夏鎭)은 1680년 서인에 의해 남인이 정계에서 대거 쫓겨나는 이른바 경신대출척(庚申大黜陟) 사건시, 경상도 진주목사에서 파직당하고 평안도 운산으로 유배되었다. 성호는 그 이듬해 1681년 이곳 유배지에서 탄생하였다. 그 후 1706년에는 그에게 학문을 가르쳐준 둘째 형 이잠(李潛)이 왕세자 시해사건에 대한 상소를 올린 것이 문제되어 역적 누명을 쓰고 옥에서 맞아 죽는 사건이 있었다. 성호에게 정신적으로 큰 타격을 준 사건이었다. 두 사건 모두 붕당과 관련된 일로서 성호의 정치적·사상적 변화에 큰 영향을 주었다. 따라서 그가 보는 붕당은 남다르지 않았을까 생각된다.

그가 당시 붕당의 실태를 "오늘에 이르러서는 당론이 공공연히 행해져 셋씩 다섯씩 짝을 지어 각기 무리를 이룬다. 한 번 득세하면 다른 무리는 모두 물리치니, 천지가 어떻게 바뀔 수 있겠는가?"[19]라고 하였던 것을 보면, 성호는 붕당의 실태가 종전에 비하여 나아진 것이 없다고 판단한 듯하다.

붕당을 위해서는 죽음도 불사한다

---

19) 『성호사설』 권16, 인사문, 決鬱.

성호는 사대부들이 붕당을 만들어 싸우지 않을 수 없는 환경을 다음
과 같이 말하였다.

중립적인 위치에서 시비를 공번되게 하려는 자를 용렬하다고
비웃고, 붕당을 위해서는 죽음에도 흔들리지 않는 자를 명절(名
節)이라 한다. 무릇에 올려 놓는 것 같기도 하고 연못에 떨어뜨
릴 것 같기도 하여, 영광과 욕됨이 갑자기 바뀌니 어찌 사람들
이 붕당을 만들어 싸우지 않겠는가?

(『곽우록』 권2, 붕당론)

붕당으로 영욕이 한순간에 결정되기 때문에 누가 붕당에 들어 싸움
에 가담하지 않겠느냐는 것이다. 죽기를 각오하고 붕당에 적극적으로
가담하면 이름난 절조[名節]라는 칭송을 듣지만, 어느 쪽에도 편들지
않고 중립을 지키며 시비를 가리는 행동은 도리어 비웃음만 사게 된다
고 하였다. 당색이 없으면 오히려 부지하기 힘든 양반사회의 한심한
세태를 그리고 있다.

그리하여 붕당이 생긴 이래 시비를 가리는 것은 제쳐두고 자기가
소속된 당의 주장만 옳다고 생각할 뿐, 상대방도 역시 같은 생각을
하고 있다는 사실은 알지 못한다는 것이다.[20]

● 이른바 초선 신참 국회의원들이 정의감에 불타 소신을 앞세
워 시비를 따지며 참신한 의원활동을 하려는 의욕을 보고 국민
들이 박수를 보낼 때, 일부 구태의연한 선배 의원들의 비아냥은
지켜보는 국민들을 가슴아프게 한다. 철새처럼 이 정당 저 정당
휩쓸려다니면서 정치 생명을 부지하는 그런 정치인들 또한 병

---

20) 『성호사설』 권28, 詩文門, 異同同.

적 붕당을 조장하지나 않을까 걱정된다.

국시를 흐려놓는 붕당

국시(國是)란 국민으로부터 옳다고 지지를 받은 정부의 정치방침이라고 할 수 있다. 그런데 붕당이 지배하면서 국론이 분열되고 시비를 가릴 수 없는 상황에서는 국시가 무엇인지 알 수 없게 된다는 것이 성호의 생각이다. 성호의 비유를 들어 보자.

여기에 한 사람이 있다. 나라 사람의 반은 그를 좋아하고 반은 미워한다. 갑(甲)을 주장하는 자가 이것을 국시라 하면 개인적인 의리에 가리워져 다만 옳게 보는 자가 많을 것이다. 을(乙)을 주장하는 자가 이는 국시가 아니라고[國非] 하면 개인적인 의리에 가리워져 다만 아니라고 보는 자가 많을 것이다. 한 사람이 억측으로 결정하면 천만 사람이 화합부동하니 마치 자벌레가 노란 것을 먹으면 노랗고, 푸른 것을 먹으면 푸른 것과 같다. 비록 열 사람이 옳다 하더라도 한 사람이 그르다고 하면 국시가 될 수 없는 것인데, 하물며 옳다고 하는 자가 열 사람이 되지 않음에랴?
또 하물며 붕당의 무리로 풍속을 선동하여 흑인지 백인지가 정해진 바 없어, 마치 배를 타고 돌아 남북의 위치를 바꾸는 것 같으니, 장차 무엇을 따라 갈 것인가? 고로 스스로 국시라고 외치는 것은 나라를 망치는 주장이다.

(『성호사설』 권16, 인사문, 國是)

붕당으로 온 나라 사람들이 갈라지고, 갈라진 붕당의 수만큼 의견이 분열되어 있기 때문에 국시가 있을 수 없다는 이야기다. 특정 붕당에서 아무리 국시라고 외쳐도 사사로운 정분에 이끌려 동조한 의견이 많을 수밖에 없고, 다른 붕당에서 반대의견으로 반박할 때에도 역시 사정에 이끌려 반대하는 경우가 많을 수밖에 없는 것이니, 모두 부화뇌동과 다를 바 없다는 판단이다. 즉 온 국민이 모두 옳다고 인정한 정부의 정치방침이 국시라 한다면, 붕당에서 주장하는 것은 결코 국시가 될 수 없다는 것이다.

더욱이 붕당은 정책노선이나 방향이 없어 언제라도 주장하는 바가 바뀌게 될 가능성이 크고 행보를 짐작키 어렵다. "스스로 국시라고 외치는 것은 나라를 망치는 주장이다"라는 그의 말에서 붕당이 국론에 얼마나 해독을 끼치는가를 실감하고 있었던가를 알 수 있다.

> ● 정치적 탐욕에서 형성된 정당은 지역감정을 불러일으키거나 지나치게 특정 집단의 이익을 대변하여 국론 분열을 초래할 가능성이 없지 않다. 국민들의 예리한 비판력과 감시가 요구된다 하겠다.

임진왜란도 붕당이 불러왔다

성호는 1592년에 일어난 임진왜란의 배경을 다음과 같이 설명하였다.

> 무릇 나무가 썩으면 좀이 생기고 사람이 피곤하면 병이 공격한다. 나라가 난리를 부르는 것도 이와 무엇이 다른가? 만일 뭇 신하들이 협동하여 나라를 다스리게 하고 계책과 시설을 틈이 없이 치밀하게 하였더라면, 외적의 침입 또한 허실을 헤아리지 않고 갑자기 이르는 것이 아니므로, 임진(壬辰)년의 변고는 반드시 일어나지 않았을 것이다.

당습(黨習)이 깊고 고질화된 이래, 만일 자기 당이면 어리석은 자라도 관중(管仲)과 제갈량(諸葛亮)이요, 부극(掊克) 같은 사람도 공수(龔遂)나 황패(黃霸)로 여기지만, 자기 당이 아니면 모두 반대하였다. 한 번 나아가고 한 번 물러가는 사이에 붕당을 세우는 데에만 마음을 쏟고 다스리는 데에는 도외시하였으니, 백성이 어찌 보호될 수 있으며 나라가 어찌 편안히 다스려질 수 있었겠는가?

(『성호사설』 권8, 인사문, 黨習갑亂)

임진왜란이 일어난 원인을 붕당에서 찾았다. 즉, 신하들이 모두 협동하여 나라를 잘 다스려 허점이 없게 하였더라면, 왜적이 감히 침범하지 못하였을 것이라는 비판이다. 붕당이 고질화되면서 자기 당 인물이 아니면 인물의 우열 여부를 가리지 않고 무조건 반대하는 등 붕당에만 관심을 둠으로써, 나라는 다스려질 수 없고 백성은 살 수 없게 되었기 때문이다.

그런데 붕당이 임진왜란중에도 그치지 않았다는 사실에 대해 성호는 더욱 분개하였다.

한스러운 것은 왜란이 일어난 초기에 처음으로 평양에서 한 번 이겼는데 당파싸움이 다시 치열해졌다. 외적의 침입은 잊어버리고 집안싸움만 일삼다가 심지어 눈물을 흘리고 조정을 떠나는 자도 있었으니, 하물며 평화시에는 오죽하랴?
그렇다면 임진왜란은 히데요시(秀吉)가 아니라 우리 스스로 불러들인 것이다. 진실로 임금과 신하가 틈이 벌어지는 일 없이 정령(政令)을 치밀하게 하였다면, 바다 건너 뱀과 돼지 같은 오랑캐일지라도 감히 침략할 마음을 먹지 못했을 것이다.

(『성호사설』 권23, 경사문, 秀吉犯上國)

평양 탈환이라는 모처럼의 승리소식에 잠시 주춤하던 당파싸움이 다시 계속되자, 나라를 걱정하던 어진 신하들은 낙담하여 조정을 떠나는 지경에 이르렀다. 이에 성호는 임진왜란은 도요토미 히데요시가 일으킨 것이 아니고 '우리 스스로 불러일으킨 것'이라고 자탄하였다. 만약 군신이 모두 합심하여 치밀한 정치를 하였더라면 감히 일본이 우리나라를 침략할 마음을 먹지 못했을 것이라는 판단이다. 그는 도요토미 히데요시가 우리나라에서 붕당이 치열한 것을 좋은 기회로 삼아 우리나라를 단번에 집어삼키려 하였다면서 붕당을 원망하였다.[21]

● 임진왜란과 같은 외침에 의한 전쟁은 아닐지라도 1997년 이후 수년간 계속된 외환위기 상황에서 국가경제가 파탄지경에 처해 있을 때, 우리 정치인들은 진실로 정쟁을 떠나 국가위기를 벗어나기 위하여 과연 얼마나 노력하였는지 모르겠다. 초당적으로 머리를 맞대고 지혜를 짜내어 위기를 탈출해야 하는 절박한 사태에서 외유나 하고 골프나 즐기며 틈만 나면 의원회관에서 바둑이나 두지는 않았는지? 정당이 정권쟁탈을 위한 정치인의 집합기구로만 존재하면서 정쟁만 일삼아서는 안 될 것이다. 정당은 붕당의 전철을 걸어서는 안 된다. 정당의 목적이 무엇이든 국민은 그들만의 정쟁을 원하지 않는다는 사실을 알아야 한다.

(3) 어떻게 대처할 것인가?

성호는 다음과 같이 붕당에 대한 처방을 내렸다.

그러면 어떻게 하는 것이 좋을까? 과거(科擧)를 간략하게 하여 잡되게 진출하는 것을 막고, 고과(考課)를 분명히 하여 어리석고

---

21) 『성호사설』 권23, 경사문, 秀吉犯上國, "幸我國內之鬧 謂可以一擧".

둔한 자를 도태시킨다. 그런 후에 높은 벼슬은 아껴서 함부로
주지 말 것이며 승진을 삼가고 경솔하게 발탁하지 말 것이다.
재능에 맞도록 배치하고 자주 옮기지 말 것이며, 이(利)의 통로
를 막아 민심이 안정되도록 한다. 이와 같을 뿐이니 그렇지 않
으면 비록 죽인다 하여도 막지 못할 것이다.

(『곽우록』 권2, 붕당론)

간추려 말하면, 과거시험을 줄이고 인사고과를 엄격히 하여 무능한
자를 도태시킬 것, 승진을 엄격하게 하고 발탁을 남발하지 말 것, 적재적
소에 인물을 배치하고 인사이동을 자주 하지 말 것, 백성으로부터
재물을 갈취할 실마리를 없애 민심을 안정시킬 것 등이다.

과거시험을 줄인다

그는 잦은 과거 때문에 붕당이 심하다고 보았다. 과거에 올라 벼슬을
하게 되면 급제자를 중심으로 많은 사람이 따르게 되고, 따라서 잦은
과거는 그만큼 많은 당파를 형성하게 된다는 것이 그의 생각이었다.
또한 어느 당파가 정권을 잡느냐에 따라 과거시험에 사정(私情)이 개입
하여 급제자가 결정되니, 이는 곧 과거에서부터 당파를 심는 꼴이
된다는 것이다. 그리하여 원칙적으로 과거를 통한 인재 선발을 바람직
하게 생각지 않았다. "과거는 끝내 사람을 구하는 방법이 될 수 없다"[22]
는 것이 그의 지론이었던 것이다.

그가 생각한 당파의 화를 없애는 방법은,

후세의 당화(黨禍)는 모두 잦은 과거로 사람을 많이 뽑은 데에

---

22) 『곽우록』 권2, 貢擧私議, "法終非得之之道也".

원인이 있다. 이미 그러함을 알았다면, 오늘 이후로는 사람 뽑
는 것을 점점 줄여야 오히려 7년 된 병에 3년 묵은 쑥을 구하는
효과가 있을 것이다.

(『성호사설』 권11, 인사문, 蕩平)

라 하였듯이, 과거시험을 통한 급제자 수를 줄이는 것이었다. 기본적으
로는 과거시험을 폐지한다는 것이 그의 생각이었으나 수백년 동안
시행되어 온 제도를 없애는 것이 현실적으로 어렵다는 사실을 잘 알고
있었다.[23] 최소한 과거시험 횟수라도 줄여야 한다는 것이 그의 생각이
었다.

　　　● 조선시대 붕당의 폐단이 과거가 주된 근원이 되었다고 한다
　　면, 오늘날 정당은 어떤가? 오늘날 우리나라의 정당은 지역갈등
　　문제와 무관하지 않다는 것이 우려되는 문제다. 주요 정당의 핵
　　심 인맥이 특정 지방 인물들로 구성되어 직·간접적으로 배타
　　성을 보이는데, 이들 정당이 국민을 위한 정당인지 의심스러울
　　때가 있다.

당론에 젖어 있는 자는 물러나게 한다

한편 붕당에 빠져 있는 관리를 다음과 같이 조치할 것을 제시하였다.

조정에 있는 신하로서 탐욕과 경쟁이 부끄러운 줄 알고 벼슬과
녹봉을 사양할 줄 알면서 오히려 당론에 빠져 있는 자가 있다는
사실을 나는 듣지 못했다. 그러므로 입으로는 먹을 것을 사양하
면서 부엌을 흘겨보는 자는 뜻이 실제로는 배부르기를 기대하

---

23) 『곽우록』 권2, 貢擧私議.

고 있음을 알 수 있고, 손에는 땔나무를 쥐고 있으면서 허리에 화살을 차고 있는 자는 뜻이 실제로는 짐승을 잡는 데 있음을 알 수 있다. 당론의 시비도 역시 이와 같다. 고로 손발이 당론에 묶여 구습을 탈피하지 못하는 자는 깊이 조사할 필요 없이 연한을 두어 직을 바꾸되, 크게는 7년, 작게는 5년으로 하여 사면령에도 참여치 못하게 하고 대신(大臣)과 대간(臺諫)도 감히 말하지 못하게 하여 붕당이 이로운 것이 없음을 분명하게 알도록 하면, 비록 상을 주더라도 기꺼이 하지 않을 것이다.

(『성호사설』 권7, 인사문, 黨論)

당론에 빠져 있는 자는 탐욕과 경쟁을 부끄러워하지 않고 오로지 벼슬과 녹봉에만 관심을 두면서, 이들은 백성을 위한 정치를 하는 데에는 뜻을 두지 않고 오직 사리사욕에 눈이 어둡다는 것이다. 이에 성호는 당론에 푹 빠져 있는 자를 색출하여 5년 내지 7년의 연한을 두어 관직에서 물러나게 하되, 사면령이나 대간(臺諫)의 간언(諫言) 대상에서도 제외하자는 의견을 제시하였다. 한 마디로 붕당에 젖어 있는 자는 엄하게 퇴출시켜 공직사회에 다시 발을 붙이지 못하도록 하자는 견해라 하겠다.

　● 이 또한 주목할 만한 견해다. 고급 공직자 혹은 공기업의 수장이 된 자로서 등 뒤로는 법으로 금지하고 있는 정당활동을 하고 있다던가 정치활동을 하면서, 국고에 큰 손해를 끼치거나 사리사욕에 눈이 어두운 자는 죄의 경중을 가리지 말고 엄벌에 처하거나 공직에서 아주 축출해야 할 것이다. 그런데 국민들의 눈총을 받고 있는 인물들이 보라는 듯이 발탁되어 눈을 치켜뜨고 민중의 시선을 묵살해 버리는 현실을 보면 암담한 생각이 들지 않을 수 없다.

또 입으로는 먹을 것을 사양하면서 부엌을 흘겨보고 배부르
기를 바라고, 손에는 땔나무를 쥐고 있으면서 나무꾼인 척 나무
를 하는 사람이 허리에 화살을 차고 실제는 짐승잡기에 혈안이
되었듯이, 더러운 명예나 권세를 추구하며 사리사욕 채우기에
만 뜻을 두고 있는 정치인은 없는지 모를 일이다.

귀향조치 시킨다

이와 유사한 방법으로서 귀향조치를 권하였다. 귀향은 시골로 보내
서 그 지역을 떠날 수 없도록 하는 일종의 형벌이다.

지금 세상에 붕당의 화는 그 근원을 찾아보면 벼슬을 하려는 데
에서 벗어나지 않는다. 혹 죄를 얻어 멀리 쫓겨 나더라도 얼마
안되어 원근을 비교하여 높은 자리로 발탁하고 공을 따져 상을
주니, 자벌레가 제 몸을 굽혀 펴기를 구하는 격이다. 고로 죽을
고비를 겪어도 꺼리지 않는다.
만약 귀향의 율을 펴되 당파의 심성을 가진 자를 가려 큰 자에
게는 10년, 작은 자에게는 5년을 한정하여, 집이 서울인 자는
교외로 쫓아내 한가롭게 살도록 한다면 형벌이 너그럽다는 말
도 들을 것이니, 작은 벌 큰 벌 모두 징계하게 되는 것이다.

(『성호사설』 권23, 경사문, 歸鄕)

역시 붕당에 관여된 사람을 색출하여 관직을 삭탈한 다음, 귀향조치
를 하되 5년 내지 10년을 한정하여 그 지역을 떠나지 못하도록 하자는
것이다. 서울 사람이라면 교외로 내쫓아 시내 출입을 못하게 하는
것인데, 이 또한 사면령이나 대간의 간언 대상에서 제외해야 효과를
얻을 수 있다고 주장하였다.

● 기본권으로 보장되어 있는 정치적 자유권을 행사하는 정치인들에게야 어쩔 수 없겠으나, 법으로 금지하고 있는 공무원의 정치행위는 엄격히 규제하고, 법을·어겼을 때는 당연히 의법 조치해야 할것이다.

대들보를 바르게 세워라

성호는 군왕의 탕평책에도 큰 관심을 보였다.

> 탕평의 요점은 편당을 막는 데 있으니 편당을 하면 어긋나고 기울어지나, 탕평을 하면 바르고 곧게 된다.……혹시라도 한편은 총애하고 한편은 소홀히 하며, 한편은 즐겁게 하고 한편은 고난을 주어 부귀와 빈천 사이를 고르게 하지 못하고, 다만 구구하게 빈말의 가르침이나 실속없는 질책에 힘을 낭비하여 몸에 절실한 이해는 버리고 다른 사람의 권유를 따르게 하려 한다면 역시 곤란할 것이다.
>
> ……집은 오직 대들보가 한가운데 있고, 그 나머지 기둥과 서까래, 문도리와 문설주 등은 대들보에 의지하여 쓰이지 않는 것이 없다. 대들보가 혹시 조금이라도 한 쪽으로 치우치면 동쪽이든 서쪽이든 간에 반드시 기울어 빗물이 새게 될 것이고, 모든 재목이 기울어 대들보도 역시 따라서 무너질 것이다.
>
> ……나아가고 물러감에 있어 극(極)이 혹 조금이라도 치우치다면, 왕도(王道)가 이루어지지 않는 것이다.
>
> (『성호사설』 권11, 인사문, 탕평)

집을 지을 때 대들보는 집의 중심에 있다. 기둥이나 서까래 등도 대들보를 중심으로 조립되기 때문에, 대들보가 바르게 자리잡아야 집이 바르게 서는 것이다. 만약 대들보가 한쪽으로 치우쳐 있다면

비가 새고 급기야 대들보와 그 집마저 무너진다. 그렇듯이 임금이
극(極)인 대들보를 잘못 놓으면, 즉 치우치게 놓으면 집을 무너지게
하는 것처럼, 왕도정치가 이루어지지 못한다. 어느 한 쪽으로 치우치는
편당을 조성하는 정치를 해서는 안된다는 뜻이라 하겠다. 과거를 자주
실시하는 것도 편당을 조성하는 큰 원인이 되는 것으로 본 성호였다.

● 오늘날 대통령에 당선되면 흔히 야당에서는 대통령에게 여
당 총재직을 내놓고 나아가서는 탈당도 요구하는 것을 볼 수
있다.그러나 한 정당의 대표자로서 대통령에 당선된 자가 여당
의 총재직을 탈당하여 국가 원수직을 수행한다고 해서 완전무
결한 중립이 지켜질지는 의심되나, 현실적으로는 중요한 대안
이라 하겠다. 이것도 정치의 대들보를 바르게 세우는 한 방법으
로 생각되기 때문이다.

또 하나의 붕당, 탕평당

그는 어느 쪽에도 치우치지 않는 탕평책을 쓴다면 붕당이 빨리 제거
될 것 같다고 하였다. 그런데 근래(영조 때)에는 이도 저도 아닌 중립적
붕당과 같은 '탕평당'이 생겨 새로운 문제가 되고 있다는 것이다. 혹
사람을 천거하면 양쪽에서 모두 취하기도 하고 주장을 제시하면 양편
모두 그른 것으로 돌린다는 것이다. 엄격히 말하면 이는 편벽되거나
기울어지지 않은 도가 아니라고 하였다.[24] 아마도 성호가 말하는 탕평
당은 달리 존재하는 붕당이라기보다는 임금의 주변에서 붕당의 폐단을
막는다는 구실 아래 정치적 신조나 방향없이 저질러지는 무원칙한
정치행위나 여기에 가담한 무리를 가리키는 것이 아닌가 생각된다.
또 하나의 붕당처럼 또 다른 폐단을 야기시킨다는 이야기라 하겠다.

---

24)『성호사설』권9, 인사문, 朋黨.

그는 영조시대 추진된 탕평책을 추진 방법에서 그리 만족스럽게 여기
지 않았던 것으로 보인다.

성호는 『곽우록』(藿憂錄)의 머리말에서 "나는 비천한 사람이다. 비천한 사람이 걱정하는 것은 100묘(畝)의 땅으로 농사짓는 일 외에서 벗어나지 않는다. 그러나 생각하기를 그치지 않아 혹시 위치를 벗어나 생각을 넘치게 하면 이는 필부의 죄"(而余賤人也 賤之所當憂 不出於百畝 之外 然思之未休 或出位濫思 則匹夫之罪也)라 하였다. 비록 벼슬은 하지 않았으되 높은 학문을 바탕으로 얼음장같이 차갑고 칼날 같은 예리함으로 구부러지고 썩어 냄새나는 치자(治者)의 병든 세계를 도려내려는 성호 자신이 분수와 격에 맞지 않는다 하여 스스로를 낮추어 이렇게 말하였다.

역사적 전환이 요구되는 시기에 미래를 내다보며 선구적 사상을 이끌었던 참 지식인이 필부를 자처하며 자신의 존재를 낮추는데, 하물며 필자와 같은 보잘것없는 존재가 감히 어찌 오늘의 사회를 왈가왈부하며 평가할 수 있겠는가? 손톱만큼의 자격도 능력도 없다. 다만 옛 선현의 말씀을 거울삼아 오늘을 비추어 보며 혹 길을 잘못 들지는 았았는가, 혹 병이나 깊이 들어 있지 않았는가를 달동네 꼭대기의 가난한 서민 뜰에 서서 바라보고 중얼거렸을 따름이다. 혹 거울을 잘못 사용하여 진실을 보지 못하거나 판단을 그르친 경우가 있었을 것이다.

특히 필자는 피지배계층인 다수의 서민과 지배계층인 벼슬아치의 관계를 성호가 여러 각도에서 비추어 보았던 거울을 빌려 오늘의 공직사회를 비추어 보는 데 초점을 맞추었다. 당연히 누구라도 공감할 수 있는 진단과 처방이 내려져 정말 살기좋은 사회가 된다면 얼마나 좋겠는가. 가장 밑바닥에서 위만 쳐다보고 살아가는 국민들이 국가기관에 드나드는 것을 전혀 꺼려하지 않고, 오히려 즐겁게 여기며, 경찰서나 법원·검찰청 나아가기를 두려움 없이 할 수 있는 사회가 된다면 얼마나 즐겁겠는가? 국가와 국민이 서로 베풀고 신뢰하고 따르는 사회를 국민들은 진실로 바란다. 공직사회부터 맑고 깨끗해야 이 나라에 부패가 사라지고, 정부가 국민들로부터 믿음과 협조를 얻을 수 있다. 이러한 응변은 옛날 우리 선현들의 입에서 끝없이 쏟아져 나왔다. 아마 미래에도 그럴 것이라는 생각을 뿌리칠 수 없으니 기우에 그쳤으면 좋겠다.

"관리가 탐학하면 백성이 가난해진다" 하고, "크고 작은 일이 뇌물로 이루어진다"는 성호의 말을 이 나라의 공직사회에 종사하는 사람들은 명심해야 할 것이다. 이순신 장군이 전쟁중에 부채를 만들어 조정 대신들에게 뇌물로 바쳤다는 가슴 아픈 이야기가 혹 누가 일부러 만들어 낸 이야기였으면 싶다. 학연·지연·혈연 등 온갖 연고가 사회 곳곳에 독버섯처럼 만연되어 있어 합리적이고 이성을 호소하는 사람을 깔아 뭉개는 악습 때문에 정말 올바른 사람이 설자리가 없다면 이 나라의 미래가 어떻게 되겠는가? 그런 고질적인 연고문화가 공직사회에도 뿌리깊이 뻗어 있다면 이는 큰 일이 아닐 수 없다. 깨끗하고 올바르게 살아온 사람들이 조국의 오염된 생활환경 때문에 이민이나

가고 싶다고 한다면 이 나라는 큰 병에 걸려 있다고 보아 틀림없을 것이다.

거듭 강조하지만, 사회의 모든 비리와 부패가 공직사회에서 출발하여 물결 퍼지듯 확산된다는 사실을 정치인을 포함하여 공직에 종사하는 분에게 다시 한 번 이야기하고 싶다.

2002년 월드컵 축구대회에서 우리나라 축구를 세계 4강에 올려놓은 국가대표 축구감독 히딩크가 보여준 선수선발과 훈련방법은 우리 국민들에게 중요한 사실을 가르쳐 주었다. 연고를 물리치고 오로지 능력위주의 인재를 선발해야 한다는 사실을 확인시켜 주었던 것이다. 이기는 것을 보고 전 국민들은 얼마나 환희에 차서 열광적으로 응원하였던가. 꼭 경기에 이겼기 때문에 그토록 환호였을까? 그동안 히딩크의 깨끗하고 참신한 선수선발과 훈련방법이 알려지면서 응원에 더욱 불을 당긴 것은 아닐까? 낯선 이방인이 와서 우리의 고질적인 악습을 과감하게 물리치고 밀고 나간 합리적인 사고방식과 태도에 감동한 것은 아닐까? 그러기에 많은 국민들은 월드컵이 끝나면 무슨 재미로 사느냐고 한 마디씩 건넸다. 무엇인가 맺힌 응어리를 털어낸 기분이랄까? 이를 전 국민 일치단결의 좋은 기회로 이용하려는 정부의 생각도 좋지만, 국민들의 가슴 속에 맺힌 진정한 속뜻을 알아내어 병의 근원을 치유하는 것이 더욱 절실하지 않을까 생각해 본다.

글쓴이 **강세구**(姜世求, 1943년생)는
대전 사범학교 본과를 졸업하고 초등학교 교사에 재직하면서
동국대학교 경영학과(야간부)와 연세대학교 교육대학원(역사교육),
홍익대학교 대학원 사학과를 수료하였으며,
서강대학교 대학원 사학과에서 문학박사 학위를 받았다.
한성대·서강대·서울시립대·오산대·한양여대·경기대 강사를 거쳤고
현재 한양여대에 출강중이다.
저서로『동사강목연구』(1994),『순암 안정복의 학문과 사상 연구』(1996),
『성호학통 연구』(1999)가 있다.

『성호사설』에 비추어 본 오늘의 한국사회

염소가 밭을 갈고
쌀을 심으면 싹이 난다

강세구 지음

초판 1쇄 인쇄　2003년 6월 15일
초판 1쇄 발행　2003년 6월 21일
　　　발행처　도서출판 혜안
　　　발행인　오일주
　　등록번호　제22-471호
　　등록일자　1993년 7월 30일
　　　　　　㉾ 121-836 서울시 마포구 서교동 326-26번지 102호
　　　　　　전화 3141-3711~12 | 팩시밀리 3141-3710
　　　　　　이메일 hyeanpub@hanmail.net
　　　　　　값 10,000원
　　　　　　ISBN 89-8494-184-0 03810